Biblioteca Era

Serie

Crónicas

FUERTE ES
EL SILENCIO

Elena Poniatowska

Elena
Poniatowska

FUERTE
ES EL
SILENCIO

Ediciones Era

Agradecemos a los archivos
fotográficos de El Día, Proceso,
UnomásUno, a Ana Cecilia Treviño,
Bambi, de Excélsior, y a Héctor y
María García su valiosa aportación.
La mayoría de las fotografías de la
colonia Rubén Jaramillo fueron
tomadas por Antonio Kim Nieves.
[E. P.]

Primera edición: 1980
Décima reimpresión: 1993
ISBN: 968-411-054-5
DR © 1980, Ediciones Era, S. A. de C. V.
Avena 102, 09810 México, D.F.
Impreso y hecho en México
Printed and made in Mexico

→ A Jan
1947-1968

Índice

Índice

"Pues póngale nomás Juan" como si con dar su nombre temieran molestar, ocupar un sitio en el espacio y en el tiempo que no les corresponde, "nomás Juan". Al principio, cuando les preguntaba: "¿Cómo se llama usted?" venía el sobresalto: "¿Quién?" "Usted." "¿Yo?" "Sí, usted." "Pues póngale nomás Juan, o lo que quiera, Ciro me llamo pero puedo responder a otro nombre, al que usted mande, cualquiera es bueno." Me di cuenta que su "¿quién?" equivale a "nadie". "¿Quién anda allí?" "Nadie" contesta la multitud. Todo regresa al silencio y todos lo nutrimos porque los que responden preguntando: "¿Quién?" nunca han tenido derecho a nada, ni siquiera a que se les designe con un nombre, toda su vida ha sido un largo y continuo soportar que se les haga a un lado.

Al día siguiente del 2 de octubre de 1968, Abel Quezada entintó de negro el espacio de *Excélsior* reservado a su cartón. Todavía hoy en los periódicos extranjeros se divulgan noticias que nosotros ignoramos. *The Globe* de Boston, como lo consigna Quezada, publicó el 29 de julio de 1980 en un cable de la United Press International, que "una compañía de autobuses secuestró a veinte hombres, mujeres y niños, mató a uno de ellos y torturó y envenenó a los demás para obligarlos a aceptar un arreglo sobre indemnizaciones". De eso nada supimos. Ni sabremos. ¿Por qué? Porque los que mueren en camionazos son juanes, la clase dominante ha reducido a millones de mexicanos a la inexistencia, la atroz respuesta a "¿quién anda ahí?" "Nadie" no sólo sigue vigente sino que es ya un lugar común. Se convierte a los mexicanos pobres en nadie. Si la mayoría sólo existe de bulto (es "el pueblo") los pobres no tienen voz. Fuerte es su silencio. Para estas crónicas respondían: "Pues póngale nomás Juan" no sólo porque no querían singularizarse o temieran la represión sino porque el paisaje los ha moldeado, los enormes espacios vacíos, las montañas que separan, el cielo negro e inmenso. Su silencio enverbado es el de la naturaleza.

Es también un silencio de siglos. Antes callaron por prudencia, por delicadeza, porque la grandeza determina su alma. Su

11

silencio sin embargo es menos compacto que el que conservan las autoridades cuando se les pregunta por los desaparecidos, o los que llegan al Distrito Federal muriéndose de hambre (mil quinientos diariamente) o los campesinos que aún pelean por la tierra, menos denso que el de la iniciativa privada cuando se inquiere acerca de sus vínculos con las transnacionales y su política de empleos y salarios. Fuerte también es el silencio que por desidia o por resignación inducida guardamos los ciudadanos.

El Güero, el Sin Fronteras, el Full, Celia, Tania, el Canario, el Rábano, puros alias, apodados de por vida dejaron colgado del primer árbol en la sierra su nombre de nacimiento, perdieron su identidad. Y al perderla rescataron para nosotros aquel pequeño verso de los tlaxcaltecas en sus cantos de guerra a los pueblos:

Con los escudos invertidos...
perecimos.
Pero aún yo soy mexicano.

Ángeles de la ciudad

A Ricardo Cortés Tamayo

Ángel de mi guarda
dulce compañía
no me desampares
ni de noche ni de día

Antes, el Ángel de la Independencia era lo primero que se veía parado contra el cielo, a ras del aire, donde empiezan las nubes. Era el sueño más acariciado de los niños de provincia en sus tardes de calma cosquilleante: "Oye, el Ángel ¿es como en las fotos?" Y con un aire de ángel elegido, el otro contestaba lleno de orgullo: "¡Uy no, es más bonito!" Era también el mejor punto de referencia. "¿Sabes por dónde? Por el Ángel, por allí vivo." A la niña Titi le preguntaron en la escuela que cuándo se había iniciado la Independencia de México, y respondió, oronda: "Cuando se cayó el Ángel". Raúl Prieto sostiene que México es un país tan machista que a la victoria que corona la columna de la Independencia, de incuestionables atributos femeninos, de redondeces tan rotundas que se recortan claramente en el aire, todo el mundo la llama: "El Angelito".

En 1957, tembló a las 2:40 del domingo 28 de julio y el Ángel fue a estrellarse contra el suelo. Un maestro albañil ya muy viejo llegó a ver hasta dónde se había cuarteado porque construyó su base y emparedó en ella un cofrecito con las cartas de su novia que lo dejó colgado, así como los constructores de cortinas o diques emparedan a un recién nacido para detener las aguas. Lo cierto es que el cofrecito del amor traicionado ha servido de antídoto; pocos enamorados se han tirado de El Ángel para abajo, tírate para abajo, súbete para arriba, en cambio son muchos los que han cometido suicidio desde lo alto de la Torre Latinoamericana. Además del maestro albañil llegó un pedacito de hombre que pretendió hacerse de un pedacito de hierro fundido: "Pues ¿no que era de puro oro?" Una beata enrebozada se hincó a rezarle y entre gruesos lagrimones murmuraba: "Se ha muerto mi Ángel

13

de la Guarda". Y tenía razón porque el Ángel de la Independencia es el de la Guarda de muchísimos mexicanos. ¡Hubieran ustedes visto la consternación de los citadinos! Rodeaban despacio la glorieta: "¡Mira nada más su cabecita, cómo quedó!" Puros cabellos de ángel sobre la tierra; en las copas de los árboles el oro de sus alas, las plumas desperdigadas en el pasto del Paseo de la Reforma. Unos cargadores del Departamento del Distrito Federal se llevaron con mucho cuidado los dos senos, se los pusieron de sombrero: "¡Qué grandes, bien que podrían taparnos del sol, de la lluvia!" Otro se echó la cintura alrededor de los hombros, otro la corona de laurel, el quinto trenzó los brazos en torno a su cuello, en un duro, un gigantesco abrazo femenino. El Ángel se fue en camión y lo reconstruyeron en una de las colonias más pobres de México: la Buenos Aires. Tuvo muchos visitantes en su cuarto de enfermo, incluso se le podía ver desde el viaducto yendo por el carril de 40; a medias oculto tras un parapeto de madera que tan sólo lo cubría hasta el cuadril. Poco a poco recobró su tronco, sus hombros dorados y sus inmensas alas, no le faltaba sino la cabeza y el brazo extendido con la corona de laurel. Cientos de curiosos se asomaron a verlo, a comprobar lo que el tiempo hacía con sus cicatrices; hubo pleitos en los vecindarios por su posesión; los habitantes de las calles de doctor Liceaga y de doctor Barragán estaban muy orgullosos de que el nuevo Ángel, más grande y mejor dorado, surgiera de los andrajos de su colonia.

ANGELITOS NEGROS

Sin embargo, desde 1957, los ángeles se han opacado en México. El esmog, siguiendo al pie de la letra los dictados de la canción, nos pinta angelitos negros. Allí los vemos alicaídos, tratando de pasar entre los coches, golpeándose en contra de las salpicaderas, atorándose en las portezuelas, magullando sus músculos delicados, azuleando su piel de por sí dispuesta a los moretones. Ya nada tienen que ver con aquellos ángeles de puro oro que se ríen en los altares barrocos de las iglesias del centro, o con los angelitos cachetones y nalgones que los indígenas convirtieron en las criaturas terrenales y glotonas que ofrecen sus boquitas pintadas en Santa María Tonantzintla: ángeles que vuelan mal lastrados por un sospechoso cargamento de uvas, granadas, plátanos y piñanonas.

Hoy por hoy los ángeles de la ciudad son todos aquellos que no saben que lo son. Cada año llegan en parvadas y se aposentan en las calles, en los camellones, en las cornisas, en los aleros, debajo de algún portón. Allí las pepiteras y marías venden su montoncito de semillas, de a poquito, apenas lo que cabe entre dos dedos "pa'que no se mi'acabe". En el lenguaje popular son golondrinos o sea pájaros con cara de gente que en tiempo de secas llegan a la capital a *acompletarse,* a juntar un poco de alpiste y, cuando viene el momento de la cosecha o del sembrado, levantan el vuelo y regresan a su pueblo. Estas golondrinas no hacen nido y si lo hacen es un nido tan maltrecho, tan agujereado que no cobija nada; deja el alma expuesta a todos los vientos y la carne abierta a la primera herida, un nido que al rato cae porque no pudo asirse a las vigas del techo y que al día siguiente se barre con la basura de la mañana.

Estos mexicanos se nos aparecen a la vuelta de cualquier encuentro, sin disfraz alguno, con el traje que les da la vida, y desaparecen en un parpadeo. Son ángeles, sin alas aparentes, y de repente ¡zas! allí están con sus carritos de dos ruedas para llevarse botellas y fierro viejo, papel periódico que vendan, sus charolas de frutas cubiertas, sus canastas de aguacates que blanden de ventanilla en ventanilla, la locomotora de los camotes y plátanos horneados y el iglú de los raspados de hielo picado, hasta que un día el ángel asciende en la jerarquía celestial y se convierte en abonero y entonces sí llega a tocar a la puerta para preguntar, untuoso:

—¿La señorita Estela?

Si uno lo mira interrogativamente, añade:

—Dígale que la busca Ariel, el abonero.

Un ángel tímido y sofocado baja desde la azotea. El abonero saca su tarjeta, de entre el fajo retenido por una liga ancha, de esas con que antes las mujeres se atoraban las medias, y la blande ante los ojos de la muchacha.

—Vine a cobrarle.

—Ay, ahorita no tengo, es que mi patrona no me ha pagado.

—Bueno, no se apure. ¡Mire nada más qué chula está esta faldita!

Estela frunce la boca, luego sopesa la falda, como quien no quiere la cosa. Como todas las mujeres del mundo, hace correr la tela entre su pulgar y su índice:

—Es que ahorita no puedo, estoy dorando el arroz.

—Pues vaya y apágeule —ordena el abonero, con la autoridad que le da el adeudo perenne y la cueva de Alí Babá que lleva colgada en el hombro donde relumbra la fibra sintética de los vestidos modernos y el acrilán de los suéteres tejidos a máquina.

Estela sube y baja en menos que canta un gallo. ¡De veras que está bonita la faldita! Ariel extiende una nueva tarjeta con una letra ondulada y una pluma blanca que se ha sacado debajo del alón. Hace meses que Estela y su hermana Epifania y Dominga su prima y Domitila, que trabaja en la otra cuadra, y Lupe, que acaba de entrar con la señora del 8, dejaron las faldas como corolas que trajeron del pueblo. Ahora andan de mini, guiadas por Ariel el abonero, quien sigue los dictados de la moda y trae, entre sus tesoros, pantimedias y pantiblusas. Ariel apunta, suma, resta, multiplica y se despide:

—Paso la semana que entra, chula.

ÁNGELES DE UNA NOCHE

Desde Toluca, Querétaro, Ixtlahuaca, Hidalgo, Atlacomulco y hasta de Oaxaca vienen las criaditas a la gran ciudad: la provincia que surte verduras surte también mujeres lozanas, de trenzas largas y sonrisas apocadas. "Sabe, me dieron permiso." Llegan con los ojos bajos y el trotecito indio, que las hace deambular por los cuartos casi sin que se les sienta, como queriendo borrarse. De allá del pueblo se trajeron sus trapos más mejorcitos, los dos vestidos, el cremita y el celeste, su delantal con bolsas y el suéter calado con sus dibujos de cocoles. Ahora abren y cierran puertas, descubren el refrigerador, el bóiler y algo que equivale al ojo de Dios: la pantalla chica que las mira idiota desde su caja y les retaca el cerebro de ondas imprevisibles. Un buen día, su patrona las encuentra con los ojos abiertos a reventar frente a "Sube Pelayo sube" y una buena tarde las escucha gritar a voz en cuello en un bramido estremecedor de tan impúdico: "Regálame esta noche" y una mañanita advierten modosas a la hora del desayuno, su pelo cortina negra recién lavada escurriendo sobre sus hombros, su cintura: "Señora, me voy a separar", recogen sus plumas y se van redondeadas como palomas torcaces a arrullar con su ronco gorjeo de paloma al palomito tierno, producto de aquella noche que les regalaron.

A veces el recién nacido muere y los sobrevivientes lo convierten de inmediato en angelito. Cuando ya los compadres están seguros de que no le queda ni tantito resuello, entonces lo ponen sobre una mesa rodeado de cempasúchiles, lo visten de papel de china y le pegan una estrella en la frente. Nadie llora para no quitarle la gloria. Al contrario, otras mujeres traen a sus niños y les dicen: "Velo, porque es angelito, a ver si algo se te pega"; consuelan a

16

El 28 de julio de 1957 cayó el Ángel después del temblor; sus alas rotas y sus cabellos de oro quedaron regados por el Paseo de la Reforma.

El Ángel se reconstruyó en una de las colonias más pobres
de México: la Buenos Aires.

Los ángeles de la ciudad son todos aquéllos que no
saben que lo son.

Cada día llegan al Distrito Federal 1 500 mexicanos a engrosar los cinturones de miseria.

Entre todos invaden el terreno, ponen sus palos, juntan sus cartones y cuando hay suerte sus láminas. De allí no hay quien los saque. Son los colonos.

Nunca hay agua en las cuatrocientas ciudades perdidas, ni luz, ni drenaje.

En el Distrito Federal, a puro "vente compadrito, vente",
somos ya más de trece millones de mexicanos.

Parecen vivir siempre como los lanzados a punto de acabar patas arriba en la cuneta.

El oficio tan poético de pajarero es en realidad
un subempleo.

la madre: "¡Qué bueno que se murió chiquito, porque se fue al cielo!" Le prenden velitas de sebo, hasta que llegan los compadres con la botella de aguardiente y el café con piquete; le pintan sus chapitas, lo coronan de flores, lo acomodan en el cajón blanco o azul cielo, chiquito como caja de zapatos; cierran la tapadera que lleva encima un angelito de hoja de lata, y se lo llevan al agujero pequeño, escarbado para él en el camposanto. El angelito vuela al cielo, se lo lleva Dios; al cabo ya lo rociaron con agua bendita, para que no se fuera al limbo.

LOS MEXICANOS: PÁJAROS SIN NIDO

Los mil mexicanos que emigraban diariamente en 1976 al Distrito Federal atenazados por el hambre, se han duplicado en 1978; o sea que 730 mil hombres y mujeres se posan en la ciudad cada año; puros pájaros sin nido, puros lirios del valle en espera del milagro que ha de caer del cielo. Se habla siempre de Ciudad Nezahualcóyotl asentada en el vaso de Texcoco, de sus 700 mil desempleados, su falta de fosas sépticas y drenajes, sus viviendas de dos piececitas en las que llegan a vivir hasta dieciséis personas, sus escuelas "al aire libre" para alumnos que escuchan la clase sentados en un ladrillo o en un banquito que traen de sus casas. Sin embargo los habitantes de Nezahualcóyotl son ricos al lado de otros arrimados porque han adquirido una capacidad de protesta y de organización que no tienen los escuadrones de ángeles y de querubines desperdigados por los cinturones de miseria. Los de Nezahualcóyotl secuestran camiones, cierran comercios, levantan actas de denuncia y los niños desde los cinco años aprenden a defenderse: trabajan de limpiabotas, lavadores de autos y se alquilan en los restaurantes y en las oficinas para hacer mandados o sacar la basura. En Semana Santa por ejemplo en vez de visitas a las siete casas, penitencias y larguísimas oraciones, los hombres se juntaron para pavimentar dos calles y enchapopotarlas y convirtieron así su oficio de tinieblas en un acto de provecho para la comunidad. Su actitud frente a la vida es distinta a la de otros inmigrados que pretenden continuar en la ciudad una vida de pueblo "nomás que con televisión", recogen leña en las cercanías, son aguadores, se ofrecen para acarrear cubetas a las casas y quisieran sembrar una mínima milpa en tres metros cuadrados. Ciudad Nezahualcóyotl es más realista y hasta las mujeres se ponen "busas". La maquila de ropa es uno de los empleos de muchas mujeres que ensamblan hasta cien pantalones a la semana a cambio de 350 pesos, poniendo ellas el hilo, la máquina de coser, los botones, los cierres y el hombre que ha de entrar en el pantalón. Estas mujeres maquiladoras son, junto con algunos obreros, seres privilegiados que cuentan con algo seguro para llevarse a la boca; los demás colonos respiran el polvo y salen "a ver que cae".

LOS SAN MARTÍN DE PORRES Y DEMÁS ENSERES

En alguna ocasión, Óscar Lewis, pidió a sus ayudantes que hicieran levantamientos topográficos de los enseres de viviendas estudiadas. Había que apuntar el número de sillas, la mesa, la estufa de petróleo, la alacena, la letrina, si es que existía, las camas, los vasos y demás cachivaches. Lo que me llamó la atención en cada cocina de la vecindad fue la ausencia de tenedores. Cucharas siempre las vi, anchas, bonitas, de peltre para los frijoles aguados, la sopita de pasta, el té de hoja que se sorbe despacio, pero ¿trinches, trinches de esos que blanden los diablos en las estampas? No, de eso nada. Tampoco abundaban las sillas pero ni falta que hacía; se sentaban en la cama para comer y acercaban una mesa que navegaba por la habitación como barca sin quilla, tantito acá, tantito allá: su minuta: nopalitos navegantes. Entre cucharada y sopeada atisbé el color de los calzones de las mujeres que en el tendedero chillaban y rechinaban como globos de colores: lilas, morados, rojos, rosa encarnado, bugambilias, anaranjados, amarillos congo, beiges tirando a caqui, violetas, inflados por el viento, ahora sí "bombachas" como los llama Julio Cortázar. Los brasieres conservaban la huella de las medallas, llaves y dinero encajados en el borde de sus copas, alfileres de seguridad oxidados sobre el corazón. Entre los raquíticos muebles resaltaba en medio de los dos la tele como un dios, comprada en abonos fáciles; una gran cantidad de santitos, sobre todo de San Martín de Porres, con marco o en paspartú que sale más barato, se iluminaban y se opacaban al ritmo de la fuerza de las veladoras erguidas en una repisita junto a la crema Ponds tamaño económico y el carrete de hilo negro que siempre se ofrece. Las pilas de cascos vacíos hechos pirámide en un rincón del patio también me dejaron una huella indeleble, así como los detritus que nadie mueve y acaban convirtiéndose en fetiches: la palangana desfondada a medio patio, el zapato bocabajo sorbiendo lodo cuando en vida le dio la cara al sol, el carrito de plástico que ya no sirve, la bacinica blanca que nos mira sin parpadear. Ya para meterse el sol, las señoras salían a tardear, su silla recargada contra el muro de su vivienda, espalda

18

contra espalda, así como sus abuelas debieron salir al balcón de provincia "a recortar prójimo". "Lucecita, tráeme las tijeras", decía pícara Teresa a su hermana menor, "las tijeras de recortar prójimo". Ahora, ya ni ánimos tenían, al contrario, platicaban con una voz vencida como quien da los últimos pasos hasta llegar a la noche: "Mi señor toma". Ninguna irritación en la voz de doña Ubaldina que musitaba: "Todo lo deja en la pulquería o en la casa del compadre. No tengo ni para el café de mañana, ni para las tortillas". "Bueno, pero hoy, siquiera se tomó su cafecito, doña Uba." "Sí, eso sí, a Dios gracias sí." "Pues ya lo ve, hoy es vida, mañana quién sabe" y seguían consolándose mutuamente con esas frases puñales en el aire, machetazos que resuelven las cosas de una vez por todas: "Si me han de matar mañana, que me maten de una vez", "la vida no vale nada", "pa' luego es tarde", "al fin que ni quería". Parecían vivir siempre como los lanzados a punto de acabar patas arriba en la cuneta mientras que el radio a todo volumen aventaba al aire ritmos guapachosos, calientes y el locutor se colaba hasta el último resquicio tragándoselo todo, la miseria, la mugre, la falta de agua, el alcoholismo, la desnutrición, la violencia, las cubetas, los niños que hacen sus necesidades a la vista de todos, los adultos que las hacen por allá más lejecitos, las moscas, los zancudos, la vergüenza y los hombres que durante horas se paran en las esquinas recargados en algún poste, cosa que hizo que Juan Goytisolo le advirtiera a su mujer antes de traerla a nuestro país: "Sabes, en México los hombres se la pasan rascándose las verijas".

A PICOTAZO LIMPIO

El Departamento del Distrito Federal dizque se ocupa de los golondrinos y de las marías. Los golondrinos bajo su ala apenas si llegan a tres mil, pero su rostro siempre igual se renueva año tras año; las marías, que sobre todo se ven en el sur con sus blusas de satén solferino y azul magenta, en los camellones de la avenida Universidad, de División del Norte, de Churubusco, de Popocatépetl, provienen de dos grupos: los otomíes y los mazahuas, quienes están unidos entre ellos por su tradición de comerciantes y por pertenecer a la raza más antigua del país. Primero vendieron fruta, pero ahora se acercan a los coches con sus kleenex bien alineaditos y ofrecen, por medio de sílabas muy cortas, su minúscula mercancía. Las marías vienen del estado de Hidalgo, del de Querétaro, de Ixtlahuaca, San Felipe del Progreso, Temascalcingo y del municipio de Atlacomulco. Si uno va a su pueblo, se da cuenta que la tierra está tan erosionada que el tepetate quedó a ras de piel; allí se dedican a hacer comales y ollas de barro que los hombres sacan a la carretera y llevan a vender a Guadalajara, a Guanajuato, incluso a la capital, pero cuando la miseria cala hasta los huesos entonces las mujeres salen con sus maridos; las viudas, que de ningún modo pueden cultivar la tierra, se vienen a la ciudad y se sientan de marías con su hijo sobre la espalda y otro más grandecito asido a su cadera y el tercero por allá acostado, confundido entre los trapos —tambachito de zurcidos él también—, y bordan primorosamente sobre un bastidor redondo, flores, guirnaldas, pájaros, todo lo que no ven en medio de este río cintilante de coches del cual hay que saber apartarse apenas ponen la luz verde. Si casi todas limosnean en el sur, es porque los comuneros del Pedregal de Santo Domingo las han dejado vivir allí. Antes durmieron en el Cuadrante de San Francisco, luego se desperdigaron por Coyoacán, hasta que con cuatro palos techaron una casuchita en el Pedregal de Santo Domingo y nadie las ha echado de allí, al menos hasta ahora. Lupe Rivera instaló en Carreteraco, Coyoacán, un centro otomí para enseñar a las marías a distribuir sus bordados a lo largo de un mantel, hacer mantelitos individuales, trazar hilos de letargo sobre fundas blancas, bastillar pañuelos de llorar en punto de cruz y entrelazar iniciales que han de quedar unidas hasta que se desgaste el encaje, inflar cojines para la sala y rellenar unos muñecos preciosos, bebés de trapo que usan el gorro original del niño otomí: los mismos holanes con que cubren la cabeza de su hijo, muchas olas blancas para espantar el frío, muchas ondas espumosas para que en ellas aniden los buenos espíritus. No hablan español y, por lo tanto, les enseñan a leer y a escribir profesores bilingües. Las costureras reciben un sueldo de 15 pesos, más un sobresueldo, según su producción, que llega hasta los 25 y los 30 diarios. Sin embargo, a pesar de que les dan los hilos, el estambre, las telas, los bastidores en que han de bordar, pese a la sillita baja junto a una ventana, muchas marías prefieren el camellón, la cinta plateada e ininterrumpida de los coches, la moneda a cambio del chicle que una mano indiferente les tiende a través de la ventanilla, las rosas que pasan de sus manos a las del conductor, los kleenex que hay que resguardar de la lluvia, más que a los propios críos. Les resulta más entretenido, más emocionante, más novedoso, más vida vivida que sentarse en una casa de Coyoacán, porque esa casa no es la gran ciudad que relumbra desde el camellón y en ella tampoco llegan a ganar los treinta, los cincuenta pesos diarios que van juntando poco a poquito en una jornada callejera de más de ocho horas. Una maría apodada "la burra de oro" no dejaba su día en menos de cien pesos. Se levantaba al alba para ir a proveerse de dulces y de chicles y de frutas a la Plaza del Aguilita a un lado de la Merced, pedir fiado —sin darse cuenta que enriquecía a los proveedores— y luego entrarle al juego de la compraventa, a la zozobra entre el "Ande cómpremelo" y la mirada indecisa del posible marchante. Se convirtió en la mejor vendedora del mundo y en la Plaza del Aguilita todos la respetaban por su habilidad. "Leer y escribir no sé, soy bien burra, pero los números eso sí me los sé." De ahí su mote: "La burra de oro".

LOS ÁNGELES DE OCUPACIÓN DISFRAZADA

Al D. F. arriban los maridos de las marías; sus maridos y los que no son sus maridos y los que son los maridos de todas las mujeres de México que nunca han tenido marido; los padres de más de cuatro, los maridos de a tres por cinco emigran del campo con calzones de manta cruda, su sarape terciado y su rostro que brilla de tan lampiño, bajan del autobús y se meten a lo primero que encuentran, generalmente de vendedores ambulantes. Los economistas los llaman subocupados o desocupados y califican su *status* de ocupación disfrazada; muchos de ellos son campesinos que cultivan su tierra un mes o dos al año y el resto del tiempo no encuentran quehacer. Si cuatro de los seis millones de campesinos que trabajan la tierra dejaran de hacerlo no bajaría para nada la producción porque cuatro millones son sólo subempleados, hombres que apenas si sacan de la tierra para malcomer. Se les llama campesinos porque viven en el campo y porque la única relación que han tenido con la vida es a través de la tierra, pero en realidad les cuesta tanto trabajo simplemente vivir que sus días sólo constan del tránsito de la mañana a la noche y lo mismo sirven para un barrido que para un fregado. Vienen a la ciudad porque sienten que aquí viven menos mal que en el campo; el ver luz eléctrica, caminar sobre el asfalto, divisar parques umbrosos como el de la Alameda, levantar la cabeza para alcanzar el edificio de la Latino, es una recreación que mitiga hasta el hambre. Desde Aztlán, desde Tlaxcala, desde Oaxaca traen la gran esperanza de encontrar trabajo, y si no trabajo, distracción. "Al menos me ataranté tantito" me dijo Erasmo Castillo González, quien vino a probar su suerte a la capital. Así entre el retortijón del hambre y la atarantada, la población de nuestra ciudad ha pasado de cuatro millones en 1960 a más de seis millones en 1970. (Ahora, consuélense ustedes, somos más de nueve millones.) Con una tasa de crecimiento de aproximadamente 5.6% anual, la población tiende a doblar cada quince años y si el área urbana del D. F. sobrepasa ya los nueve millones, para el término del sexenio lopezportillista, en 1982, seremos diez y medio millones hacinados sobre una plancha de concreto de 700 kilómetros cuadrados; el D. F. no tendrá un solo árbol para nuestros ángeles que seguirán aterrizando uno tras otro para ir a empericarse en los cerros del Chiquihuite, Chalma y San Lucas, que forman el mayor triángulo de miseria del D. F., en los que ya se apeñuscan como cabras trescientas mil personas. Las mujeres seguirán arrimándose a las casas (una de cada cinco mujeres que trabajan en México es sirvienta y existen sesenta mil trabajadoras domésticas niñas cuyas edades oscilan entre ocho y catorce años) y los ángeles jóvenes y solteros se irán a recorrer el centro a ver si encuentran chamba de cuidadores de coches, a caminar todas esas calles repletas de coches y de las asechanzas de la sífilis y la gonorrea. Una vez una angelota cacariza de ésas que apachurran sus alas en la esquina de San Juan de Letrán le gritó a un quinceañero de sombrero de palma: "Oye chulo, ¿le saco punta a tu pizarrín?"

ÁNGELES DE ALAS TRASQUILADAS

Desembarca por ejemplo el compadre Albino y se establece así nomás porque sí, por la pura necesidad, en la Colonia Ruiz Cortines. De ahora en adelante es un paracaidista. Pone sus palos, dos o tres piedras, un plastiquito, junta sus cartones y cuando hay suerte sus láminas y de allí no hay quien lo saque. ¡De paracaidista ha pasado a colono! Y ahora una chambita de esas que los sociólogos llaman despreciativamente subempleos, pero ¡ay cómo rinden!, klinexero, chiclero, florista de asfalto, cualquier ocupación en que no se precisa estar calificado sino ponerse "buso". "Abusado, manito, abusado, aguas con la tira." Cuando los ve la policía confisca su mercancía. Al rato el compadre Albino le escribe al Chente, quien se está muriendo de hambre allá en Pachuca: "Vente compadrito, no estés sufriendo allá". Y aunque no le llegue la carta (porque en el D.F. ninguna carta llega nunca), Vicente tiene una corazonada y se viene voladazo a arrimarse con el compadrito Albino y entre él y Ponciano y Fermín y Valente Quintana configuran una colonia. Resulta que áreas enteras de las colonias proletarias son pachuqueñas. En la colonia Tablas de

22

San Agustín, me dijo un día Jesusa Palancares: "Aquí todos somos de Oaxaca, por eso no hay robos, todos nos ayudamos porque somos del mismo cerro pelón". Cartas van o "mandadas a decir" y a vuelta de correo se viene una familia de cinco, de siete, de ocho ilusos, que repiten la frase que les "mandaron a decir" como un encantamiento: "Compadre, conseguí un terrenito, incluso aquí se rumora que nos van a pasar a una unidad habitacional". Así, a puro vente y vente los mexicanos hemos creado una ciudad monstruosa, de más de nueve millones de habitantes. Un ejemplo significativo es Ciudad Nezahualcóyotl, que en 1965 tenía ciento veinticinco mil habitantes y ahora tiene dos millones y medio. El problema de la migración viene de mucho tiempo atrás. La revolución de 1910 hizo que los campesinos huyeran de sus tierras convertidas en campos de batalla y llegaran a la capital a ver si aquí "se les dificultaba menos la vividera". Durante la revolución, la capital absorbió el 60% del crecimiento total de la población urbana del país, según el historiador Enrique Semo, y desde entonces los mexicanos no han dejado de venir. Los círculos se agrandan, cada vez es más ancho el cinturón de miseria, pulula un mundo que se va achaparrando hasta quedar a ras del suelo; pocilgas en las que uno se mete a gatas y de las que emergen en la neblina de la madrugada unos ángeles sucios, de alas trasquiladas y lodosas que se escurren lastimeramente entre las peñas para salir a ganarse "el gasto" del día, a vuelta y vuelta, tronándose los dedos, a ver qué cae, a ver cómo los trata la pinche suerte. Aunque a nosotros nos parezca mejor una choza campesina, por más humilde que sea, a un tugurio proletario, ellos, los que vienen del campo, siguen creyendo en la bondad de la gran ciudad que algún día les dará lo que no les ha dado la tierra; la lotería, la suerte te dé Dios, los premios del radio y de la televisión, las canciones dedicadas a mi mamacita porque hoy es el día de su santo, los aparatos domésticos que regala Pelayo, las fotonovelas, las radionovelas, las telecomedias, los dentífricos, las stay-free, el pollo en cubitos y la familia pequeña, el consulte a su médico, Paula Cusi y su horóscopo para el día siguiente, el concurso de los aficionados que por teléfono entonan, mientras la orquesta se va por otro lado y ellos desenroscan nerviosamente el hilo negro: "Amorcito corazón", el Correo del Corazón, los coqueteos con la voz grasienta, insinuante del locutor: "De veras linda, ¿se llama usted Merceditas? Y, ¿qué hace? ¿Trabaja o estudia?", hasta la cúspide de la pregunta de los 64 mil pesos, si acaso les sale un hijo machetero.

LOS ÁNGELES ASCIENDEN POCO A POCO EN LA JERARQUÍA CELESTIAL

Es entonces cuando surgen de las paredes, atraviesan los espejos como Orfeo, los mecapaleros, los cargadores, los vendedores de juguetitos de plástico, topoyiyos y panteras rosas, vikingos y máscaras de Batman, sirenas y ranas para el parabrisas. En las banquetas se instalan los vendedores de pomadas para los callos, los merolicos, los dulceros que llevan su charolita sobre un tripié de madera y la acomodan a media banqueta, los merengueros que en un tiempo añadían a los pelos de ángel de su merengue unas cuantas briznas de mariguana para hacer que los niños entraran en sabor hasta que los consignó la autoridad y en el tambo se comieron solos toditos sus merengues, los vendedores de agujetas, de botones de colores, de presiones, cierres y ganchitos, dedales para coser, los yerberos que ofrecen ojos de venado para el aire constipado, colibrís que han de acomodarse debajo del fondo, a la altura del corazón para que el ingrato vuelva y deje de mirar a la otra. Poco a poco ascienden en la jerarquía angelical hasta llegar a cuidador de coches, globero, billetero, chícharo, voceador, bolero, machetero, ropavejero, abonero, barrendero, lechero, tortero, camotero, taquero y diablero (el que se roba la luz y la conecta por medio de diablitos), afilador de cuchillos, cortinero; forman parte de un gremio que más o menos los defiende y los explota y finalmente arriban por riguroso escalafón al más alto peldaño del cielo: cartero, ruletero, fotógrafo ambulante, "taquimeca", camionero y hasta peluquero. (Siempre me llamó la atención aquel cartero que un día no se reportó. Lo fueron a buscar a su vivienda. Cansado de repartir y de no recibir se había quitado los zapatos y tranquilamente leía una tras otra veinte mil cartas que fueron encontradas en su ropero.)

LOS ÁNGELES NO SABEN DÓNDE CAERÁN MUERTOS

Junto a la gente pobre se yerguen siempre sus explotadores, arcángeles de espada desenvainada, fríos corifeos de Dios, asexuados, implacables, dispuestos a inscribirse en los infiernos. Se dice, por ejemplo, que las rosas que blanden los pobres en su cucurucho de papel encerado, en cada alto, son de un político quien fue dueño de periódicos y cultiva ahora un sembradío de hojas verdes y pétalos de colores en lo alto de las Lomas de Chapultepec. Por eso las rosas de las Lomas son más frescas que las de

Coyoacán; se dice también que los acaparadores de las cajas de kleenex están haciendo su agosto al fiarlos a los golondrinos y a las marías en la madrugada de la Merced. Pero ningún arcángel más temible que el de los pepenadores. Esta ciudad avienta siete mil toneladas de basura diaria que se tira a lo largo de la calzada Ermita Iztapalapa y le reditúa al arcángel tres millones de pesos mensuales. La "gente de Rafael Moreno", el arcángel negro de fauces de águila y pico que desgarra, almacena, selecciona y separa la basura: aquí el plástico, aquí el fierro, aquí la chatarra, aquí los políticos ladrones, aquí las ratas del PRI, aquí los beatos del PAN, aquí los recién nacidos del PMT, y la materia orgánica va a dar a una molienda que después la fermenta y sirve como abono. El "compos" grueso llamado irónicamente "rico suelo" se utiliza en la agricultura. El mismo "compos" molido dos veces y encostalado fertiliza las áreas verdes del Distrito Federal. O para decirlo en términos elegantes: es una sopita de nuestro propio chocolate. El círculo se cierra. Nos alimentamos, evacuamos y volvemos a alimentarnos. No hay de otra. La tierra es una misma y una sola bola. Allí va un navío cargado cargado, cargado ¿de . . . ? A ver, señoras y señores, ¿dónde quedó la bolita? Allí están los pepenadores, listos para echársele encima. Ningún gremio es más avorazado que el de los pepenadores cuyo plumaje se eriza a la vista del primer visitante. Sus montones de basura suben al cielo en círculos concéntricos de pestilencia y ellos los vigilan con sus alas bien extendidas de zopilotes come-muerte.

Los sociólogos y los economistas suelen llamar "marginados" a los ángeles de la ciudad. Han llegado tarde al banquete de la vida y sólo les tocaron las sobras. Se alimentan de migajas, en realidad ellos mismos son "sobrantes", rémoras adheridas al cuerpo de la gran ballena. Excluidos del desarrollo económico, político, social, dependen sin embargo de él, le prestan servicios, mejor dicho, están a su servicio; la clase media baja, la media y la alta los usan de criados. Y eso cuando bien les va. Ningún gobernante, con toda su alambicada tramoya de tecnócratas, cifras y promesas, ha encontrado hasta ahora la forma de integrar a estos marginados a eso que se llama Desarrollo con Justicia Social. No tienen seguro social, ni cartilla, ni certificado, ni acta de nacimiento, nadie los reconoce. Inseguros, viven en la oscilación permanente. No saben ni dónde caerán muertos. En la llamada zona metropolitana existen alrededor de quinientas ciudades perdidas y las colonias llamadas "populares" cubren el 40% del área metropolitana y albergan a cuatro millones de angelitos. El 49% de los ángeles de la ciudad de México tienen ingresos de menos de cien pesos mensuales y en 1970 había más de 110 mil personas desocupadas y 350 mil en la situación de subempleo. Ahora la desocupación se ha triplicado. Si en 1980 somos 9.4 millones de habitantes citadinos, en 1990 seremos 13.5 millones y en el año 2000, 19.8. ¿Cuál será nuestra vida? ¿De a cómo nos tocará? Nuestra tasa de nacimientos es del 3.14% en la ciudad. (¿A qué corresponde el 14%? ¿A un brazo de niño, a una pierna, a la pancita? Yo jamás les entiendo a las estadísticas y nadie me ayuda a comprenderlas porque además nunca coinciden ni por equivocación. Las de la Secretaría de Asentamientos Humanos son distintas a las del Departamento Central y las de la Oficina del Plano Regulador no tienen nada que ver con las de El Colegio de México o del Instituto de Investigaciones Económicas de la UNAM. Alguna vez se lo dije al economista Gilberto Loyo y me respondió: "Ponga usted lo que quiera, al fin, Elena, que nadie sabe nada de nada".) Si ahora somos 60.5 millones de mexicanos en la República (al calcule), y nacen dos millones de niños al año (también al calcule), en el año 2000 seremos 120 millones y nuestros problemas de transporte, tránsito, abastecimiento de agua y de energía eléctrica, contaminación, desalojo de aguas negras, nos convertirán en seres que espantarán de todas todas a los ángeles marcianos que seguramente bajarán de su planeta para examinarnos de cerca. Por eso nunca veo la teleserie "El planeta de los simios", no vaya a ser la meritita verdad.

SAN JUAN DE LETRÁN: LA CALLE DE LOS ÁNGELES

Cuando estoy fuera de México —cosa que no sucede con frecuencia porque como a todos los mexicanos me cuesta un trabajo horrible salir de esta espantosa ciudad—, hay una calle en la que hago converger toda mi nostalgia: San Juan de Letrán. Me dicen que cómo puede gustarme esa calle tan fea. Es que yo estudié taquimecanografía en una academia de San Juan de Letrán; para más señas, arriba del Cinelandia. Pero como no era una alumna aplicada bajaba a la avenida para levantar ojos de azoro ante la Torre Latinoamericana, ir al Sanborn's de los Azulejos y comprar chocolates rellenos en Lady Baltimore. Fue en San Juan de Letrán donde, por primera vez, entré en contacto con los vendedores y fue allí donde conocí al hombre de los toques, un ángel al revés volteado, Lucifer, Luzbel, el Señor de los Infiernos. Era un rey que se recargaba en el muro del pesado edificio de La

Nacional y, con un cigarro en la boca, a lo pachuco, y una cajita bajo el ala negra ofrecía los toques.

—A ver qué se siente.

(Las cosas que le suceden a uno por andar diciendo: "¡A ver qué se siente!") El castigador, con su pelo envaselinado y su sudadera negra, le alargaba a uno dos alambres eléctricos terminados por mangos de metal y luego preguntaba:

—¿Ya?

—Ya.

Entonces, sin verlo a uno, hacía girar un disco que a su vez marcaba el aumento de la descarga eléctrica. Primero se sentía un zumbidito muy agradable, un despertar por dentro lleno del vuelo de mil abejas, pero después del temblor inicial venía el peligro no previsto de caer fulminada:

—¡Yaaa! ¡Yaaaaaaaa! ¡Yaaaaaaaaaaaáaa! ¡Que le pare! ¡Que le pare! ¡Que le digo que pare! . . . Por favor . . .

El displicente volvía el disco a su punto de partida y aguardaba a que uno bajara los brazos acalambrados y con manos totalmente descontroladas le tendiera la moneda de *los toques*. Otro curioso y dos incautos más ya hacían cola para darse un quemón y uno más le advertía a su compañero: "Dicen que es bueno para los nervios".

Recuerdo que me impresionó muchísimo leer en el periódico la noticia de un ángel gringo condenado a muerte que inició su propia defensa quemando el tiempo que lo separaba de la silla eléctrica: Caryl Chessmann; y creo que en el fondo iba yo a los toques en San Juan de Letrán pensando en su electrocución. Finalmente Chessmann murió en la cámara de gas y yo mientras caminaba por San Juan nunca dejé de pensar en él, en su afán terrible por vivir y en esa vida que acabaría en un instante, con un solo, fulminante golpe de luz. Así me acerqué al de los toques y tropecé con el desparpajo de la barriada popular, el abrirse paso a codazo limpio, el *órale ahí va el golpe*, los tacos de chorizo, de moronga, los que se deben tragar a toda velocidad para que no se escurra el aceitito rico, calientito, aceite Mobil Oil, las quesadillas también, las de flor, de papa, de rajas, de chicharrón, de huitlacoche, de hongos —ahora, con las lluvias, empiezan las de hongos—, las alucinantes quesadillas hechas a flor de banqueta en la esquina de Donceles, de Justo Sierra, de Bolívar, de Artículo 123, de Uruguay, de Bucareli, de todas estas calles en que los ángeles teporochos van de nube en nube pidiendo un pesito para su teporocha, y otro pesito aquí para mi cuate que anda bien crudo, refugiándose en un Dios que *sí* ven, que calienta el estómago, acalambra los huecos intestinos para luego aflojar el cuerpo, un Dios que sí responde como los cuates de corazón.

LAS MILAGROSAS ALAS AZULES

Además del olor grasiento de las fondas, además de la algarabía, de esos rostros tercos que iban abriéndose paso, además de las boneterías y de las tiendas disqueras, del rey del mambo y la charrita del cuadrante, de Dora María la chaparrita cuerpo de uva y me gustas tú y tú y tú y nadie más que tú, la marcha de Zacatecas, pasarán más de mil años, suave que me estás matando, que estás acabando con... además de las feas portadas de las feas revistas en los puestos de periódicos, lo que me atraía era encontrar, de pronto, expuestas en un cajón de vidrio, en una accesoria que daba a la calle, las milagrosas alas azules, pertenecientes a un señor de gorra de lana, quien me contó que venían de Brasil. Era una mariposa que volaba sostenida sólo por el tiempo, en medio de tanto empujón y tanta prisa. Me detenía a examinarla con ojos de alfiler, mientras que el señor removía quién sabe cuántos fierros en su comercio. Había sido plomero en sus buenos tiempos, ahora sólo vendía partes de tubo y tuercas que le quedaron de esa ingeniería casera; alguna vez soldaba una llave de agua y en la noche, con las mismas manos ennegrecidas con las que había unido tuberías de cobre galvanizado, recogía su mariposa y delicadamente, después de bajar la cortina metálica de su changarro, la ponía entre su saco y su camisa, en el armario de su corazón.

LA RONDA DE RISUEÑOS SERAFINES

No sólo me quedé anclada en San Juan de Letrán, sino en la Alameda. En la Alameda, ¡ah chispas! se fumaba mariguana. Cuando se iluminó el antiguo parque tan propicio a las efusiones amorosas protestaron miles de personas. (¡Qué joven país, Dios mío!) De entre los matorrales, salieron muchachas con el susto y la cara todavía machucada a besos. ¡Antes no había más que darle un veinte al sereno! Cuentan también, y de esto hace pocos años, que un bolero les llevaba de comer a más de cuarenta gatos, que apenas lo olían, bajaban de los árboles y salían corriendo de sus escondites. Hoy, en plena luz del día, los estudiantes acarician las estatuas blancas: la más atractiva es

Malgré tout que el artista Chucho Contreras hizo para demostrar que todavía podía esculpir a pesar de ser manco. (Contreras es también autor del Cuauhtémoc del Paseo de la Reforma.) Antes, a las doce, se reunían muchísimos chinitos a platicar en rondas de risueños serafines y los sordomudos de San Hipólito, que en vez de letras, dibujaban flores en el aire.

Después de este fantástico viaje, regresaba a la casa por la estratósfera: a bordo del Colonia del Valle-Coyoacán, rojo, con su Sagrado Corazón también rojo, su Virgen de Guadalupe arriba del espejo, sus focos de colores y su letrero: "Dios es mi copiloto". El Colonia del Valle-Coyoacán resultó más respetable que cualquier Ovni y en él hice muchos encuentros cercanos del tercer tipo: me topé con Pedro Ferriz flotando entre el anti-tiempo y la anti-materia. "¡Aaaaaamonós!" gritaba el ángel camionero y embestía el aire en medio de un infernal ruido de herrajes, una sacudida de tornillos flojos y de láminas mal ensambladas; al arrancar tosía el motor caliente que a su vez calentaba a todo al pasaje, el contador Geiger crepitaba frenético, la brújula se volvía loca; las curvas tomadas "a lo que te truje Chencha" nos hacían resbalar por los asientos, sin por ello perder la compostura, aunque sí poníamos cara de circunstancia cuando el Ángel Exterminador empezaba a echar carreras a la velocidad de la luz en las calles semi-vacías de la colonia Narvarte: "¡Suuuuuuben! ¡Baaaajan! ¡Aaaaaaaamonós!" Todos descendíamos con cara de marcianos, cabeza de platillo volador y un considerable aumento en nuestro campo magnético.

LA CIUDAD TIZNA A LOS ÁNGELES

La ciudad no cuida a los ángeles, al rato los hace caer en cualquier gallinero, como el ángel descuajaringado, de García Márquez; retoza con ellos sin la menor devoción, les echa peladuras de fruta podrida, hasta dejarlos cacareando como gallinas que esperan que el gallo las pise. Entonces, uno busca infructuosamente la huella de las alas. "Sí, sí, sí, de allí arrancaban, abajito de los hombros." Apenas si en los omóplatos de los niños se ve su nacimiento, un ala en botón que hubiera despuntado para crecer alta y blanca, a no ser porque al inocente se le cayó la vida encima. Sin embargo, allí están las alas de papel. Los papeleros las blanden con sus encabezados negros, como esquelas: *"Tercer comunicado de Lucio Cabañas, Isabelita presidenta de Argentina, Que los mexicanos no vengan, que Estados Unidos no es el cielo, que no vengan, que llegan a un horno caliente,* pide en tono angustioso el Obispo auxiliar de San Antonio, Texas, monseñor Patricio Flores. Los voceadores tensan la voz, la estiran lo más que pueden, la jalan hasta el paroxismo para que se oiga por encima del motor de los coches, el ronco ulular de esta ciudad perforada, hollada en lo más profundo, malbaratada y hosca. En la noche, los papeleros, los voceadores se cobijan con sus membranas de papel; tienden encima de su desnudez la tanda de periódicos que no vendieron y se acurrucan bajo alguna marquesina. En la mañana lechosa y sucia de Bucareli, los repartidores recogen su nueva dotación de periódicos; los que en vez de alas tienen bici pueden ir de calle en calle, aventando los periódicos con un tino increíble en el jardín del suscriptor o colándolo bajo su puerta, sin que se maltraten, mientras le echan algún piropo a la criadita que barre la calle. Los piropos y las hojas de periódico van de la mano. En Bucareli, a las doce del día, ninguna muchacha puede pasar sin que la envuelvan en sus gritos los voceadores. Las noticias vuelan en el aire voceadas en todas las esquinas y los chiflidos a las mujeres caen como lluvia haciéndolas correr más aprisa que las noticias.

EL ÁNGEL CON SU MÚSICA A CUESTAS

Ser cuidador de coches es más difícil, porque ahora a todos los han uniformado: hay uniones, sindicatos, qué sé yo, no entra cualquier hijo de vecino, ningún pelagatos; se reparten credenciales, números para pegarse encima de la bolsa de la camisa caqui, pero los cuidadores improvisados siguen acercándose a los cines, a los estadios y a la voz "Se lo cuido, jefe", se disponen a pastorear todo un rebaño de hule, lámina y hoja de lata:

—Se lo cuido, jefe.
—Ándale, angelito.

A la salida son las maniobras, los golpes en el ala del coche, toquidos que avisan, tatá, tatatá, tatá, a la derecha, otro poquito, ahora sí, viene, viene. ¡Bueno! Quebrándose, quebrándose, quebrándose la madre... Jefe ya le dio usted su llegue al For...

—Pues ¿qué no me dijiste que quebrándose?
—Sí, jefesito, pero se le pasó la mano. ¡Ya madreó usté al For!
—Pues ahora no te doy nada, por buey.

Sin embargo, también los cuidadores sin uniforme ganan sus cuarenta centavos, su tostón, su peso, según el humor del que vio la película o según el resultado del partido. Lo mismo pasa con los vendedores de billetes de lotería que andan pregonando el último cachito, el huerfanito de la de hoy: "¡Medio millón para hoy! Ándele. ¡Medio millón, éste es el de la suerte, éste es el bueno, ándele, para que se vaya a Uropa, aunque no me lleve!" Y aunque uno no compre nada, se queda con la comezón; este número sí me latía, bonito el numerito, maldita suerte, nunca le atino. Y de pronto, en una esquina lluviosa aparece cada vez con menos frecuencia la música nostálgica del cilindrero que a vuelta de manivela hace vibrar en el aire "Sobre las olas". Nadie ha hablado mejor de este ángel con su música a cuestas, este ángel pesado que no puede volar porque lo lastran las sonoras bandas venidas de Alemania, que Ricardo Cortés Tamayo: "Hay que verlo cuando para frente a estos sitios de abigarrada concurrencia; planta el largo bastón que le sirve de apoyo y escudo, en su punta el tirante del cilindro y toca y toca y toca. Luego entra al local con la llave o manivela del instrumento en la mano, para mostrar su identidad, y va recogiendo centavos. Los idiotas musicales se los niegan: a él, todo un director de banda popular.

"Yo creo que avanzada la noche, rendido de cansancio, se mete a su cilindro y allí duerme como un bendito".

EL ÁNGEL DE LAS AGUAS FRESCAS

Lo cierto es que la ciudad tizna a los ángeles, los revuelca en la ceniza, les chamusca las alas. Hubo una vez en Juchitán una vendedora de aguas frescas; su puesto estaba techado de palma y por él escurrían gotas de verdor, pero nunca tan frescas ni tan transparentes como el verdor que la envolvía a ella; la savia en sus manos y en su rostro de fruta llena, la savia en sus labios redondos de mujer feliz. Era el puesto más concurrido de la plaza, el más alegre; la gente se hacía bola, sus aguas sabían a gloria:

—Una de jamaica, Rosita.

—Una de chía.

—A mí una de tamarindo.

Ella repartía sin cansarse jamás y los hombres se detenían a florearla entre agua y agua, "puritita flor en penca" como diría Cortés Tamayo. Dos fotógrafos se hicieron amigos de ella. Iban a platicarle, le describieron la ciudad, intercambiaron direcciones; como era mucho el calor, eran muchas las aguas de todas las frutas tropicales. Una mañana tuvieron que despedirse, llevándose la imagen limpia de Juchitán en sus cautivos colores. Todavía del D.F. le enviaron una postal o dos, y luego la ciudad y sus muros se tragó la imagen verde y brillante, hasta que un día uno de los fotógrafos recibió una llamada:

—Soy yo, Rosita.

—¿Qué Rosita?

—Rosita Chacón, la de Juchitán.

—Perdone, pero no doy...

—Sí, Rosita, Rosita, la del puesto de aguas frescas...

Desde el fondo de lo verde regresó la estampa lozana de la vendedora.

—Rosita, ¡qué gusto! ¿Cuándo podríamos vernos?

—Cuando usted quiera.

Su voz sonaba tan dulcemente. El fotógrafo fue a la dirección indicada, un hotel de quinta, en una calle oscura. Al verla, no la reconoció. Tres días en la ciudad habían bastado para quitarle sus amplias enaguas floridas de tehuana y su huipil bordado de cadena, tres días en la ciudad y se había cortado sus negras trenzas lustrosas para dar lugar a un encrespado permanente. Vestida con una apretada falda guinda y un suéter agresivo, la ciudad había desangelado a Rosita. Al fotógrafo se le cayó el corazón al suelo.

—Vine a verlos a ustedes.

—Pero ¿y su familia, Rosita?

—Allá se quedó.

—¿Y su trabajo? ¿Y el puesto?

—No, es que ya quiero vivir aquí, en el D. F.

Rosita en la ciudad no era más que una mujer del montón, un ser común y corriente dispuesto a asirse al fotógrafo como la miseria sobre el mundo. Nada tenía que hacer en este Distrito Federal en que el único trabajo posible para ella sería el quehacer doméstico; barrer la casa ajena. El proceso de transformación de Rosita resultó insólito: "Ayer maravilla fui, llorona, y ahora ni sombra soy". El fotógrafo le dio para su pasaje a una Rosita muda y llorosa: quedarse en el D.F. hubiera sido ponerse en las fauces del monstruo, dejarse tragar por la ciudad que todo lo envilece. Todavía la acompañó a la terminal de los autobuses y la vio subir al camión, meneándose dentro de su falda guinda y tubular, cuando allá todos sus movimientos tenían la gracia del agua. Un poco más y el ángel acaba por marchitarse, un poco más y se devuelve ajado y descosido a la plaza del pueblo; aquí no había nada para ella, sino el desangelamiento, las cáscaras de fruta y las sobras del banquete.

32

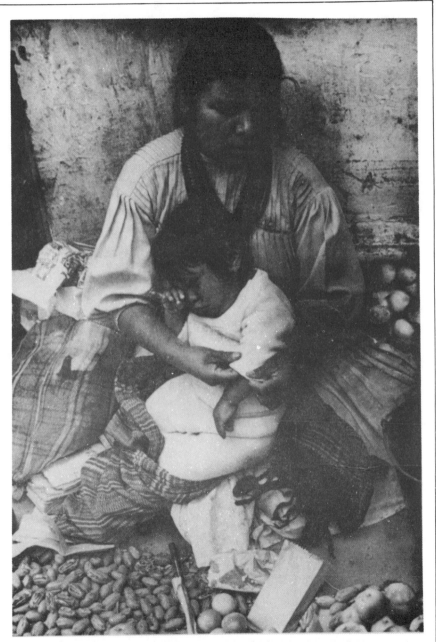

"No me lo compre todo porque sino se me acaba y luego
¿qué hago?"

Cada año llegan a la ciudad las marías y los golondrinos que se posan en parvadas en las banquetas y los camellones.

A las marías les pisotean su mínima mercancía, cuando no se la confisca la policía se las llevan a la delegación.

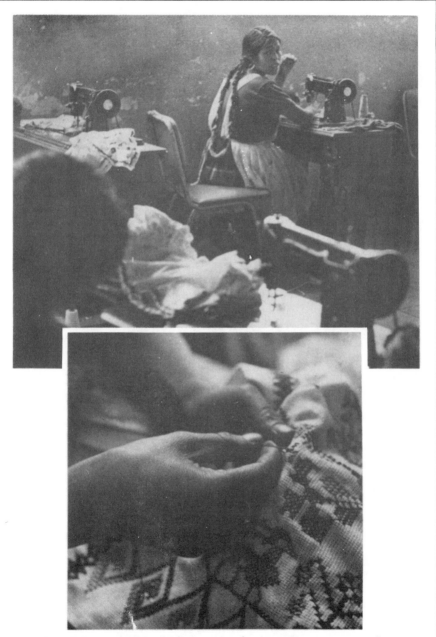

En el Centro Mazahua, las marías perciben un pequeño
sueldo y bordan pañuelos con orillas de llorar.

El sueño de los niños que trabajan tal vez será jugar con la
muñeca vestida de azul, como dice la canción.

Ningún gobernante ha encontrado hasta ahora la forma de integrar a estos "marginados".

Lo primero que aprenden los niños "chicleros" es a torear los coches.

Se miran las dos pelonas como diciéndose: "Estamos en las mismas condiciones".

El que tiene "bici" empieza a repartir los periódicos a las
cuatro de la mañana...

Muchos niños se quedan de boleritos toda
su vida...

Son ángeles que vuelan mal, lastrados por un pesado
secreto: el de la miseria.

En el crepúsculo, a la hora del Ángelus, la ciudad se cierra sobre sus moradores. El Ángelus aún se da en los talán-talán de los campanarios pueblerinos y las campanas suenan entonces tan solitarias, tan desamparadas y tan hambrientas como los hombres. Muchos niños cantan el Ángelus para dar las gracias y dormir en paz, porque Ángelus significa dar luz sobre el espíritu del que descansa. Con su imagen de siglos, el Ángel se retrata en iglesias, pórticos, estatuas y va cambiando con la arquitectura, pero nunca en los sentimientos de los hombres. A la hora del Ángelus, si uno afina bien el oído puede percibir un rumor de alas; legiones y legiones celestiales que van cubriendo el cielo del atardecer, y si ustedes se descuidan, señoras y señores, podrán toparse con su Ángel de la Guarda, a la vuelta de cualquier encuentro, en la acera de esta Angelópolis, un ángel de carne y hueso y un pedazo de pescuezo, en esta ciudad que no nos permite amar como quisiéramos, para saciar nuestra hambre. Se necesita el estado de gracia para amar por encima de los cláxons, los pleitos, las angustias, el esmog, la violencia, el moverse a todos lados y en ninguna dirección y, antes de ser ángeles amorosos, nos llega el edicto y la condena. Entonces, volvemos a repetir junto al Ángel en potencia, aunque se haya disfrazado de zopilote negro:

Ángel de mi guarda
dulce compañía
no me desampares
ni de noche ni de día

Si José Revueltas se equivocó al creer que el gobierno no lograría detener al movimiento estudiantil, no se equivocó al pensar que era el más enloquecido ejemplo de pureza que nos sería dado presenciar. Su mayor acierto en sus últimos años es haber participado en él; lo es también de Heberto Castillo y de otros maestros que se unieron a los jóvenes. Ellos tenían razón como la tuvo el rector de la UNAM al enfrentarse al gobierno. Los que sobrevivieron al 2 de octubre, a la cárcel, al exilio, le dieron un sentido a su vida que otros no tienen. Cuando veo a González de Alba, a Álvarez Garín, a Guevara Niebla, al *Pino*, al *Búho*, pienso que detrás de ellos caminan cientos de miles de manifestantes, los que protestaron, los que se la jugaron; sé que ellos eran distintos antes del 68; sé que aquel año escindió su vida, como escindió la de muchos mexicanos.

A diez años de distancia, el movimiento estudiantil aún sorprende porque es sorprendente que una masa hasta entonces muda, sin una oposición organizada (Vallejo, el líder más connotado de la lucha ferrocarrilera del 58, estaba en la cárcel, Campa también, Vásquez Rojas después de su encierro en Iguala se había escapado a la sierra), una masa por lo tanto sin cabezas aparentes lograra la más grande movilización independiente de la historia contemporánea de México: el movimiento más extraordinario después de la revolución mexicana.

En los años que siguieron a la revolución de 1910 y a su millón de muertos, el México pobre conoció sobre todo el autoritarismo. A los campesinos se les entregó parte de la tierra, pero sin agua, ni créditos, ni los instrumentos para cultivarla; a los obreros nunca se les dio sino patrones que los explotaran: extranjeros y nacionales. Sabemos de Cananea, de Nacozari, de Río Blanco, matanzas que no se divulgaban, mejor dicho, se pretendieron acallar.

En 1968 reinaba un silencio semejante en el país. De pronto estalló un movimiento dinámico, autónomo, y, por qué no decirlo, enloquecedor por inesperado, un movimiento para hombres puros e intocados como Revueltas, Castillo, Jorge y Manuel Aguilar Mora, Roberto Escudero, Florencio López Osuna, Ignacio Osorio, Pablo Gómez, Joel Arriaga, Eduardo de la Vega y miles de jóvenes unidos por un lazo indisoluble: el coraje. La movilización en la calle no era de campesinos ni de obreros. Se trataba de una marcha de leídos y de escribidos que se rebelaban. ¿Contra qué? Si los pretextos aparentes podían ser cualesquiera, en el fondo marchaban contra la miseria del país, contra la impostura, contra la corrupción.

Estos jóvenes estaban destinados al gobierno contra el cual ahora se alzaban. Eran los llamados "cuadros", los futuros dirigentes. Provenían de la UNAM, del Poli, de Chapingo, de las prepas. Sin embargo, en México, es en las universidades donde se discuten los problemas del país. A falta de partidos políticos, las universidades han terminado por ser un reducto en el que profesores y estudiantes expresan libremente sus ideas. Esto influye en los jóvenes y los impulsa a la acción; no hay más que dar una vuelta por Ciudad Universitaria y leer las pintas para darse cuenta que apoyan a los médicos huelguistas del Hospital General, a las madres de los desaparecidos y presos políticos, a la Ley de Amnistía, a los Trabajadores de Limpia del Metro que aún no obtienen su base, y que condenan con muy buenos chistes al charrismo, al tapadismo, al compadrazgo, al dedazo, a las mordidas, al influyentismo y a los gobernantes que cada seis años se reparten el país.

En México hay una edad para ser idealista, otra para ser guadalupano, otra para ser antimperialista, otra antigobiernista, otra priísta. Se es priísta cuando se madura. Lo demás son locuras de juventud. ¿Cuántos hombres que fueron de izquierda se acuerdan de sus mocedades palmeándose la espalda con una sonrisita de perdonavidas? En 1968 México fue joven y nos hizo jóvenes a todos. El movimiento estudiantil lo consigna. Fue la etapa más intensa de muchos años y, como van de apaciguadas las cosas, de muchas vidas. Algo se perdió irremediablemente en 1968 (la muerte es siempre irrecuperable), pero algo se ganó. Como lo escribe Carlos Monsiváis, una señora que ante la muerte de su hijo se pregunta qué va a hacer del resto de su vida, dice más que un millón de "La patria es primero", "Los valientes no asesinan", frases y apotegmas ("El respeto". . . bla-bla), y otras sentencias esculpidas en bronce para disfrute de la inmortalidad.

Esta crónica intenta seguir la trayectoria del movimiento estudiantil de 1968, no para redimirlo de sus errores, sino, y de nuevo como lo dice Monsiváis, porque ningún homenaje, a ese gran momento de nuestra historia está de más.

ES DIFÍCIL NO DESCRIBIR EL MÉXICO DE LOS CINCUENTAS, DE LOS SESENTAS, CON UNA CRÓNICA DE SOCIALES

Resulta difícil no describir al México de los cincuentas, de los sesentas, con una crónica de sociales, porque ése es el estilo que imperó, al menos ése fue el que vivimos. ¿Qué hizo el movimiento estudiantil de 1968? En primer lugar, rompió la imagen oficial de México. Nuestra imagen era lustrosa, azul cielo, prometedora. Antes que nada éramos distintos al resto de América Latina, orgullosamente mexicanos. (¿Qué significa esto? Quién sabe, pero es un cliché del que aún no nos liberamos.) Todos los países más al sur, o sea, más abajo, allá atrasito (incluyendo a Brasil con sus tambores y sus gorilas) miraban hacia nosotros; podíamos convertirnos en el líder, el portavoz continental. La revolución mexicana era la precursora, la hermana mayor interrumpida de otras revoluciones. A partir de 1939, la gran familia revolucionaria inició el despegue; el águila sentada sobre el nopal emprendería el vuelo y dominaría el cielo de todo el continente.

SEGÚN LAS ESTADÍSTICAS, LA REVOLUCIÓN MEXICANA PRODUJO MILES Y MILES DE PROMINENTES MILLONARIOS

La segunda guerra mundial dio un gran impulso a la economía mexicana. El cierre de mercados exteriores restringió las importaciones y México pudo acumular una enorme cantidad de divisas extranjeras que invirtió posteriormente en maquinaria, para iniciar su industrialización. Si ya durante la guerra exportábamos henequén, ixtle de lechuguilla, minerales, plata, ropa de algodón y grandes cantidades de garbanzo a España (¡coñetas!), al terminar la contienda pudimos lanzarnos a la industria de la construcción fabricando cemento y varilla corrugada; a la industria eléctrica, a la industria de vidrio, la de pinturas, y, en forma colateral, la del calzado y la del vestido. México financió su desarrollo con préstamos del exterior, y si en la época de Ávila Camacho los préstamos apenas llegaban a 7 millones de dólares, en la de Alemán subieron a 43 millones, para convertirse en casi el triple con Ruiz Cortines: 125 millones, y pasar a 397 millones de dólares con López Mateos. Desde entonces hemos seguido endeudándonos, felices de tener un país digno de crédito, mientras que nuestra moneda se devalúa vertiginosamente.

Por otra parte la gran familia revolucionaria no sólo sentó las bases, sino que estableció las reglas del juego. Se renovaba cada seis años aunque sus miembros fuesen siempre los mismos; avilacamachistas, alemanistas, ruizcortinistas, lopezmateístas, diazordacistas. Nunca un partido de oposición ganó (oficialmente) una batalla importante, algo más que una alcaldía, aunque Antonio Carrillo Flores, gobiernista, fuera a consultar a Manuel Gómez Morín, oposicionista, a su casa de San Ángel. Los "istas" tenían un común denominador: desayunaban juntos, los unos habían sido miembros del gabinete de los otros, se debían favores, conocían a la perfección los engranes, la maquinaria íntima de nuestra revolución institucionalizada. Manejaban términos y expresiones como *democracia, sufragio efectivo / no reelección, crecimiento económico* y lemas: "Un solo camino: México", "Al que madruga, Dios lo ayuda", "Veinte millones de mexicanos no pueden estar equivocados", "Cómo México no hay dos", "Justa distribución de la riqueza" y demás "postulados y principios emanados de la revolución". Según las estadísticas de la simple vista la revolución había producido miles y miles de prominentes millonarios.

EL FORTÍSIMO ABRAZO

Esta imagen apacible y próspera duró casi cuarenta años. No hubo crítica política organizada, y muy escasas posturas intelectuales realmente disidentes; ningún Flores Magón. La acción del PAN, partido de oposición, resultó poco convincente porque uno de sus fundadores, Gómez Morín, economista notable, creía posible la existencia de una "oposición leal" de crítica exasperada y decente. Al final, desencantado, Gómez Morín, se refugió definitivamente en los brazos de la iglesia católica y sus ciegos dogmas de fe. Lombardo Toledano, quien creía en Buda, en el idealismo, en las vidas ejemplares y parecía un santo místico, los ojos a media asta (enseñaba mucho el blanco), perdido entre las brumas de la más maravillosa de las contemplaciones socialistas, acabó sujeto por el fortísimo abrazo del presidente en turno luego de que, en los treintas, había ligado la suerte de su rebaño de trabajadores (CTM) a la del gobierno mexicano.

En nuestro país, siempre se han hecho buenos chistes; se hablaba de las fincas de los Obregón en el norte; de las botas de Maximino Ávila Camacho (tenía doscientas cincuenta), de las tientas de toros en Pastejé, en el feudo de Pepe Madrazo, en el de Arruza, de la movida en Acapulco "¡Juy juy juy juy juy! ¡A mí qué me dura el Rey Carol!, ¡La Lupescu es una flaca descangallada! ¡Vieras la mía qué buena está!" Dos novelas reflejan esa época: *La región más transparente* y *Casi el paraíso*. Los políticos mexicanos, tan taimados como eficaces, manejaban y manejan con indudable maestría las técnicas del enriquecimiento personal y las del agradecimiento; lo que sea de cada quién: rara vez olvidan a sus compadres, a sus compañeros de banca: "Compadrito, tratándose de ti ni hablar", entraban en componendas, tenían mucho modo para arreglar asuntos y la vida política siempre se llevó a cabo entre bastidores ... si no, ¡olvídense de Watergate! Bebían en el 123, de Luisito Muñoz, enigmático y suave como un gato montés; en el *Cyro's* del gordito Bloomy (Blumenthal), y Carlos Denegri, periodista borrascoso, fijó el estilo del acontecer diario, tanto en sus reportajes a veces buenísimos, como en su conducta personal. Si una mujer a quien él perseguía se había refugiado en un rancho del norte, él iba tras ella, crudo y colérico, y con la ayuda del gobernador en turno mandaba copar las carreteras. Puros machos. ¡Cuiden bien a sus gallinas porque mi gallo anda suelto! ¡A mí, ninguna vieja se me va! A ver, sírvanme otra copa; éstas yo las pago, aquí nada más mis chicharrones truenan. Si el ambiente machista de cantina invadió la política mexicana, las páginas de sociales pretendieron dignificar la vida *oficial* de los mismos políticos. Al lado de las parrandas estaban los bailes de quince años; junto a la juergas, las novias envueltas en tul ilusión; las solemnes honras fúnebres, los rosarios en La Profesa, el arzobispo Luis María Martínez de sotana strapless adecentaba con su bendición hasta el club nocturno; la casa chica subsistía en coexistencia pacífica con la villa colonial-californiano de Las Lomas, los gladiolos salmón se erguían en floreros de cristal cortado de esos de piquito que no me gustan nada, y los hijos de familia iban a descubrir el peladaje en el Tívoli, todavía orozquiano, con Gema, Tongolele, Kalantán y Sumukey. Carlos Fuentes vivió a un mismo tiempo dos tórridos romances al ritmo de Pérez Prado, entre el Leda y el Macao; en 1964, Tongolele, vestida de negro aún, gustaba de escuchar sus conferencias en la Sala Manuel M. Ponce, sentada al lado de la China Mendoza. Tuvieron un auge fenomenal las páginas de sociales; en ellas se glamorizaban los actos de gobierno. Los violines del Villafontana limaban las aristas; Esperanza la peinadora pulverizaba goma laca en las melenas de sus parroquianas, volviéndolas resistentes a todos los embates del destino; bailarían su primer vals apoyadas en el poderoso brazo de su señor padre, el licenciado Tunoteapures. Las caridades canasteras; los showers rodillo en mano, las recepciones de smoking y el Jockey Club merecían toda la ternura de los diarios capitalinos, que dedicaban (como hoy dedican) dieciséis y hasta veinticuatro planas, sin hablar de las cuarenta y ocho dominicales, a tan sugerentes actividades. Rosario Sansores tarareaba dulcemente sus crónicas de sociales y leíamos voraces: "Judith guapísima, con su precioso vestido de siempre", "Mario, del brazo de su Marcela favorita", "Gran baile a beneficio de La Gota de Leche", "Paparrucha nos deslumbró a todos con su nuevo vestido de Fath; gris fumée con aplicaciones de hollín", "La Chiquis Flores en espera del ave picuda", "afuera el viento apagaba las últimas estrellas como si fueran las velitas de un pastel de cumpleaños". Los showers (lluvia de regalos) se multiplicaban. Armando Valdés Peza, Carlos León, el Duque de Otranto (de veras mamá, ¿es duque?), Agustín Barrios Gómez eran los reyes de México, Rosario Sansores su emperatriz, y nosotros los mexicanos éramos los cochinitos que se iban a la cama, muchos besitos les dio su mamá, muy calientitos dentro de su pijama, a soñar en el buen día en que la Ensalada Popoff consignaría nuestro debut sobre el escenario del Jockey, al ritmo de una orquesta que tocaría: "Cuando me vaya para Venecia, adiós Lucrecia, te escribiré. Tira de la vela, tira de la vela..."

DISCULPE USTED LAS MOLESTIAS QUE LE OCASIONA ESTA OBRA

El Distrito Federal crecía. Se ensanchó hasta abarcar una superficie de 1499 kilómetros cuadrados, se estiró (el Hotel de México tiene 218 metros de alto, hasta la antena), se hinchó (las colonias Aurora, San Agustín por Jardines y Tablas de San Agustín hasta el kilómetro 14 y medio camino a Pachuca; y San Miguel El Alto, poblado que está en el límite de la delegación de Iztapalapa, llega al kilómetro 17 y medio de la carretera a Puebla), prosperó (sólo en la avenida Universidad y su continuación la Cuauhtémoc hay cuatro Burger Boy). De la noche a la mañana desaparecieron las casas de un piso y como hongos surgieron los multifamiliares, los condominios, en tanto se alargaban los viaductos y los periféricos con muchos pasos a desnivel y pululaban las tiendas de autoservicio, las colonias residenciales... Era el delirio. Durante años, México no fue sino la ciudad de la piqueta y de los baches, las desviaciones y los embotellamientos: "Disculpe usted las molestias que le ocasiona esta obra", etcétera. Todo era construcción, progreso, bienestar. "Compre ahora, pague después." Se instauraron los sistemas de crédito generalizado, las mágicas tarjetitas que incluyen hasta la propina del mesero, las facilidades para tener casa propia, carro propio, "andaban los tomatitos muy contentitos, cuando llegó el verdugo a hacerlos jugo", "hay un Ford en su futuro", "Malena y su Volkswagen", los muebles en abonos, los préstamos bancarios, el ISSSTE, los teatros del Seguro Social, los grandes cines buenos y baratos, los parques públicos, los campos deportivos en las colonias aledañas, el Chapultepec de los pobres, el *Mundo Feliz*. Nunca el sistema hotelero de Hilton, Sheraton, Ramada Inn, triunfó en forma tan meteórica como en nuestro país: Mexiquito dócil, *chiquita banana*, "mucho buenc sabor", plataforma de Frank Sinatra o del jet-set que pronte nos distinguiría: "Pasen, por favor y disculpen ésta su pobre casa", serían las palabras de los presidentes municipales en turno, al ofrendar el paraíso tropical de Acapulco.

Er un 95%, los turistas que llegan a México provienen de los Estados Unidos. En todas partes del mundo, hasta en los desiertos, los Estados Unidos han establecido sus hoteles e impuesto el *American Way of Life,* el *coctail lounge,* el *lobby*, el excusado con su cinturón de castidad, el papel higiénico (suave como el pétalo de una rosa), para que el norteamericano, a quien le ha entrado una verdadera fiebre viajera, se sienta *at home everywhere*, es decir: encuentre hasta en Chalchicomula el ambiente al que está acostumbrado y que siempre le ha conferido seguridad. México se norteamericanizó. ¿No era el turismo nuestra industria sin chimeneas? Si no éramos capaces de procesar nuestros productos venderíamos al menos nuestro folklore y los antropólogos del mundo se inclinarían sobre nuestro rostro moreno para sondear el alma mexicana y quitarle sus dos máscaras: la indígena y la española.

•

Entre los grandes conjuntos de condominio se levantó uno que giró alrededor de la pequeña iglesia colonial del Santo Santiago: Tlatelolco, con ciento dos edificios y una población de cerca de setenta mil habitantes. Muchos de ellos diariamente cruzaban una plaza: la de las Tres Culturas.

Claro, había habido algunas resquebrajaduras en la imagen oficial de nuestro país, pero apenas perceptibles. ¿O recuerdan ustedes, por ejemplo, la marcha a pie de más de mil kilómetros de los mineros de Nueva Rosita, Coahuila, que vinieron al Distrito Federal en 1952 para presentar sus demandas? ¿Saben quién es el profesor Ohtón Salazar, que durante unos días, en 1958, llenó junto con la sección ix del Sindicato Nacional de Trabajadores de la Educación los patios de la Secretaría de Educación Pública, pidiendo aumento de salarios para los maestros de primaria cuyos honorarios los condenaban inevitablemente al martirologio?

En 1958 y en 1959, la unidad del coro charros-gobierno-iglesia-patronos-prensa no tuvo fisuras frente al movimiento ferrocarrilero encabezado por Demetrio Vallejo. Todas las cámaras de comercio e industria condenaron las peticiones de aumento, las pretensiones descabelladas de auténticos obreros. Luego Demetrio Vallejo, el líder máximo, permaneció junto con Valentín Campa once años y medio privado de libertad; hubo una persecución generalizada en todo el país, los ferrocarrileros activistas seguidores de Vallejo fueron encarcelados, vejados, golpeados, tachados de comunistas, *malos* mexicanos, antipatriotas y vendidos a una potencia extranjera; inevitablemente a la URSS. Los ferrocarrileros despedidos en 1958 aún no han sido reinstalados, y de esto han pasado más de veinte años. También fueron hechos prisioneros, en los primeros años del periodo de López Mateos, David Alfaro Siqueiros y Filomeno Mata. Su delito: criticar frontalmente al presidente de la República, al Intocable.

El 23 de mayo de 1962 murió acribillado a tiros el líder campesino Rubén Jaramillo. La fotografía de su abrazo con el presidente López Mateos apareció en la portada de la revista *Política*. Rubén Jaramillo fue asesinado en Xochicalco, estado de Morelos, junto con su esposa Epifania García Zúñiga, que tenía ocho meses de embarazo, y sus hijos· Ricardo, Enrique y Filemón. Jaramillo había sido soldado zapatista. Combatió a los terratenientes y obtuvo para los campesinos derechos sobre las tierras de Michapa y Los Guarines, en Morelos. Su hija Raquel contó que a la casa paterna llegaron vehículos blindados y yips militares manejados por soldados, con ametralladoras Thompson. Ellos fueron los que cometieron el múltiple asesinato. Jamás se sometió a proceso alguno a los culpables.

Durante los primeros meses del gobierno de Díaz Ordaz —en 1964— el movimiento de los médicos también fue reprimido y sólo la revista *Sucesos*, bajo la dirección de Raúl Prieto y *Política*, los defendieron, pero en general la prensa, el público engañado, los medios de información aplaudieron las medidas gubernamentales. ¿Cómo era posible que los médicos al hacer un paro abandonaran a sus enfermos, a riesgo de que murieran, para lograr un aumento en sus salarios que ya eran de 650 pesos mensuales en el Seguro Social? ¿No era la suya una actitud criminal? Con el chantaje de que cualquier paro pone en peligro la vida de los enfermos, los médicos huelguistas resultaban asesinos. Esa calumnia pueril manipuló y ha seguido manipulando a la opinión pública en los diversos órganos informativos. Ismael Cosío Villegas, director del Hospital de Huipulco y primer tisiólogo mexicano, se solidarizó con los huelguistas. Resultado: cese fulminante escupido por Díaz Ordaz. De allí en fuera nadie salió del sopor aprobatorio que parece caracterizarnos, y los médicos dirigentes del movimiento fueron destituidos

CON RAZÓN MÉXICO DEBÍA SER SEDE DE LOS JUEGOS OLÍMPICOS

Salvo estos acontecimientos, que muy pronto se archivaron, nuestra vida nacional siguió presentando una imagen de tarjeta postal: cielo mexicano intensamente azul; rosa mexicano, el que se exporta en nuestras artesanías populares; blanco mexicano, el albo pantalón dominguero de nuestros indígenas; la bordada túnica yucateca; amarillo mexicano, el de la paja del sombrero bajo el cual duerme plácidamente el arriero en una eterna siesta, ya que, como él mismo lo pregona, todo puede dejarse para mañana. "El hastío es pavorreal que se aburre de luz por la tarde", susurraba Agustín Lara. México era maravilloso, los turistas se iban fascinados por lo barato de nuestras platerías, lo imponente de nuestros paisajes, lo impronunciable de nuestros volcanes y la mansedumbre de *"those sweet little mexican indians"* que en Taxco los acosaban en inglés. Con razón, *Mexico City* debía ser la sede de la Olimpiada; ningún país más indicado que el nuestro que brilla como una moneda de oro en medio de la selva y de las zonas aún por descubrir de América Latina, ese cuerno de la abundancia (cornucopia, enseñan en las escuelas para hacer aún más misteriosa la alegoría); ese canto de mariachis, con su sonar de guitarras: "Yo soy como el chile verde, llorona, ¡picante, pero sabroso!"; este paraíso que va del Atlántico al Pacífico; Acapulco que abre sus brazos de agua tibiecita para recibir a Paul Getty, el hombre más rico del mundo; Puerto Vallarta, escogido por Liz Taylor y Richard Burton, ¡qué honor! Cuernavaca, *"the sunny place for shady people"*, a la que vienen a retirarse bajo el volcán, a la sombra de jacarandas y flamboyanes, los colonizadores de todas partes del mundo. Tanto Méndez Arceo, Erich Fromm, Iván Illich, Lemercier como Barbara Hutton y su casa japonesa, son absolutamente exportables, harían buen papel en cualquier parte; nos han hecho el favor, su fama va más allá de nuestra cortinita de nopal. ¡México, sede de la Olimpiada! ¡Qué gran trofeo, cueste lo que cueste! (lo importante no es ganar sino competir); los juegos olímpicos en México serían el broche de oro, la culminación del esfuerzo de los políticos mexicanos y de un desarrollo económico ascendente, regido por el PRI, que todo lo engulle.

La XIX Olimpiada principiaría en México el 18 de octubre de 1968. Antes, el 23 de julio del mismo año, en plena Olimpiada Cultural, los *Araños* y los *Ciudadelos*, dos pandillas de vagos —no de estudiantes—, picándoles las crestas a los de la Vocacional 2 y a los de la Isaac Ochoterena, causaron un pleito que, de no haber intervenido salvajemente los granaderos, no habría pasado de simple escaramuza. La clave del movimiento antiestudiantil —el oficial— está en la sospechosa intervención de trescientos granaderos armados hasta los dientes, quienes tras de aplacar a los chamacos en la calle de Lucerna, fueron a arriarse a estudiantes y maestros de la Vocacional 5, totalmente ajenos al lío. Un pleito aparentemente sin importancia (unos cuantos vidrios rotos) desencadenó el movimiento estudiantil de 1968, que terminó en la matanza del 2 de octubre, diez días antes de inaugurarse la fiesta olímpica.

LA UNAM Y EL POLI, CENTROS IDEALES DE COMUNICACIÓN Y DIVULGACIÓN DE LAS IDEAS

Dentro de esa atmósfera: prosperidad, paz, crecimiento económico evidente, ausencia de conflictos sociales, permanencia del PRI que aseguraba la estabilidad política del país, el movimiento estudiantil de 1968 fue el despertar político de los jóvenes, su unión que desmentía la tradicional rivalidad entre los politécnicos y los universitarios, y su lucha por llevar a cabo una acción organizada. Los estudiantes, que ya de por sí se reúnen a diario en sus escuelas, ya sea de la UNAM o del Poli, y cuentan así con un centro ideal para la divulgación de sus ideas, la comunicación entre sí (bien podría decirse que la UNAM es un generador de comunicación), pudieron organizarse, llamar a *la base,* la masa estudiantil, a asambleas y mítines, y planear una acción conjunta, crear un clima febril de entusiasmo y de coraje. Guillermo Haro sonreía al salir de la torre de Ciencias en la Ciudad Universitaria, y oír a un muchacho gritar detrás de su magnavoz: "UNAM, territorio libre de México". La UNAM, por su autonomía y su tradición —no obstante estar sostenida económicamente en su totalidad por el Gobierno Federal— quedaba a salvo de policías uniformados y de intervenciones armadas. Podía llevarse a cabo una labor política y social; allí es⁺aban los mimeógrafos, los camiones, los equipos de sonido, los esténciles, el papel, la imprenta a disposición de los universitarios. Nadie iba a entrar a interrumpirlos. ¡Cuánta efervescencia y júbilo alrededor de los volantes! Las compañeras aseguraban los víveres ingeridos a las volandas, los refrescos que se apilan en los rincones. Luis González de Alba, en su novela *Los días y los años,* relata esos días felices que ahora ya no importan; así como Carlos Monsiváis, el cronista extraoficial de la ciudad, con esa mezcla incisiva de ironía y desesperación que lo caracteriza, nos describe la manifestación del Silencio, el 13 de septiembre, la llegada al Zócalo. González de Alba recuerda los salones de Filosofía y Letras atestados, los camiones improvisados en tribuna, el retorno de las brigadas, el final de las manifestaciones, cuando muchachos y muchachas se ponían a doblar las mantas como si fueran sábanas, guardaban los carteles o se los regalaban a los pedinches y se subían a los camiones de su escuela, ya repletos, para regresar a la guardia en las azoteas, la torta entre las tres y las cuatro de la mañana, los tacos en una taquería de Insurgentes, el café caliente, la risa, la felicidad que da el triunfo. Eran tan largas las asambleas que Raúl Álvarez Garín cuenta que de pronto se aprobaban sesiones de chiflidos para despertar *a la base.* Por otra parte, estas asambleas interminables y farragosas hicieron que los estudiantes respondieran siempre tarde a los estímulos, estuvieran rezagados en cuanto a los acontecimientos; mientras tomaban una decisión, ya los sucesos los habían desbordado. Lo dice muy bien Salvador Martínez della Roca, el *Pino,* en *La noche de Tlatelolco:* "se hablaba de lucha de clases, de bienes de producción en manos de la burguesía, la clase en el poder y otras madres, en vez de salir a *volantear* y encontrar un lenguaje común con el pueblo".

Cuando los estudiantes, por miedo a la represión desatada

44

—ya había varios desaparecidos—, comenzaron a quedarse a dormir en la UNAM, ésta funcionó de veras como un *alma mater*, una madre amorosa que empolla y cobija con sus alas protectoras. Luis González de Alba dormía en el octavo piso de la torre de Rectoría en un sillón, cuando no se tiraba de plano sobre la alfombra. Toda la noche escuchaba el ruido del mimeógrafo. Se sentía bien. En cambio, el Poli, con su población más pobre, más desamparada, estuvo siempre a la intemperie y a la merced de los granaderos y de su impunidad.

EN NUESTRO PAÍS SÓLO EL DOS POR CIENTO LLEGA A LA EDUCACIÓN SUPERIOR

Y aquí surge otro punto en el que habría que reflexionar. Los estudiantes en 1968 no tenían que enfrentarse, como otros sectores de la sociedad, a los problemas de su manutención: casa y comida. En nuestro país, sólo el 2% de la población estudiantil accede a niveles de educación superior. Había una costumbre: los que llegan es porque han podido llegar; es decir, tienen posibilidades económicas para lograrlo, no porque la UNAM y el Poli cobren, sino porque pueden trabajar o porque cuentan con alguien que los mantiene. Entonces, la situación de la UNAM, por ejemplo, era privilegiada, según las estadísticas que proporciona Margarita García Flores, jefa de prensa de la UNAM en 1968 y en 1969. El 68% de sus estudiantes dependían de algún familiar. De acuerdo con la ocupación del jefe de la familia del estudiante, el 77% del alumnado pertenecía a la clase media y sólo el 18% de los muchachos eran hijos de obreros y de campesinos. El 77% provenían de familias con ingresos entre mil trescientos y siete mil pesos mensuales que, comparados con el ingreso promedio nacional, eran buenos. No le ocurría eso a la población del Politécnico, cuya situación económica era más difícil: los estudiantes del Poli no tenían ingresos tan estables. Sin embargo, ambos grupos coincidieron en actitudes críticas y políticas libres de compromiso alguno; el único compromiso del estudiante politécnico y universitario era consigo mismo y con sus estudios; con las ideas recibidas y que actuaban en ellos como factor de cambio, al darles una nueva visión del mundo. Como lo dice muy bien Jean-Paul Sartre: "La única manera de aprender es discutir. Es también la única manera de llegar a ser hombre. Un hombre no es nada si no es un impugnador. No obstante debe también ser fiel a algo. Un intelectual, para mí, es alguien que es fiel a un conjunto político y social, pero que no cesa de discutirlo. Puede ocurrir, seguramente, que haya una contradicción entre su fidelidad y su impugnación, pero eso es bueno: se trata de una contradicción fructífera. Si hay fidelidad, pero sin discusión, ésta no sirve, no se es un hombre libre. La Universidad está hecha para formar hombres polémicos".

EXPLOSIONES POLÍTICAS JUVENILES EN MUCHAS PARTES DEL MUNDO

En la década de los sesentas surgieron todas las explosiones políticas juveniles de las más altas instituciones de formación cultural: las universidades en muchas partes del mundo: Stanford, California, Harvard, La Sorbona, Berlín, Tokio, São Paulo, Buenos Aires, Montevideo, Varsovia, Praga, Roma y finalmente México. Nuestro movimiento se insertaba, por lo tanto, dentro de las grandes sacudidas juveniles que se dieron en la vida política de muchos países, pero no se inspiró, como se ha dicho, en la Revolución de Mayo de París ni nuestros líderes eran como Cohn-Bendit. Al contrario, los nuestros siempre bailaron sobre la cuerda floja y a medida que pasaba el tiempo estuvieron más expuestos: intuían que la cárcel los acechaba (pero no sabían lo que era *la cárcel*). Sí sabían en cambio que las reacciones del gobierno eran imprevisibles, pero no podían dar marcha atrás; los acontecimientos siempre se adelantaron y hubo que tomar decisiones sobre la marcha, al fragor de las circunstancias de cada mañana distinta, de cada tarde nueva e inesperada. De la acción organizada y política surgida en los establecimientos de cultura superior dieron prueba las grandes manifestaciones espontáneas, nunca antes vistas en México (¿cuándo se había visto que cuatrocientas mil personas marcharan durante cinco horas del Paseo de la Reforma a la Avenida Juárez, ocuparan el Zócalo y gritaran: "Asesino, Asesino, Asesino", hasta emplazar públicamente al Presidente de la República?), entre ellas la manifestación del Silencio, que quedará para siempre en la vida de México; miles de pies caminaron los unos junto a los otros; el taconeo sobre el asfalto, el esparadrapo sobre las bocas de aquellos que no estaban seguros de poder contenerse; trescientos mil hombres y mujeres desfilando mudos, en señal de protesta. Ya para entonces, habían acudido al "Únete, pueblo", "Únete pueblo agachón" varios sectores: padres de familia, paseantes curiosos. Si en las primeras manifestaciones los mirones eran muchos, más tarde las banquetas quedaron casi vacías y los transeúntes vinieron a engrosar las filas de los manifestantes. "Nuestros agitadores son el hambre y la miseria", decía una pancarta a la vez defensiva y explicativa. Tenían razón los estudiantes; su movimiento de protesta respondía a una realidad profunda y antigua: a pesar de la revolución, en México no se había hecho justicia. Los llamados revolucionarios en el poder se repartían el país: cada quien su inmenso latifundio, la tierra era del más voraz, nunca del pobre. Decía José Martí: "Cuando hay muchos hombres sin decoro, hay siempre otros que tienen en sí el decoro de muchos hombres". ¿No se había llegado al tiempo de los hombres con decoro? En 1968, los hombres, las mujeres, los niños tomaron la ciudad, la sintieron suya, recorrieron las calles con la loca alegría que da el hablar en voz alta, gritar demandas, caminar unidos sobre el asfalto. En 1959 en La Habana, a las once de la noche del 28 de julio, Carlos Fuentes comentó al ver el desparpajo de los cubanos que chupaban helados, se detenían a tomar café negro en las esquinas, se contoneaban palmeándose unos a otros, abrazados: "Imagínate ahora en la Avenida Juárez, todas las puertas están cerradas, no hay un alma que se atreva a deambular por las calles mal iluminadas y hostiles de nuestra ciudad muerta". En 1968, México se levantó de la tumba, despertó de su letargo y su estallido nos conmovió a todos.

SON LOS MUCHACHOS LOS QUE CUESTIONAN A LA SOCIEDAD

Entre los obreros, por ejemplo, la primera manifestación estudiantil se comentó con recelo y desapego como lo consigna el escritor Gerardo de la Torre: "A mí ¿qué me importan los estudiantes? Tengo obligaciones, esposa, tres hijos, estoy pagando la casa ¿van ayudarme a pagarla? No, ¿verdad? Allí tienes, pues ¿para qué voy a meterme a una manifestación? ¿Para que me den una madriza o me metan al bote? No, ni madres". Más tarde, el ambiente se caldeó. Desde 1958 no había quién se atreviera a protestar; los jóvenes, por su situación privilegiada, se atrevieron. ¿Por qué ellos? En primer lugar, porque no tenían nada que perder (salvo su libertad y, como se vio el 2 de octubre, su vida) y, en segundo lugar, porque su juventud y la transformación que suponen las ideas hacen que el joven quiera aplicarlas inmediatamente. También fue motivo del aceleramiento estudiantil el que nunca los muchachos imaginaron a qué extremos de perversidad puede llegar un sistema paranoico personificado aquí y entonces por el Mandril y su banda de matones. Son los muchachos los que cuestionan a la sociedad; son ellos los que se indignan por las injusticias con las que entran en contacto, son ellos los que reciben el duro choque de la realidad y se rebelan. Hay que resolverlo todo, ahora mismo. Y los estudiantes se lanzan. De julio a octubre de 1968, México fue joven y vivió intensamente. Todos los días nos enterábamos de los choques entre granaderos y estudiantes en diversos rumbos de la ciudad; los mítines relámpago en las puertas de las fábricas, las colectas en la calle, los manifiestos que *El Día* publicaba y que después eran motivo de editoriales. En esos días, todo el mundo abría el periódico con verdadera ansia; el movimiento estudiantil había logrado contagiar hasta a los más indiferentes. En varios sindicatos hubo reuniones y asambleas. El sindicato de El Ánfora, entre otros, publicó desplegados a favor del movimiento (¿sería éste una de las razones por la cual sus abogados, Adelita y Armando Castillejos, fueron privados de su libertad durante dos años y medio?). Afloraron inquietudes, descontentos, inconformidades; los burócratas, por ejemplo, balaron como borregos en señal de protesta cuando fueron llevados al Zócalo, en una manifestación de *desagravio a la bandera*. Su acto resulta significativo porque están a sueldo del gobierno y el gobierno los "acarrió". Denunciaron: "Vamos obligados", a pesar del cordón policiaco. Los maestros se unieron a los muchachos. El gobierno no podía detener el entusiasmo suscitado por el movimiento estudiantil, la euforia, el coraje, el ímpetu de jóvenes que por primera vez sentían que la ciudad era suya, que las calles les pertenecían, que podían comunicarse con los demás, hablar en voz alta. Estaban aceleradísimos, felices y libres. Claro, eran alborotadores, albureros, impunes; se les pasaba la mano, echaban relajo, pero ¿no son éstos algunos de los rasgos de carácter de la juventud? (Además, muchos de los actos de vandalismo los realizaron porros con sueldo del erario, como se comprobó después, y como los han seguido realizando hasta la fecha.) Los gritos de "¡Prensa vendida! ¡Prensa vendida!" calaron en el ánimo de los reporteros y dos que tres directores de periódicos presionados por ellos procuraron —dentro de los límites de la llamada "libertad de prensa"— respetar las crónicas y los artículos que les entregaban sus periodistas. Treinta y siete sacerdotes (a diferencia del cura Enrique Meza del pueblo de San Miguel Canoa, estado de Puebla, quien azuzó a los fieles en contra de estudiantes excursionistas causando la muerte al grito de "¡Cristianismo sí! ¡Comunismo no! ¡Mue-

El bazukazo a la puerta de San Ildefonso también incendió los ánimos.

Un tranvía arde en la calle Bucareli, en el inicio del movimiento estudiantil de 1968.

Ramón Ramírez nos dice que 200 mil estudiantes
participaron en el movimiento estudiantil.

La primera manifestación la encabezó el rector Javier
Barros Sierra desde la Universidad hasta Félix Cuevas.

Participaron en el movimiento estudiantil: 90 000 de la UNAM y 70 000 del Poli y de las Escuelas Normales, sin olvidar a los de la Ibero.

El CNH (Consejo Nacional de Huelga) compuesto por representantes de todas las escuelas: universitarias y politécnicas, pedían el diálogo con las autoridades.

En 1968, 400 mil personas salieron a la calle a gritar su protesta; muchos profesores se unieron a los estudiantes.

El monumento a la Independencia presidió casi todas las manifestaciones del 68.

La Plaza, la Catedral, son el corazón de la ciudad; llegar a ella y tomarla era como tomar el centro mismo del país.

Los soldados embestían en contra de los jóvenes como si estuviera a punto de iniciarse una guerra civil.

Durante 120 días de lucha, los soldados fueron acosando cada vez más a los estudiantes.

Catorce tanques y varias columnas de soldados, a bayoneta calada, desalojaron la Plaza de la Constitución el 27 de agosto de 1968.

El 18 de septiembre de 1968, el ejército entró a la Ciudad Universitaria, acto que aún nos indigna...

La reacción del gobierno en contra de los estudiantes llenó de estupor a mexicanos y a extranjeros.

El 2 de octubre de 1968, Tlatelolco, la Plaza de las Tres Culturas. Si en otros países se usaron gases lacrimógenos, aquí se dispararon balas.

Gilberto Guevara Niebla, uno de los líderes del movimiento estudiantil declara en el Campo Militar número Uno.

En la crujía C de Lecumberri algunos presos del 68, entre ellos, Raúl Álvarez Garín, del Politécnico.

Con bastones kendo salieron los "halcones", el 10 de junio de 1971, a disolver una manifestación estudiantil.

Los halcones bajaron de camiones del servicio de limpia del Departamento del Distrito Federal.

ran los comunistas!") firmaron una carta-análisis que finalizaba así: "Como sacerdotes y como mexicanos nos hacemos solidarios del actual despertar de la juventud, calculando que si son muchos los riesgos son mayores sus posibilidades para el futuro de un México mejor". En esos meses el gobierno gastó mucho en pintura blanca para borrar las pintas que aparecían en casi todas las bardas de la ciudad; los trabajadores de limpia del Departamento del Distrito Federal caminaban por las calles con sus brochas y sus cubetas y no se daban a basto: "Justicia y Libertad", "Libertad a los presos políticos", "Dictadura no, democracia sí", "Victoria", "Venceremos", y otros más groseros junto a los cinco aros de la Olimpiada y las palabras convencionales que deberían leer los turistas de todas partes del mundo: "Welcome", "Bienvenus", "Bienvenidos a México". Los seis puntos del pliego petitorio también fueron a dar a las bardas: "Libertad a los presos políticos", "Libertad a los estudiantes presos", "Deslindamiento de responsabilidades", "Disolución del cuerpo de granaderos", "Derogación del delito de disolución social", "Indemnización a los familiares de los muertos y heridos...". Muchos maestros criticaron acremente estos seis puntos y los tildaron de localistas, de estrechos. ¿Por qué no pedían los estudiantes cosas más esenciales? ¿La elevación de los salarios; la democracia sindical; un mejor nivel de vida en el campo; el fin de los monopolios; el fin de Fidel Velázquez, uno de los hombres más poderosos en México, cuyo apoyo han buscado todos los presidentes mexicanos desde López Mateos hasta Echeverría (¿no fue Fidel Velázquez quien destapó a López Portillo?); la transformación del PRI, la baja de precios en el mercado? ¿Por qué, en sus seis puntos, no incluían demandas de tipo académico? Estos seis puntos eran irrisorios; su movimiento, una verdadera improvisación, quién sabe en qué acabaría todo. El Consejo Nacional de Huelga pedía el diálogo. Pero ¿cómo se puede dialogar con quinientos estudiantes? Cuando Echeverría, por ejemplo, siendo secretario de Gobernación buscó el diálogo, hizo una llamada telefónica a algunos líderes diciendo que estaba dispuesto a entablarlo. En las asambleas se rechazó el telefonema, como forma poco idónea y los líderes le pidieron un oficio que Echeverría no mandó, pues no quería comprometerse por escrito (¡la sacralización y el terror que le tenemos nosotros los mexicanos a la palabra escrita!). El oficio hubiera sido una muestra de buena voluntad, cuyas repercusiones se habrían hecho sentir en la opinión pública. Sin embargo, Gustavo Díaz Ordaz y Luis Echeverría, engranes máximos en un aparato petrificado, tan pétreos el uno como el otro, optaron por empeorar su imagen, ya de por sí deteriorada. El gobierno tiene tantas instancias para manejar cualquier protesta, que el no establecer contacto fue un error en la concepción de autoridad. Tal parece que, si Echeverría enviaba un oficio, quedaba la constancia de su menoscabo. Viéndolo bien, no es que el gobierno estuviera cerrado al diálogo (¿no fue el diálogo la principal bandera de Echeverría al iniciar su régimen?) sino que pretendía mantener intocada la sagrada imagen presidencial.

Sin embargo, bajo los seis puntos yacía un deseo de cambio muy auténtico y muy profundo, no sólo en la manera de gobernarnos y resolver nuestros problemas, sino en un cambio vinculado a los que se daban en el mundo; la nueva actitud juvenil exteriorizada en la ropa y en el pelo, en la música y en los carteles; en las relaciones hombre-mujer, en la solidaridad efectiva que quiere sentir el estudiante con el campesino, con el obrero que en la UNAM se reduce simplemente a una noción social o económica, hasta literaria. ¿Cuántos de nosotros sólo sabemos de los obreros lo que hemos leído en artículos y ensayos?

LUIS ECHEVERRÍA JUSTIFICÓ LA INTERVENCIÓN DEL EJÉRCITO

El 18 de septiembre de 1968, cuando el ejército entró en la Ciudad Universitaria, acto que aún nos indigna, el gobierno sin embargo autorizó la paga de empleados y profesores; se les permitió a los empleados administrativos hacer los cheques de la quincena. Algunos profesores, como Abelardo Villegas y Eugenia Revueltas, quienes viven al día, como la mayoría de los mexicanos, se lanzaron a las compras de pánico porque pensaron: "¡Quién sabe cuánto dure esto y no nos van a pagar!', pero los cheques se hicieron con la debida anticipación y los profesores y los empleados fueron a cobrarlos al edificio Aristos, en la avenida Insurgentes, lo cual resulta contradictorio, ya que demuestra que el gobierno estaba dispuesto a sostener a la Universidad, a pesar de la ocupación militar. En cuanto a la famosa autonomía, cada quién la interpretó como quiso. Los estudiantes la veían como extraterritorialidad; territorio libre de América; en cambio, el gobierno, por conducto de Luis Echeverría, dijo que la autonomía había sido lesionada por grupos irracionales que habían tomado los edificios y justificó la intervención del ejército como una devolución de los locales a las autoridades correspondientes y, en consecuencia, como una preservación de la autonomía. Ya Díaz Ordaz había hecho intervenir al ejército en otras universidades de provincia, en Michoacán, en Sonora, para prevenir o extirpar cualquier movimiento estudiantil. El máximo defensor de la autonomía, según el gobierno, es el ejército que ayuda a los buenos, o sea, las autoridades, contra los malos: los muchachos rebeldes. Sin embargo, el rector Barros Sierra se alió a los estudiantes y declaró que la autonomía era la posibilidad de que la Universidad estudiara y se administrara por sí misma.

EN LOS HOTELES SE HABÍAN RECIBIDO YA CANCELACIONES

En 1968, el temor del gobierno fue subiendo de grado hasta llegar al rojo vivo. Los ojos del mundo, se decía, convergían sobre nosotros. ¿Qué espectáculo estábamos dando? Se habían invertido tres mil millones de pesos —costo oficial de la Olimpiada— haciendo a un lado el problema del campo, la espantosa deuda pública nacional, el sector obrero, el problema de la vivienda, para transformar a México en una vitrina. En los hoteles repiqueteaban los teléfonos y caían los telegramas: cancelación tras cancelación. "En vista de los disturbios estudiantiles no queremos exponernos . . ."; los corresponsales extranjeros —y sobre todo los fotógrafos— mostraban mayor interés por entrevistarse con los estudiantes que por conocer el estadio donde se inaugurarían los juegos olímpicos (por eso Oriana Fallaci, invitada por miembros del CNH, estuvo en la plaza de las Tres Culturas el 2 de octubre). Corrían muchos rumores: estallaría una bomba en el Estadio Azteca el día de la inauguración, volarían todos, atletas e invitados y sobre todo el bocón y sus mil dientes. Había que actuar y pronto, ¡y de una vez por todas! Si la actitud estudiantil era de gente joven, impetuosa, el gobierno no abandonó nunca la postura paternalista, que caracteriza a nuestro régimen presidencial. El presidente es el padre, nuestro papacito, y en el 68 nos tocó, "ni modo; aquí nos tocó", un padre colérico que tomó una silla para romperla en la cabeza y así matar al hijo desobediente. Todos conocen las consecuencias de la cólera y el miedo gubernamentales; un número aún no establecido de estudiantes, hombres, mujeres y niños (325 según el periódico inglés *The Guardian*) cayeron asesinados en la plaza de las Tres Culturas el 2 de octubre de 1968. A partir de ese momento, la vida de muchos mexicanos quedó dividida en dos: antes y después de Tlatelolco.

DOSCIENTOS MIL ESTUDIANTES PARTICIPARON EN
EL MOVIMIENTO ESTUDIANTIL

En su espléndido trabajo *El movimiento estudiantil de México*,
Ramón Ramírez nos dice que doscientos mil estudiantes participaron en el movimiento estudiantil: noventa mil de la UNAM, y
sesenta mil del Poli y de las Escuelas Normales, la Escuela Nacional de Agricultura de Chapingo, sin olvidar a los alumnos
provenientes de la Universidad Iberoamericana y otros centros
de estudios superiores que no dependen del gobierno. Asimismo,
las universidades de Veracruz, Sinaloa, Puebla y Tabasco, las de
Michoacán, Nuevo León y Morelos.

Entusiasmado, el profesor Ramón Ramírez asienta que desde
los primeros días —8 a 10 de agosto de 1968— el movimiento
tuvo un programa y una dirección colectiva unánimemente respetada. La formaban 210 alumnos, tres por escuela o facultad
—en total, setenta—, democráticamente elegidos en asambleas en
las que participaban todas las corrientes políticas que existían entre el alumnado: comunistas demócrata-cristianos, trotskistas, liga
espartaquista, maoístas, guevaristas, socialistas y posiblemente algún otro grupo de mayor o menor significación e importancia
política. Lo positivo es que, a pesar de esta compleja gama de
posiciones políticas, la acción combativa fue armónica y la unidad
se logró totalmente. Durante 120 días de lucha el movimiento
pasó a ser un movimiento de masas, en el que se puso en tela
de juicio una serie de valores o mitos, por ejemplo: la llamada
unidad nacional y la coparticipación social en la que capitalistas
y obreros no tienen intereses contrapuestos; la supuesta estabilidad social y económica del país; la intangibilidad de los poderes
Ejecutivo, Legislativo y Judicial; la veracidad de la *gran prensa*
nacional (en todas sus manifestaciones —salvo en la del Silencio,
el 13 de septiembre— los participantes se detenían frente a *Excélsior* y *El Universal* —camino a la avenida Juárez—, a corear
con el puño en alto, los brazos en alto, agitando sus pancartas:
Prensa vendida, prensa vendida); la validez de la democracia di-
rigida, forma personal e inadecuada de gobierno; la supuesta independencia de las centrales obreras y campesinas, la eficacia de
partidos independientes con representantes en la Cámara de Diputados, la autenticidad de muchísimas asociaciones que a nadie
representan y, en fin, la conveniencia o no de mantener valores
individuales ya superados que, más que ayudar al desarrollo social y político del país, lo entorpecen con sus juicios y sus opinio-

nes en su recalcitrante calidad de francotiradores.

MÁS DE SETECIENTAS PERSONAS ARRESTADAS EN CIUDAD UNIVERSITARIA EL 18 DE SEPTIEMBRE DE 1968

Cuando el ejército tomó la Ciudad Universitaria, el 18 de septiembre, más de setecientas personas fueron detenidas. El 23 de septiembre, el Casco de Santo Tomás cayó en poder del ejército, después de diez horas de resistencia estudiantil a los embates sanguinarios de la policía. Las vocacionales 7 y 4 fueron ocupadas el 25 de septiembre. Aunque algunas personas salieron libres después de la toma de la Ciudad Universitaria, en general, el proceso del 68 fue masivo y de carácter político. De entre miles de ciudadanos detenidos se escogió a aquellos que habían participado en organismos dirigentes como el CNH, la Coalición de Maestros, los comités de lucha o en organizaciones políticas de izquierda. Tal es el caso de Adela Salazar de Castillejos y de Armando Castillejos, ambos abogados de sindicatos independientes, quienes permanecieron dos años y medio en la cárcel acusados de colaborar en un *Plan Internacional de Subversión de las Instituciones Mexicanas* concebido en La Habana y en Praga por organizaciones de izquierda como el Movimiento de Liberación Nacional, el Partido Comunista, los trotskistas, espartaquistas y otros. También fueron arrestados Eli de Gortari, Renán o Enrique Cárdenas Marín, Erasmo Gutiérrez Vargas, César Nicolás Molina Flores, Carlos Sevilla, de Filosofía y Letras, Martín Dosal Jottar (compañero de celda de José Revueltas quien lo quería entrañablemente), Jaime Weiss Steider, Consuelo Espejel Guerrero, Francisco Pérez Rojas, José Luis Pérez Rubio, Guillermo López Mayo, Juan Pablo Fuentes Zúñiga, Jaime Goded Andreu, Manuel Marcué Pardiñas, director de la revista *Política*. A propósito de Manuel Marcué Pardiñas, entre las pruebas que el Ministerio Público presentó en contra suya se hallaron fotografías con el general Lázaro Cárdenas, al lado de Yuri Gagarin, durante la visita de este último en México, y las más subversivas, según el parte policiaco: en las que aparece junto al Che Guevara y a Fidel Castro que lo está abrazando. Igualmente curiosas fueron las pruebas en contra del ingeniero Heberto Castillo, a quien el Ministerio Público acusaba de constituirse en autoridad revolucionaria y firmar actas de matrimonio entre estudiantes, en la Ciudad Universitaria durante la noche del Grito, el 15 de septiembre; la prueba de este insólito hecho se encuentra en el parte policiaco que reproduce un acta matrimonial recogida en la Ciudad Universitaria en que Heberto Castillo funge como juez... durante la kermesse organizada por los estudiantes ese mismo 15 de septiembre. Otro caso es el de Félix Goded Andreu, arrestado el 26 de julio de 1968, a quien no se mencionó en ningún párrafo correspondiente a su responsabilidad individual, en ningún parte policiaco, en ninguna declaración, en ningún documento que pueda considerarse como inculpatorio, y que sin embargo fue condenado, por los delitos de daño en propiedad ajena, ataques a las vías de comunicación, sedición y asociación delictuosa, a ocho años de prisión y seis mil pesos de multa.

LOS DOS CHURREROS DE LECUMBERRI PRESOS POR EL SIMPLE HECHO DE IR PASANDO

Además de los dos churreros Félix Rodríguez y Alfredo Rodríguez, obreros de la Churrería de México, que fueron arrestados el 23 de septiembre en el Casco de Santo Tomás, en Zacatenco, sólo porque iban pasando por ahí, y que permanecieron dos años sin juicio y sin sentencia, y sin tener nada que ver con el movimiento estudiantil, el caso de jóvenes trabajadores de poca preparación, detenidos el 2 de octubre y en días posteriores, resulta dramático. Se les preguntó en el Sexto Juzgado, con una preocupación fingida, si habían sido torturados para arrancarles su declaración y cuando dijeron que sí, les aconsejaron con amabilidad: "Entonces, simplemente deben RATIFICAR sus declaraciones". Los jóvenes confiados e ignorantes, sin saber la diferencia entre *ratificar* y *rectificar* cayeron en la trampa tendida y purgaron sentencias por delitos jamás cometidos. En su libro *Los procesos de 1968*, escribieron Raúl Álvarez Garín, Luis González de Alba, Gilberto Guevara Niebla, Félix Lucio Hernández Gamundi y Miguel Eduardo Valle Espinoza:

> Todos estamos acusados de todo, desde organizar los mítines hasta los crímenes cometidos en Tlatelolco. No existe ninguna relación directa entre los supuestos actos delictivos y las personas acusadas. Por ejemplo, todas las personas detenidas el 2 de octubre están acusadas de homicidio por el simple hecho de que fueron detenidas ese día en la plaza de las Tres Culturas [...] Para probar el cuerpo del delito de homicidio y lesiones, del cual están acusados más de veinte estudiantes, el Ministerio Público presenta las actas de defunción de dos sol-

dados: Constantino Canales Rojas y Pedro Gustavo López Hernández; y les atribuye a los dirigentes del CNH y participantes en el movimiento estudiantil responsabilidad colectiva. Sin embargo, el 2 de octubre, en la noche, el gobierno reconoció oficialmente 35 muertos en los primeros momentos. [La prensa extranjera informó de más de 300 muertos, cifra más confiable según lo confirman los testigos presenciales.] El hecho de que sólo se presentan dos soldados muertos demuestra que los disparos no se dirigían contra los soldados sino contra la multitud. El Ministerio Público no se atreve a responsabilizar a los procesados por la muerte de civiles porque todos los cadáveres (civiles y militares) presentan heridas de bayonetas y de balas de calibre *oficiales*; en cuanto a las armas que se recogieron, después de catear todos los edificios de Tlatelolco en donde viven ochenta mil personas, consistieron en poco más de veinte rifles de calibre 22 y otras pocas armas de cacería. Con estos subterfugios, el Ministerio Público trata deliberadamente de ocultar la verdad de los hechos. Lo cierto es que en Tlatelolco los miembros del Batallón Olimpia tomaron por asalto el edificio Chuihuahua, detuvieron de inmediato a todos los que se encontraban en el tercer piso —que era la tribuna del mitin— y desde allí comenzaron a disparar sobre la multitud. El ejército completó la tarea iniciada por el Batallón Olimpia. Existen innumerables testimonios de periodistas nacionales y extranjeros que describieron estos primeros momentos de la masacre y todos coinciden en señalar la presencia de individuos extraños, identificados con un guante blanco, quienes iniciaron el ataque. El capitán Ernesto Morales Soto declaró en el acta 54832/68 "que fueron puestas bajo su mando dos secciones de caballería formadas por 65 hombres pertenecientes al 18 y 19 regimiento de caballería, para trasladarse a la Unidad Tlatelolco yendo todos vestidos de paisanos e identificados como militares por medio de un guante blanco para que protegieran las dos puertas de acceso al edificio Chihuahua confundiéndose con los allí presentes, y que posteriormente al lanzamiento de una luz de bengala, como señal previamente convenida, deberían apostarse en ambas puertas e impedir que entrara o saliera persona alguna . . ."

El propio Raúl Álvarez Garín asienta: "En ningún momento, y eso estuvo y está claro para cualquier observador objetivo, el triunfo del movimiento implicaba el derrocamiento del gobierno. Ni en sus demandas, ni en sus tácticas de lucha tuvo un carácter insurreccional. La violencia que arbitrariamente se atribuye a los estudiantes, siempre fue oficial y represiva y los estudiantes no hicieron más que defenderse cuando fueron agredidos. El 2 de octubre, algunos grupos que lograron huir de la masacre desesperados, incendiaron autobuses en los alrededores intentando distraer a las fuerzas militares concentradas en Tlatelolco. Sin embargo este tipo de respuesta justificada por los acontecimientos, no fue la norma de las acciones estudiantiles."

VACUNE A SU GRANADERO

Los propios partes policiacos presentados como pruebas de cargo consignan la algarabía juvenil y el hecho de que las manifestaciones estuvieran compuestas no sólo de estudiantes "sino por gentes de todo tipo social, no viéndose en forma general agitadores profesionales al parecer [conste que respeto la singular sintaxis policiaca] sino que voluntariamente el pueblo *asistió a ellas pudiéndose apreciar un descontento general en contra del gobierno, formándose la manifestación en opinión de los suscritos [gorilas] contando a las personas que se unieron y a las que esperaban en el zócalo por aproximadamente doscientas mil personas"*. Éste es el parte policiaco 30, tomo VI, foja 38, en su informe acerca de la manifestación del día 27 de agosto de 1968. Estos partes se usaron para demostrar la existencia del *Plan Subversivo de Proyección Internacional* y los agentes de la Federal de Seguridad anotaban todos los gritos, pancartas y leyendas, como *Muera el chango Díaz Ordaz; Chango cabrón, al paredón; Viva la Guerrilla de Genaro Vásquez; Exigimos la prueba de la parafina a la mano tendida; Corona no tiene madre y en caso de que la tuviera el pueblo se la rompería; Un gobierno con cáncer, Gustavo Díaz Ordaz, Corona y Echeverría; Si ya tenemos ladrones en el gobierno no queremos asesinos; Díaz Ordaz ¿dónde estás?; Díaz Ordaz saca los dientes; Yo no tengo padre, porque es granadero y el granadero no tiene madre; Granadero, $ 1,760.00, un maestro educador, $ 1,450.00; Díaz Ordaz, Hitler 68; Ho, ho, ho Chi Minh, Díaz Ordaz, chín chín, chín*. Total, todo este deleitoso ritornello que alegraba nuestras calles, los gritos, las leyendas, los volantes, las pintas, la risa, la indignación, terminaron en la noche de Tlatelolco el 2 de octubre.

¡A ESCARMENTAR MUCHACHOS!

La paranoia de Díaz Ordaz llegó a extremos imprevisibles. Hubo cincuenta presos por cada cartel en contra suya. Se trataba de una vasta conjura internacional originada en Moscú; desde allí salían las órdenes para llamarlo *chango, bocón y asesino*; el movimiento ya no era estudiantil; se pretendía quebrantar el orden y la paz institucional. Había que aplastarlo todo, fusilar a los culpables, hacer que escarmentaran los traidores a la patria, los agitadores, los provocadores, los estudiantillos enemigos de México. En la cárcel quedaron detenidos doscientos ciudadanos y otros doscientos salieron en libertad bajo caución; es decir, que subsistió la amenaza de detención ya que se encontraron libres bajo distintos procedimientos judiciales. Luis Tomás Cervantes Cabeza de Vaca, de la escuela de Agricultura de Chapingo, fue hecho prisionero desde el 27 de septiembre; pero en la noche del 2 de octubre hasta la madrugada del día 3 lo torturaron salvajemente; le hicieron simulacro de fusilamiento. Gilberto Guevara Niebla fue golpeado, Luis González de Alba también; al *Búho* Eduardo Valle Espinoza, que no ve absolutamente nada, le arrancaron los anteojos para hacérselos pedazos y así dejarlo doblemente preso. Raúl Álvarez Garín estuvo incomunicado en el campo militar número Uno durante más de quince días al grado de que Manuela Garín de Álvarez pagó desplegados de un cuarto de plana en los periódicos gritando que se le informara sobre su paradero. En la resolución constitucional del 12 de octubre quedaron formalmente presos Florencio López Osuna, Sergio Antonio Castañeda, Áyax Segura Garrido, Félix Octavio Martínez Alcalá, José Carlos Andrade Ruiz, Carlos Martín del Campo, Salvador Dávila Jiménez, Leobardo López Aretche, Ángel Gustavo Castro Mellado, José Piñeiro Guzmán, Sócrates Amado Campos Lemus, Gilberto Ramón Guevara Niebla, Luis Óscar González de Alba (*El Lábaro*), Pablo Gómez Álvarez y Félix Lucio Hernández Gamundi. Según la resolución constitucional del 18 de octubre quedó preso *El Búho*, y al día siguiente Luis Raúl Álvarez Garín acusado de *nueve* delitos: daño en propiedad ajena, ataques a las vías de comunicación, sedición y asociación delictuosa, invitación a la rebelión, robo de uso, despojo, acopio de armas, homicidio y lesiones contra agentes de la autoridad; se le sentenció a diecinueve años de prisión y multa de seis mil pesos o 120 días más de prisión. Otros, como Eli de Gortari, Manuel Marcué Pardiñas, los esposos Castillejos, fueron sentenciados a diez años de prisión. Los miembros del Partido Comunista, a catorce años. Las condenas de sólo tres años y seis meses de prisión (las más bajas) fueron para empleados. En todo el país, en diversas cárceles, en campos militares, hubo tres mil quinientos arrestados, secuestrados, amenazados de muerte; en Puebla, por ejemplo, debía morir asesinado unos años después en la forma más miserable y artera Joel Arriaga Navarro a quien la policía detuvo desde 1968. En Lecumberri quedaron recluidos Romeo González Medrano, Jorge Peña, Saúl Álvarez, Erasmo Miranda Hernández, Manuel Félix Valenzuela, Octavio García Pérez, José Luis Martínez Pérez, Jesús Morales Tapia, Marco Antonio Ávila Cadena, Francisco Lino Ocegueda Cáceres, Bernard Phillip Ames (norteamericano, supuestamente el que era capaz de dinamitar el tablero del Estado, pero nel, resultó que no sabía), César Enciso Barrón, Arturo Martínez Nateras, Federico Emery Ulloa, Carlos Medina Sevilla, Raúl Ortiz Camacho, Pedro Estrada Vega, Nicolás López Martínez, Ernesto Olvera Sotres, José Manuel Irán Téllez, José León Pámanes, Raymundo Arane Velázquez, Mario Zamora Becerril, en fin, una larga lista de hombres privados de su libertad hasta alcanzar el número de doscientos, todos fueron declarados culpables.

Todavía muchas semanas después de la matanza de Tlatelolco, las fuerzas policiacas continuaron realizando detenciones, entre las cuales se pueden mencionar la de José Revueltas, el 16 de noviembre, quien a partir de entonces se sentó en su celda a escribir *El apando*, la de Moisés González Pacheco, catedrático detenido el 19 de noviembre, la de José Tayde Aburto, el 17 de diciembre, la del doctor Fausto Trejo Fuentes, el 16 de enero de 1969, la de Salvador Ruiz Villegas, Ana Ignacia Rodríguez, *La Nacha*, Roberta Avendaño, *La Tita*, Antonio Pérez Sánchez, el 4 de enero de 1969, hasta llegar al mes de mayo en que fueron detenidos Ramón Danzós Palomino y el ingeniero Heberto Castillo y más adelante en Zacatecas el dirigente Rafael Jacobo García.

Además, las personas que demostraron su simpatía por el movimiento de 1968 tuvieron que salir del país perseguidos por "la justicia del régimen diazordacista". Tal fue el caso del doctor Alberto Monnier, investigador, del matemático José Ludlow, de los miembros del Consejo Nacional de Huelga: Marcelino Perelló (quien vivió en Rumania y ahora enseña en Barcelona), Gustavo Gordillo y Roberto Escudero.

La represión del 68 se llevó por delante a mucha gente. Leobardo López Aretche (autor de la película *El grito*) se suicidó;

el *Che* nunca volvió a ser el mismo. A *La Nacha* jamás se la ha vuelto a ver. En innumerables casos, la policía se hizo justicia a mano propia, el rencor en contra de los estudiantes se convirtió en verdadera saña, ahora sí se vengarían de los greñudos y de sus gritos ofensivos, ya verían esos muchachitos quién las puede. *La Voz de México* consigna el caso del estudiante Jesús Bucio, de segundo año de la secundaria nocturna número 8, quien fue asesinado el 21 de noviembre por el agente de tránsito José Jaramillo Yáñez, en la esquina de las calles de Sonora y Oaxaca. Cuando Jesús vio que el agente de tránsito detenía a un automovilista, le gritó: "Ya vas a morder, bandido". El agente, enfurecido, se dejó venir sobre Jesús Bucio y Enrique Salazar su amigo (quien vivió para relatar el hecho), y vació la carga de balas contra Jesús: dos tiros en la espalda y uno en el cuello. Los testigos presenciales conductores de camiones y de trolebuses, automovilistas, dejaron voluntariamente sus vehículos y los abandonaron allí como una muda expresión de protesta. Lo mismo hicieron posteriormente otros conductores. Los vecinos del lugar y estudiantes compañeros de Jesús Bucio marcaron con un gran círculo de tiza en el pavimento el sitio donde Jaramillo Yáñez asesinó a Bucio y escribieron en el mismo suelo mensajes de protesta uno de los cuales decía: "Como se trata de un estudiante, se hacen los ciegos, los sordos y los mudos".

Muchos jóvenes fueron a esconderse al monte, entre otros Sóstenes Torrecillas, llamado *El Toto*, quien no podía pasar desapercibido pues pesaba ciento doce kilos. Regresó con menos de sesenta, enfermo de los nervios, sin poder atravesar la calle, la cabeza llena de ruidos. Durante meses anduvo en la sierra comiendo raíces, con un delirio de persecución que aún le dura. Y así como él muchos jóvenes marcados de por vida, muchos que se quedaron para siempre rumiando los recuerdos del 68.

EN EL PLANO POLÍTICO, EN MÉXICO NO EXISTEN SINO
JUECES CORRUPTOS

Gilberto Guevara Niebla, Félix Lucio Hernández Gamundi y Eduardo Valle Espinoza, *El Búho*, sostienen:

En todo el mundo se encuentran jueces corruptos que se pliegan a los intereses de los poderosos; pero también existen numerosos jueces honestos que hacen honor a su profesión de impartir justicia. En México, no existen excepciones. Todos

59

están corrompidos, aterrorizados y sometidos incondicionalmente al Poder Ejecutivo. Si bien es cierto que en los casos del orden común existen magistrados que gozan de un merecido respeto por su honestidad e incorruptibilidad, también es cierto que cuando estas mismas personas tienen que actuar en casos políticos, cuando tienen que decidir quién tiene la razón, si los ciudadanos o el Estado, invariablemente se pliegan y justifican las arbitrariedades de éste.

En los juicios de Nuremberg, quedó asentado y fue aceptado internacionalmente que la obediencia a órdenes arbitrarias que implique la violación de los derechos humanos no exime de responsabilidad a quien las ejecuta. La sujeción y falta de independencia del poder judicial es uno de los fenómenos más graves de la vida política nacional, porque deja desamparados a los ciudadanos frente a los abusos del poder, niega en su esencia más íntima el sistema democrático y el gobierno adquiere, por su arbitrariedad, características despóticas.

¿O MARTÍNEZ MANAUTOU O ECHEVERRÍA?

Tampoco debe hacerse a un lado el hecho de que faltara un año y medio para el final del sexenio de Díaz Ordaz y se hablara ya de los tapados: Emilio Martínez Manautou y Luis Echeverría. "Hagan su juego, señores, a ver, ¿dónde quedó la bolita?" Algunos universitarios tomaron partido por Emilio Martínez Manautou, secretario de la Presidencia. Un folleto que integra ensayos de Henrique González Casanova, Gastón García Cantú, Francisco López Cámara, Víctor Flores Olea y otros, lo comprueba. Naturalmente, este juego político influía sobre el movimiento estudiantil, y, como en todas las manifestaciones políticas que alcanzan envergadura, muchos trataron de capitalizar la fuerza de los jóvenes. En conversaciones "incendiarias" Elena Garro proponía expresamente a Carlos Madrazo como líder natural del movimiento. Se involucró a políticos diversos para quemarlos políticamente. Luis Tomás Cervantes Cabeza de Vaca cuenta que en los interrogatorios insistían en gritarle: "¿Cuánto dinero les dio Gil Preciado?" Se barajaron los nombres de Braulio Maldonado, Humberto Romero, Ángel Veraza, Leopoldo Sánchez Celis. Muchos quisieron montarse sobre el caballo, la violencia desatada propiciaba los caballazos, las caídas, y naturalmente la CIA y el FBI norteamericanos salieron a relucir como relucen en todos los conflictos sociales de los países latinoamericanos.

De las crónicas de los reporteros sobre la matanza de Tlatelolco, la de Félix Fuentes, de *La Prensa*, da una imagen casi cinematográfica de la acción del Batallón Olimpia y los policías con guante blanco. *La Prensa*, además, se caracteriza por ser un tabloide que se lee en los camiones, su opinión es menos parcial que la de los periódicos que defienden intereses patronales o estatales. De ahí que sea importante su visión de los hechos:

El temor cundió entre estudiantes, reporteros y policías. Los últimos, a cada rato, vociferaban: ¡Batallón Olimpia! Y el fuego continuaba. Quien esto escribe fue arrollado por la multitud cerca del edificio de la Secretaría de Relaciones Exteriores. No muy lejos se desplomó una mujer, no se sabe si lesionada por algún proyectil o a causa de un desmayo. Algunos jóvenes trataron de auxiliarla, pero los soldados lo impidieron. Durante veinte minutos el tiroteo fue nutrido y causaron pavor las ráfagas de las ametralladoras. Los militares dispararon también contra los edificios quién sabe con qué objeto. De pronto resultó imposible conocer el número de heridos o de muertos, pues la operación militar en círculo lo impidió, muchos soldados debieron lesionarse entre sí, pues al cerrar el círculo los proyectiles salieron por todas las direcciones. El zumbido de las balas causó tanto terror como el tiroteo y hubo mujeres desesperadas que abrazaron a sus niños para huir de la zona, sin calcular que eso las exponía a peores peligros. Cientos de mujeres, estudiantes y adultos obtuvieron refugio en los miles de departamentos de Tlatelolco, pero mucha gente buscó refugio, boca abajo, en las escaleras. Personas que nada tienen que ver con el movimiento de huelga, pero que se enfurecieron con la acción militar, sacaron sus pistolas y dispararon a través de las ventanas, contra el ejército. Los gritos, los llantos y la desesperación se confundieron en aquel episodio de treinta minutos, pero que parecieron treinta siglos. En medio del caos, hubo jóvenes que se enfrentaron al ejército, pero fueron recibidos a culatazos. Un colega diarista gritaba que era reportero y un soldado le contestó: "¡Mucho gusto!". Luego lo lanzó contra una pared, con los brazos en alto. A un fotógrafo le dieron un piquete de bayoneta para que soltara su cámara. Nuestro fotógrafo Raúl Hernández fue lanzado contra el piso por soldados que le profirieron los peores insultos y mientras le caían los cartuchos quemados que botaban las armas automáticas cerca de él, escuchó los zumbidos de las balas disparadas por militares que estaban en sentido contrario. Un hombre, tirado junto a Raúl Hernández, no dejó de rezar. Pudimos percatarnos que agentes policiacos, unos al mando del comandante Cuauhtémoc Cárdenas, de la Judicial del Distrito, esperaban la llegada del ejército para emprenderla contra los líderes estudiantiles. Durante los treinta minutos que duró el tiroteo se evitó que las ambulancias de las cruces Roja y Verde llegaran a la plaza de las Tres Culturas. Un ambulante de la Cruz Verde dijo a *La Prensa* que mediante balazos le advirtieron que no se acercara. A las 18:30 horas se siguieron escuchando balazos, pero ya esporádicos. Unos camarógrafos extranjeros que filmaban las escenas fueron auxiliados por un militar para retirarse de aquel infierno. Un periodista japonés corrió con las manos en la nuca y nadie le pudo entender, pero se supone que reclamaba auxilio. Cerca de las siete de la noche se permitió la entrada de ambulancias al lugar del suceso y se desató un insoportable ulular de sirenas que acabó por poner los nervios de punta a quienes estuvimos enmedio de la balacera.

La agresión del ejército se produjo cuando el mitin estaba por concluir y cuando un líder estudiantil había pedido a la multitud que "era conveniente suspender la manifestación que estaba planeada al Casco de Santo Tomás".

TODO SIGUIÓ COMO SI NADA

Después de la masacre, el mismo 2 de octubre, los taxis, los ciclistas, los peatones pasaban junto a la plaza de las Tres Culturas como si nada hubiera ocurrido. La vida volvió a una normalidad insultante. Hubo pocas protestas públicas. O el gobierno las silenció o la gente estaba aterrada. Raúl Álvarez Garín nos dijo en Lecumberri: "La masacre del 2 de octubre fue justificada por todos los sectores gubernamentales, los más impúdicos, con ruidosas declaraciones públicas, y los otros con un profundo silencio cómplice. No se oyó ni una voz oficial de protesta por el asesinato de estudiantes, salvo, fuera del país, la renuncia de Octavio Paz a la embajada de México en la India". Lo que en otro país hubiera desatado una guerra civil, sólo conmocionó a un grupo de mexicanos. Esta falta de reacción de parte de otros sectores sociales se debe a numerosas causas: despolitización, represión sindical, desinformación, etcétera. Los estudiantes nunca llegaron a comunicarse realmente con los obreros, nunca encontraron el lenguaje ni lo compartieron porque para la mayoría de ellos, aun hoy en día, el problema de los obreros es sólo un problema *libresco* que pueden *sentir,* pero que no conocen. A muchos trabajadores, los desmanes callejeros de los estudiantes los sacan de quicio; los muchachos que alborotan en los camiones, el relajo, los gritos, las greñas, las porras, son vistos con un rencor real y profundo. "Tienen una oportunidad que nosotros jamás tuvimos y se dedican a golfear. Lo que pasa es que estos vagos no tienen madre." El padre de Andrés Montaño Sánchez, obrero en Carros de Ferrocarril, en Ciudad Sahagún, le prohibió a su hijo unirse al movimiento: "A mí todo me ha costado demasiado trabajo para que tú vayas a México a meterte en líos". Por lo tanto el problema estudiantil no le tocaba de cerca a la clase obrera y se reducía al círculo cerrado de la vida escolar superior. Claro, las manifestaciones populares habían conmovido no sólo al Distrito Federal, sino que en Sonora, en Sinaloa, en Yucatán, en Veracruz, en Oaxaca, en Guerrero, hubo protestas estudiantiles de apoyo al movimiento capitalino, para exigir demandas de sus propias universidades, pero a la hora de los catorrazos, la mayoría de los mexicanos no se daban por enterados. Además no lo *estaban.* La falta de politización, la desinformación indignante de nuestra bendita prensa cuya labor mayoritaria es dar golpes amnésicos de un día para otro, no favorecieran al movimiento del 68. Las informaciones televisivas fueron siempre condenatorias. Nuestro país regresó al silencio. Unos días más tarde, durante la Olimpiada una señora se abanicaba con las puntas del rebozo al ver al sargento Pedraza echar los bofes y el hígado mientras corría a paso de ganso, cuando la periodista María Luisa "China" Mendoza comentó: "Mire usted nada más señora, hace unos días estábamos aquí viendo lo de Tlatelolco y ahora presenciamos esta carrera como si nada"; y la señora, que todavía se abanicaba con las puntas de su rebozo, le respondió: "¡Ay, pues ni modo!"

¿SÓLO ACTITUDES AISLADAS?

Del movimiento estudiantil de 1968 y de su desenlace el 2 de octubre, no salieron sólo actitudes independientes aisladas. No sólo hubo cambios individuales, quizá lo más importante por su condición colectiva y organizada fue el nacimiento de nuevos grupos de izquierda. El PMT (Partido Mexicano de los Trabajadores) de Heberto Castillo y Demetrio Vallejo y la sección mexicana de la cuarta internacional: el PRT (Partido Revolucionario de los Trabajadores), así como la LOM (Liga Obrera Marxista), son los ejemplos más serios (aunque los últimos, trotskistas, sean sistemáticamente soslayados por los medios "informativos"). En segundo término y con líneas que van desde lo difuso hasta lo turbio están el PST (Partido Socialista de los Trabajadores), el PPM (Partido Popular Mexicano), etcétera. La revista de oposición *Punto Crítico,* hecha por Raúl Álvarez Garín y Adolfo Sánchez Rebolledo, es otra consecuencia inmediata del 68. Hubo otros cambios o "radicalizaciones" personales; la de Carlos Monsiváis en el suplemento cultural de *Siempre!,* Cosío Villegas en *Excélsior,* Gastón García Cantú en *Excélsior,* José Emilio Pacheco en el *Diorama*; Paz y Zaid en *Plural,* Fuentes en su libro *Tiempo mexicano,* pero el que más impresiona es sin lugar a duda el de Heberto Castillo. El ingeniero Heberto Castillo era un hombre dedicado fundamentalmente a la investigación, al quehacer científico, a la docencia. Destacaba además en su campo, y lo hizo durante toda su carrera. Hubiera podido dedicarse al quehacer político en la universidad, en el periódico, en una revista. Sin embargo, escogió luchar como político al lado de la gente más desamparada del país. En general, los intelectuales no renuncian al privilegio de serlo; Heberto Castillo canjeó ese privilegio por escuchar durante horas en reuniones interminables a hombres y mujeres que solemos llamar "palurdos", quienes vuelven machaconamente una y otra vez a lo mismo. Como individuo, Heberto Castillo tenía la opción de ser o de parecer revolucionario. Podía escribir, dar conferencias y reservarse el derecho de participar de acuerdo a sus conveniencias. (Esto, en México, suele darles muy buenos resultados a algunos intelectuales.) Asumir la obligación de cumplir un acuerdo colectivo, he aquí la piedrita en que tropiezan todos. Heberto Castillo se la jugó, el 68 le enseñó desde luego a ver fuera de su clase y a reconocer que si bien él sabía más de matemáticas que un obrero ferrocarrilero, éste podía descubrirle qué significaba ponerlas en práctica. En la Universidad, hay profesores de izquierda que dan clases revolucionarias; lo más que les puede suceder es que pierdan el trabajo. A alguien como Castillo que lucha al lado de los trabajadores, de los campesinos, lo que le puede suceder es que le quiten la vida.

Otros jóvenes también se han dedicado casi por completo a militar dentro de un partido: Gustavo Gordillo, Eduardo Valle

Espinoza, *El Búho,* José Tayde Aburto, Salvador Ruiz Villegas, Manuel Aguilar Mora, dirigente del PRT, y la actividad de Gilberto Guevara, Raúl Álvarez Garín, Félix Gamundi, Luis González de Alba, Romeo González Medrano, Cabeza de Vaca, Pablo Gómez, Eduardo de la Vega, Salvador Martínez della Roca, es eminentemente política. El movimiento estudiantil del 68 suscita, aún hoy en día, un interés apasionado, a pesar de que la población juvenil vive un cambio constante al ser lógicamente promovida. La fluctuación en las aulas, el arribo de nuevos jóvenes podría condenar el movimiento al olvido, pero no es así. La consigna: "2 de octubre no se olvida" flota en el aire. Aunque los muchachos ya no sean los mismos, el deseo de información sobre el movimiento permanece. Sin embargo yo nunca he visto en los dirigentes del 68, en los encarcelados, una actitud de plañidera. Gilberto, para acabar pronto, *jamás* habla del 2 de octubre. Raúl tampoco. Luis González de Alba sonríe y participa activamente en las luchas sindicales del STUNAM; ninguno tiene los ojos vueltos hacia atrás, *El Búho* cuenta chistes, *El Pino* los hace, no hay en ellos frustración, ninguna actitud de señorita quedada del 68. Sólo en una ocasión escuché a un estudiante decir: "¡En el 68, yo fui alguien!"

En 1968, de pronto estalló en la calle, en el Paseo de la Reforma, en el Zócalo, la voz que había permanecido callada durante tantos años, al grado de que se hablaba del mutismo del mexicano, la dejadez del mexicano, el "ni modo" mexicano, la indiferencia del mexicano. En 1968, miles de mexicanos salieron de sus casas a gritar su coraje, su inconformidad. De pronto, no sólo demostraban su repudio al gobierno sino que estaban dispuestos a exigir que se cumplieran sus peticiones, clamadas bajo el balcón presidencial. El movimiento estudiantil actuó como detonador. El rencor de años transmitido de padres a hijos salía a la superficie. Los hijos empezaron a asfixiarse en esa atmósfera de cuchicheos, de "mejor no", de "al fin que no podemos hacer nada", "las cosas no van a cambiar porque tú hables", etcétera. Al menos podían gritar a voz en cuello y formar esa masa crítica, intencionada, móvil que atemorizó o irritó al gobierno a tal grado que lo llevó al enloquecimiento trágico y criminal que escindió nuestra vida pública.

El repudio al gobierno se hizo aún más patente en las elecciones presidenciales de Echeverría. A pesar de los continuos discursos, de la propaganda masiva, el abstencionismo fue de un 36%. Alcanzó un porcentaje superior a la tercera parte de los ciudadanos empadronados. Mario Moya Palencia los llamó "el partido de los abstencionistas" y habló de la profunda decepción en el sistema democrático. El número de boletas anuladas fue enorme: 26% de votos anulados y esto, si pensamos que el número de empadronados fue de 21 700 000 en 1970, resulta para el PRI desalentador y poco halagüeño para el candidato cuya campaña hipertensa sobrepasó todas las posibles conjeturas en cuanto a esfuerzo, dinamismo y actividad. Un 36% de electores que se niegan a votar es un trago amargo para un futuro presidente.

SI EL LEMA ESTUDIANTIL FUE GANAR LA CALLE,
EL DE ECHEVERRÍA PARECIÓ SER GANAR ESTUDIANTES

Dos años más tarde las consecuencias del movimiento estudiantil y de la noche de Tlatelolco habrían de aflorar en la actitud del gobierno de Echeverría (1970-1976). Si el lema estudiantil fue ganar la calle, el de Echeverría pareció ser ganar estudiantes porque a eso dedicó mucha de su energía. En *La ideología del movimiento estudiantil en México,* Abelardo Villegas escribe: "Lo más grave, el máximo enemigo del movimiento estudiantil no es la represión violenta sino la asimilación gubernamental". En ello gastó mucho de su valioso tiempo el presidente Echeverría, en conquistar a intelectuales que a una edad relativamente temprana tuvieron acceso al poder. Entre los líderes estudiantiles el caso más sonado fue el de Sócrates Campos Lemus que pasó a formar parte de la nómina nada menos que de la Secretaría de Gobernación, pero Sócrates ya había sido desenmascarado por los líderes del CNH y jamás compartió la crujía de los presos políticos.

El problema de los estudiantes es un problema de clase media y, por lo tanto, tiene un carácter reducido al ámbito de las instituciones de cultura superior. Hay infinidad de problemas distintos: el del hambre, la salud pública, el desempleo, la dependencia económica de los Estados Unidos, pero la violencia con que se reprimió el movimiento estudiantil lo convirtió en el punto neurálgico del cual se parte para iniciar cualquier acción política. El gobierno de Echeverría acarreaba el estigma de Tlatelolco y trató de borrarlo a toda costa. Era difícil que Echeverría repitiera lo que le respondió a Pearl González, reportera de *The News,* en su conferencia de prensa con los corresponsales extranjeros a principios de su gestión. Pearl le preguntó, en forma pertinente: "¿Por qué no se usaron gases lacrimógenos en vez de armas para detener a los estudiantes?" Y Echeverría dijo que los muchachos nada tenían que andar haciendo en las calles porque su lugar estaba en las aulas frente a sus libros. Tal parece que el gobierno de Echeverría funcionó en torno a Tlatelolco y con razón, pues un nuevo Tlatelolco —según los observadores políticos— hubiera significado la instauración de la dictadura. (Frente a la matanza del 10 de junio, por ejemplo, la actitud del gobierno fue absolutamente distinta. Los mexicanos *todos,* pueblo y gobierno, éramos víctimas de una conjura; debíamos unirnos en torno a nuestro dirigente para rechazar al enemigo. Los estudiantes no eran los malos, los malos eran las fuerzas *oscuras* infiltradas dentro del mismo gobierno.) Si el gobierno había perdido credibilidad ante el público, trataba de recuperarla allegándose a los jóvenes. Gabriel Zaid me contaba que un presidente de Guatemala, cada vez que atisbaba una manifestación en contra suya bajaba hecho la mocha desde el balcón presidencial y encabezaba la oposición. Con Echeverría sucedió un poco lo mismo; el presidente en persona salía a la conquista del estudiantado con una vehemencia impensable sin Tlatelolco. Aunque este ejemplo parezca nimio, refleja sin embargo la actitud del mandatario. En Baja California, los estudiantes solicitaron dos camiones. Echeverría les dio seis. Un muchacho, Sergio Hirales Morán, lo obligó en Ensenada a guardar un minuto de silencio por los muertos de Tlatelolco. Cuando Echeverría quiso agregar a los soldados muertos, el estudiante se opuso: "No señor, aquí somos nosotros los que ponemos las condiciones".

¿Cambió nuestro país? Sí, el gobierno se hizo más fuerte, el ejército más temible, la policía más brutal, los fines diazordacistas se alcanzaron victoriosamente. El ultraizquierdismo como desviación política, el esquematismo como enfermedad endémica tal como los analizó la revista *Punto Crítico,* dieron lugar a fenómenos tan aterradores como el de los Enfermos, en la Universidad de Sinaloa; muchachos delirantes que se dedicaron a punta de pistola a sacarle las tripas a "las mierdas burguesas". El PRT, en un documento titulado "Hablan los presos políticos", caracterizó el proceso de descomposición de la Liga Comunista 23 de Septiembre. A partir de la impotencia, la gente se organiza o enloquece. Los Enfermos y los Halcones son dos caras de la misma moneda; hasta ahora, los actos de represión en nuestro país sólo han favorecido al fascismo y uno de los mayores aliados de la CIA en México ha sido la llamada Liga Comunista 23 de Septiembre.

EN MÉXICO ES POSIBLE MOVILIZAR A GRANDES SECTORES DEL PUEBLO AL MARGEN DE LOS CONTROLES OFICIALES

Una gran parte de la atención de Echeverría se centró en los jóvenes; jóvenes en su gabinete, jóvenes en las gubernaturas de los estados, jóvenes en puestos políticos y administrativos; que se oiga pues la voz de los jóvenes aunque ésta se oficialice capturada en el engranaje gubernamental. El gobierno de Echeverría reconoció que el movimiento estudiantil, con todas sus fallas y sus virtudes, era una fuerza muy importante, una fuerza vital dentro de nuestro país. ¿Hubiera sido posible gobernar de otro modo? Quizá sea ésta la mayor victoria del movimiento estudiantil de 68, la presión ejercida día a día, a corto y largo plazo, sobre las autoridades gubernamentales. El propio Demetrio Vallejo declaró que su libertad —una de las banderas que enarboló el movimiento estudiantil— se debió a la acción de los estudiantes. La discusión pública, el surgimiento de actitudes críticas, la demostración de que en México "es posible movilizar a grandes sectores del pueblo, al margen de los controles oficiales", el interés puesto en las universidades, tanto en la nacional como en las de provincia, parecieron en el sexenio pasado otra victoria estudiantil. *Excélsior*, a pesar del boicot en su contra de los grandes almacenes, llegó a publicar en sus páginas editoriales y en los informes y crónicas de sus reporteros, críticas muy claras al gobierno, a los altos funcionarios e incluso al propio presidente de la República. *Excélsior* informaba de conflictos obrero-patronales que tenían poca o nula posibilidad de divulgarse en los grandes medios de comunicación y que por su carácter, en un momento dado, parecieron constituir el embrión de un gran proceso de movilización popular. Se hacían análisis del sindicalismo independiente, del universitario, de despidos arbitrarios, denuncias campesinas, marchas de protesta e imposiciones priístas. La mayoría de los políticos en el poder, temerosos de que una bomba de tiempo les estallara en las manos, comenzaron a moverse. Había que prever un posible *Watergate*. La señora Echeverría hablaba de "nuestro gran amigo Julio Scherer" y Daniel Cosío Villegas recibió de Los Pinos una máquina de escribir eléctrica cuando la suya se descompuso, a pesar de sus renovados sarcasmos y puntadas en torno a la sucesión presidencial. Echeverría guardó la compostura casi hasta el final. El día en que la perdió "asesinó a *Excélsior*" y así lo escribió el corresponsal del *Washington Post*, Terri Shaw.

Si Gustavo Díaz Ordaz dijo en su quinto informe de gobierno, el 1o. de septiembre de 1969: "Por mi parte, asumo íntegramente la responsabilidad personal, ética, social, jurídica, política e histórica por las decisiones del gobierno en relación con los sucesos del año pasado", Luis Echeverría culpó a fuerzas opuestas a su gobierno por la nueva matanza del 10 de junio de 1971. "Lo del 10 de junio fue una agresión en contra del gobierno, fundamentalmente; quien no lo entienda así, no está entendiendo lo que está sucediendo en México. Estábamos precisamente luchando por el respeto a la autonomía de las universidades cuando sucedió esto." El mismo 10 de junio en la noche cuando lo visitaron periodistas dijo con esa intensidad, esa sí *subrayada,* que es uno de los rasgos de su carácter y de su fisonomía: "Si ustedes están indignados, yo estoy más indignado". A partir de ese momento, Luis Echeverría no cejó en su afán de explicarse ante el público. El 15 de junio de 1971 concedió una entrevista a Jacobo Zabludowsky y cuando éste le preguntó si serían castigados los culpables, respondió: "Categóricamente sí, Jacobo". Todo el aparato publicitario del país, la televisión, la prensa, los órganos de difusión, se dedicaron a condenar airadamente los sucesos del 10 de junio. Pero no por eso hubo mayor claridad respecto a los muertos que en Tlatelolco. Primero fueron cuatro, después once, después siete cadáveres procedentes del Rubén Leñero quienes fueron identificados por sus familiares, entre ellos un niño de catorce años: Jorge Calleja Contreras. En los periódicos se habló del grupo paramilitar los Halcones, fornidos como gimnastas, de zapatos tenis, entrenados en kendo, que con sus bastones o varas "chang" atacaron a los manifestantes. Se habló incluso de su campo de entrenamiento en la Cuchilla del Tesoro, San Juan de Aragón, y de que los Halcones habían bajado de camiones pintados de gris que más tarde regresaron a los patios del Departamento del Distrito Federal. Si no se precisó el número de muertos ni el número de heridos, el tono de la información periodística, el tratamiento al "respetable público" cambió. Juan Miguel de Mora, testigo presencial, hizo un relato clarísimo. El día 12 de junio salieron a un recorrido de inspección ocular por el lugar de los hechos el coronel de la policía, Ángel Rodríguez García, el procurador Sánchez Vargas, el secretario de educación Bravo Ahuja. Lo recuerdo especialmente por la noble actuación del periodista de *Novedades* Enrique Alfaro, quien interpeló al coronel y lo acusó de estar desvirtuando los hechos y de haber apoyado a los grupos agresores al dejar pasar los vehículos grises de los cuales descendieron los grupos de choque con varas que agredieron a los manifestantes. Cuando el coronel respondió: "Teníamos instrucciones de no intervenir, la policía nunca ha intervenido en las manifestaciones estudiantiles", Enrique Alfaro se indignó y con él muchos oyentes, ya que su firme actitud rompió la sempiterna pasividad de los mirones.

Para el 15 de junio, el PRI preparó una magna concentración de unidad nacional en torno al *presidente agraviado*. Contingentes de Puebla, Tlaxcala, Hidalgo y Morelos, darían su apoyo. Gerardo Medina Valdés relata cómo en el Centro Médico se interrumpió una de las sesiones para anunciar a los congresistas de Seguridad e Higiene que mañana era la concentración de respaldo al ciudadano presidente de la República. Un delegado de Los Mochis pidió la palabra: "Oiga y ¿para qué es eso? ¿Se trata de una orden o de una invitación?" "Compañero, claro que se trata de una invitación y el acto se debe a lo del 10 de junio, hay que ir a apoyar al señor presidente". El sinaloense entonces respondió: "Pues yo, por mi parte, no vine a cazar halcones, pero tampoco vine a ser pichón."

Ese mismo día, en la noche, fue destituido el jefe del Departamento del Distrito Federal Alfonso Martínez Domínguez y Rogelio Flores Curiel, jefe de la policía, ambos buenos amigos y compañeros del presidente de la República, que necesitaba que no hubiera "una sombra de duda respecto a las investigaciones". Julio Sánchez Vargas fue sustituido por Ojeda Paullada. Ahora sí, no habría sombra alguna, se descubrirían los Halcones y las fuerzas opuestas al gobierno de Echeverría. Transcurrió el mes de junio, los periódicos hablaron cada vez menos de la matanza, las investigaciones pasaron a planas interiores, hasta que con el tiempo el interés público se fue perdiendo (con sólo no fomentarlo) y Echeverría pudo repetir en su primer informe de gobierno en la Cámara de Diputados:

En su oportunidad reprobamos categóricamente los sucesos del 10 de junio. Ante la representación nacional reiteramos hoy al pueblo de México que habremos de mantener la autoridad legal de los poderes democráticamente constituidos y la fuerza moral de su investidura.

Conocemos los obstáculos y las fuerzas que se oponen a nuestro propósito. Sabemos a quiénes benefician nuestras eventuales discordias. No estamos dispuestos a permitir que intereses ajenos, facciones irresponsables o ambiciones egoístas de poder comprometan los objetivos que el pueblo comparte y está decidido a conseguir.

¿Y los Halcones? ¿Y "las fuerzas"? ¿Y los nombres? En eso quedó. Nunca se aclaró nada, nunca apareció halcón alguno, nunca por lo tanto se castigó a uno solo de los culpables. ¿O puede considerarse castigo el rostro ensombrecido de Alfonso Martínez Domínguez? Meses más tarde, si uno se atrevía a preguntar qué había pasado con la investigación, resultaba sospechoso, un aliado de "las fuerzas", un saboteador de la magna, la sacrificada labor presidencial. Echeverría siguió acercándose a las universidades y a los grupos estudiantiles, remontando tenazmente la cuesta del 68, la del 70. Pero la gente del pueblo, cansada de tanto esperar, bautizó al grupo de bailarinas de folklore "Las Palomas", de la compañera María Esther, con el nombre de "Las Halconas de San Jerónimo".

CASI DIEZ AÑOS DESPUÉS, RESULTA QUE GUSTAVO DÍAZ ORDAZ TAMBIÉN ES UNA VÍCTIMA Y QUE SU PAÍS LE DEBE LA VIDA

Si Luis Echeverría, el 10 de junio de 1971, resultó víctima de fuerzas opuestas a su país, Gustavo Díaz Ordaz, el 12 de abril de 1977 —en Relaciones Exteriores, precisamente en Tlatelolco— en insolente conferencia de prensa al ser nombrado por el nuevo presidente López Portillo embajador de México en España, se autodefinió como víctima del 68 y sobre todo del sexenio echeverrista en el que, dijo, tuvo que guardar un duro silencio a pesar de los ataques. Ahora, reivindicado por López Portillo, limpio de polvo y paja, podía abrirnos su corazón y contarnos hasta de sus amantotas, las que la prensa pendientísima de su vida erótica le achacaba. Curiosamente él fue quien habló de la sangre, de sus manos limpias de sangre (explicación no pedida...) mientras resonaba, en medio de los flashazos, el diminuto tableteo de la cámara de cine, recordando otro tableteo en esta misma plaza de las Tres Culturas. Metió sus manos de nuevo en la herida de Tlatelolco y retó groseramente a sus interlocutores: "¿Dónde están los cientos, los miles de muertos, señores periodistas?"

Sólo Díaz Ordaz lo sabe, porque el 2 de octubre legalmente murieron dos soldados en Tlatelolco: Constantino Canales Rojas y Pedro Gustavo López Hernández, los únicos dos que tienen actas de defunción. Si uno relee la prensa de aquellos días verá que los muertos son mencionados con cifras, nunca con nombre y apellido. A los padres de familia que fueron a buscar a sus muertos, ya fueran transeúntes, vecinos, estudiantes, curiosos o alborotadores, se les trató como si fueran los padres o los hermanos de traidores a la patria y se les obligó a firmar declaraciones de conformidad a "muerte por accidente" sin investigación, ni derecho a reclamación alguna. Ésta fue la condición para entregar los cuerpos. En la Procuraduría, algunas madres de familia se presentaron días más tarde para pedir justicia; no sólo no se les hizo sino que se les dijo que serían arrestadas si pretendían divulgar o continuar sus pesquisas. A fines de octubre, el CNH organizó brigadas de encuesta en la casa de desaparecidos. Nadie quiso hablar. "¿Ya para qué?" Una madre de familia reveló: "¿Qué no ven ustedes que todavía tengo otros hijos y también me los pueden matar?"

Del horror, de la barbarie de la persecución estudiantil en México, dio fe la periodista Oriana Fallaci, que apenas pudo hizo pública su protesta diciendo que en Vietnam por lo menos había refugios antiaéreos al anuncio de un bombardeo, pero que en México las ráfagas de ametralladoras caían sobre una masa inerme en el acto más inmoral y más terrible presenciado a lo largo de su vida de periodista y hasta de corresponsal de guerra.

AL-PUEBLO-DE-ESPAÑA/NO-LE-MANDEN-ESA-ARAÑA

Si la gran prensa recibió el nombramiento con unanimidad elogiosa, la vuelta a la vida pública de Gustavo Díaz Ordaz causó estupor en los círculos estudiantiles, universitarios, académicos. Más de setecientos intelectuales, artistas, periodistas, maestros, investigadores firmaron una carta de protesta. Varios editorialistas enfatizaron su desacuerdo. Se trataba de una provocación tanto a México como a la naciente democracia española. Díaz Ordaz no debería ser enviado como embajador a país alguno, Díaz Ordaz debía ser juzgado. ¿Cómo era posible que López Portillo designara al hombre que lanzó al ejército en contra del pueblo, al hombre que desde 1968 es sinónimo de represión, de ruptura entre los mexicanos? ¿Qué emisario era ése? Una de las primeras declaraciones de López Portillo cuando accedió al poder fue acerca de la crisis del 68, que según él escindió al país; ¿por qué nombrar entonces al hombre que se declaró responsable de ella? ¿Quién diablos podía entenderlo? ¿Se trataba de nuevo de la unión de fuerzas oscuras y enemigas en torno a un presidente cuya posición se veía amenazada? Nadie tenía respuesta alguna. La concentración estudiantil del 26 de abril de 1977 fue silenciada a pesar de sus casi diez mil asistentes. *El Sol de México,* por ejemplo, periódico ligado a Echeverría, consignó una manifestación que desquició el tránsito pero no dijo ni por qué era. En sí, la marcha fue bonita. En el cine Latino daban *King Kong* y los muchachos se dieron vuelo: "King-Kong-Díaz Ordaz-King-Kong-Díaz Ordaz /España-socialista-Díaz Ordaz-fascista / Díaz-Ordaz-yu - juuuu-tan-simpático-tan agradable-tan fascista-el-hijo-de-su-madre", y algunos estribillos regocijantes que de plano invitaban a bailar como este hallazgo: "Al-pueblo-de-España-/no-le-manden-esa-a-ra-ña." La gente en la banqueta también reía y muchos se ponían a saltar como canguros en el asfalto del Paseo de la Reforma: "El-que-no-brinca-es-Díaz-Ordaz." Los periódicos guardaron un silencio sepulcral. Tal parecía que todos seguían la consigna enunciada en la conferencia de prensa del propio Díaz Ordaz: "¿Cuáles muertos, cuál 2 de octubre, cuál noche de Tlatelolco?" Allí murieron treinta o cuarenta, nunca más, treinta o cuarenta entre alborotadores y curiosos, de esos que van pasando, los que se caen por asomarse, los que no tienen nombre o si lo tienen no pueden asociarse a rostro alguno, los que mueren en las inundaciones, en los temblores, los fregados, la carne de cañón, los muertos de hambre a quienes siempre les toca lo malo y a quienes les tocó la bala el 2 de octubre, ni modo, aquí les tocó, por andar de babosos, de revoltosos, porque no importan, porque bien pueden ser cuarenta o cuatrocientos o cuatro mil, porque no son nadie, como tampoco son nadie estos diez mil que andan ahora brincoteando mientras corean: "¡Aplaudan-aplaudan-no dejen de-aplaudir/que-el-pinche-gobierno-se-tiene-que-morir!"

DENUNCIA EN CONTRA DE DÍAZ ORDAZ EN LA OFICIALÍA
DE PARTES DE LA PROCURADURÍA

El 20 de noviembre de 1971, Emilio Krieger, Juan Manuel Gómez Gutiérrez, Carmen Merino Millán, Guillermo Andrade y Carlos Fernández del Real citaron a los periodistas en la antesala del procurador Pedro Ojeda Paullada. Iban a entregar en la Oficialía de Partes una denuncia en contra de Díaz Ordaz. Los delitos oficiales de que lo acusaron: *Violación de Garantías Individuales, Infracción de Leyes Constitucionales que causa trastornos en el funcionamiento normal de las instituciones según el Art. 29 Constitucional.* Los delitos comunes: *Homicidio y Lesiones.* Se adjuntaron a esta demanda pruebas, copias fotostáticas, nombres de algunas de las personas muertas en la plaza de las Tres Culturas, procesos, libros testimonios de los siguientes periodistas que aceptaron ser citados a declarar: Jesús M. Lozano, Miguel Ángel Martínez Agis, Félix Fuentes, Jorge Avilés R., José Luis Mejías, José Antonio del Campo. El Procurador de la República, Pedro Ojeda Paullada, recibió a los abogados, tomó la denuncia, las actas, las pruebas, los libros, etcétera, y les dijo —sonriendo— a los abogados, al meter todo el material en el cajón de su escritorio: "Allí se va a quedar".

Y ALLÍ SE HA QUEDADO

También en el cajón del Procurador quedaron los nombres de algunas de las personas víctimas en la plaza de las Tres Culturas, en Tlatelolco. Los abogados Fernández del Real y Krieger dijeron que aunque existe la certidumbre de que las personas asesinadas ascendieron a varias decenas —algunas versiones hacen llegar el número a varios cientos—, sólo hacían referencia en su denuncia al delito de homicidio cometido en perjuicio de personas cuya identidad y causa de muerte pudiera ser plenamente comprobada y casos en los cuales podía acompañarse en copia fotostática la documentación correspondiente.

Estos nombres son:

Carlos Beltrán Maciel	29 años
Luis Gómez Ortega	23 años
Jaime Pintado Gil	18 años
Antonio Solórzano Gaona (ambulante de la Cruz Roja)	42 años
Agustina Matus de Campos	60 años
Guillermo Rivera Torres	15 años
Cecilio León Torres	19 años
María Regina Teuscher (edecana de los Juegos Olímpicos)	19 años
Fernando Hernández Chantre	20 años
Gloria Valencia Lara de González (la mujer embarazada: portada del *Paris-Match*)	30 años
Rosa María Maximina Mendoza González	19 años
Leonor Pérez González	19 años
Cuitláhuac Gallegos Bañuelos	19 años
Ramón Horta Ruiz	20 años

74

Cornelio Benigno Caballero Gardulfo	18 años
José Ignacio Caballero González	26 años
Jorge Ramírez Gómez	18 años
Rosalino Marín Villanueva	18 años
Juan Rojas Luna	15 años
Petra Martínez García	15 años

Y los dos soldados mencionados con insistencia: Pedro Gustavo López Hernández de 22 años, y Constancio Corrales Rojas, cuya edad no aparece.

Los abogados consideraron obligación de la Procuraduría General de la República investigar los otros casos de homicidio cometidos el 2 de octubre, en la plaza de las Tres Culturas, al reprimirse con la fuerza armada el mitin del Consejo Nacional de Huelga.

CASI DIEZ AÑOS DESPUÉS, UNA SOLA VOZ OFICIAL ROMPIÓ LA UNIDAD DEL CORO

Casi diez años después la única voz oficial que rompió la unidad del coro fue la de Carlos Fuentes. Su renuncia como embajador en París fue buena. En lo que se equivocó es en insistir en que Luis Echeverría nada tuvo que ver en los sucesos del 68. Esto no es posible ni creíble porque si Echeverría se hubiera tan sólo opuesto levemente o una sola vez al entonces presidente de la República, jamás hubiera sido su sucesor. Además Luis Echeverría, Corona del Rosal y Julio Sánchez Vargas, desde el primer momento, declararon compartir la responsabilidad por igual, el 30 de julio de 1968, día del bazukazo, cuando a las 2:30 de la madrugada los soldados hicieron volar la puerta de madera del Colegio de San Ildefonso y hubo cuatrocientos heridos y mil sesentaiséis detenidos. Ellos fueron los que solicitaron la intervención del ejército en ausencia del presidente de la República, de gira por Jalisco. Más tarde, los mismos Echeverría, Corona del Rosal y Sánchez Vargas fueron consignados por la Coalición de Maestros ante la Cámara de Diputados por haber violado el artículo 29 de la Constitución al suspenderse de hecho las garantías constitucionales, y el artículo 129 de la Constitución que dispone que en tiempo de paz ninguna autoridad militar puede ejercer más funciones que las que tienen exacta conexión con la disciplina militar, y el 89 en su fracción VI que dispone que sólo el presidente de la república puede utilizar la fuerza armada para la seguridad

75

interna de la nación. Por lo general, los miembros del gabinete, los secretarios de Estados mexicanos se subordinan al jefe. Son cesados —entre otras razones personales— por incapaces o porque pasan a ser una tuerquita o tuercota útil dentro del formidable engranaje gubernamental. Por eso también reaparecen. Nunca o casi nunca actúan en forma autónoma. Al menos así ha sido en los últimos sexenios y el único miembro de gabinete que se recuerda por su personalidad —por cierto detestable— es Ernesto Uruchurtu. Los demás ya no tienen ni rostro ni palabra. Ni pintaron ni dieron color. Por eso tiene razón Octavio Paz cuando afirma que el Señor gobierna con sus criados, con su familia. El erario público es también patrimonio familiar. Durante seis años, todos pueden disponer de él: el señor, la señora y los niños de la casa. Por algo en México se es presidente de la república, por algo se llega al poder.

DE LA REPRESIÓN DE 1968 A LA DEPRESIÓN DE 1978

Pasaron diez años después de Tlatelolco. Muchos de los jóvenes del 68 son ahora luchadores en un partido político, su afán revolucionario no se ha gastado; ha crecido. Heberto Castillo es mejor de lo que era, Vallejo también. Gilberto Guevara y Raúl Álvarez llevan a cabo investigaciones y denuncias semejantes a las que los vincularon a los campesinos: la nutrición, el maíz, los ingresos del obrero, el sindicalismo independiente. Raúl lo hace en *Punto Crítico*, Gilberto en su calidad de maestro universitario en biología. Martín Dosal Jottar corrió a Bravo Ahuja (secretario de Educación Pública) del entierro de José Revueltas: "¿Qué no entiende, señor, que no lo queremos oír?" *El Pino* planea acciones que harían palidecer al hombre biónico. Luis Tomás Cervantes Cabeza de Vaca es el mismo niño héroe que se tiró frente a un bulldozer para que no le quitaran un terreno a su bienamada Chapingo. Ninguno se toma demasiado en serio. Los he visto encontrarse en los camellones, reírse y mirar hacia el Paseo de la Reforma que alguna vez fue suyo. ¿Cuál es nuestra imagen ahora? Nuestra fachada sigue siendo apantalladora. Pululan los *Sanborns*, los *Denny's*, los *Lyni's*, los *Burguer Boy*, los *Tom Boy*, los *Holliday Inn*, los *Sheraton*, los *Ramada Inn*, los súpers. Las flores ya devaluaditas se cambian constantemente en los camellones y en los parques citadinos, el vidrio remplaza el tezontle, México sigue siendo uno de los países con la más alta tasa de natalidad, el 3.2%, el PRI muy bien gracias, Fidel Velázquez robustísimo, la clase rica muy

76

poderosa *a pesar de* o *quizá por* la devaluación. Aparentemente todo ha quedado igual y sin embargo el aire a veces trae el rumor de las manifestaciones, el júbilo que se oía en las calles, el ímpetu que a todos nos deslumbró y entonces uno siente que todavía subsiste en los jóvenes el arrojo del 68 pero ahora con una mayor reflexión, un sentido más profundo y una proyección en la que quisiéramos adivinar el rumbo terco y decidido que nos salvará históricamente.

Lunes 28 de agosto de 1978

La sed con calor es más y el sol cala muy fuerte sobre el atrio de Catedral. La Catedral se asienta y hierve. Con razón, el rojo de su tezontle se ha oscurecido. Las botellas de tehuacán, en un rincón, refulgen como diamantes. Nadie las ha abierto aún. Sólo algunas mujeres, al persignarse en la pila de agua bendita, se pasan tantita por la boca, mojan sus labios resecos. Altanera, la Catedral mira la vida pública a través de las rendijas en sus espesos muros. No ve mucho, la pobre, porque los mexicanos no suelen vivir la calle. Sin embargo, ahora, ochenta mujeres han venido a vivirla a ella. Pegadas a sus muros, buscan protegerse de los rayos que restallan sobre su espalda, lijando su superficie. De vez en cuando penetran en su interior y hurgan en sus bolsas del mandado junto a los confesionarios. Sus pisadas son más nerviosas que las de los fieles pazguatos o los turistas de boca abierta que frente a los monumentos arrastran los pies. Como que saben a dónde van. En 1968, los estudiantes subieron por su torre de empinados escalones y echaron a volar las campanas; ella oyó sus pisadas de tenis, sueltas y febriles, las sintió como cosquillas y, curiosamente, no le dieron opilaciones; al contrario, su repique era una viva gloria en el pecho. De tal manera, los estudiantes quisieron regresar a ella. Si en julio de 1968 se propusieron *"ganar la calle"*, en los meses que siguieron, su objetivo fue *"tomar el Zócalo"*, manifestarse en la Plaza. Poseer esa Plaza era gritar desde el centro mismo del país, desde el ombligo de la luna, la entraña de Tenochtitlán, el infinito lecho de Cortés y la Malinche, la región más transparente del aire, allí donde la luz aletea. Tomar la plaza era un acto trascendente y mágico, tocar sus campanas, liberar una bandada de palomas hacia los cuatro puntos cardinales, hacia los confines de la tierra; por eso, todas las marchas terminaban inevitablemente en el Zócalo. Una tarde de agosto, después de la jubilosa manifestación de más de cuatrocientas mil personas el 27, los muchachos decidieron permanecer, quedarse de pura tanteada toda esa noche y el tiempo que fuera necesario, para instar

78

al gobierno a iniciar el diálogo; encendieron fogatas en la explanada, se sentaron en torno a su calor. No transcurrió mucho antes de que se abrieran las puertas de Palacio y varias columnas de soldados salieran corriendo con bayoneta calada. En la calle, catorce tanques esperaban para desalojar a tres mil estudiantes. Fue el principio del fin.

Diez años después, la Catedral ha sido tomada. La han poseído las mujeres. "¡Qué bárbaras! —me dice Neus Espresate—, mira que escoger Catedral para hacer allí su huelga de hambre!" Sonríe admirativa. "Mira que se necesita... El problema es: ¿las dejarán?"

Como sombras, algunas mujeres atraviesan el atrio; otras se meten y horadan la penumbra, las veo afanarse en torno a sus bolsas de plástico, sus suéteres y sus chales hechos bola; una viejita de plano se ha metido dentro de un confesionario y duerme. Por su rostro inquieto se entrecruzan las rápidas pesadillas del cansancio. Sentadas en el suelo, las piernas estiradas, dos señoras apoyan su cabeza contra el muro. Afuera, los muros les sirven para recargar y exhibir los grandes retratos de sus hijos impresos en un cartel blanco y negro: Jesús Piedra Ibarra, Rafael Ramírez Duarte, Javier Gaytán Saldívar, Jacob Nájera Hernández, Jacobo Gámiz García, José Sayeg Nevares, José de Jesús Corral García, Francisco Gómez Magdaleno y tantos muchachos más que nos miran desde su foto tamaño miñón ahora amplificada, sus rasgos agrandados a la fuerza, sus cejas más negras, más grave aún la expresión de sus ojos serios, ojos de credencial, ojos de "éste soy yo, mírenme bien, soy yo, y soy responsable de mí mismo, de este espacio ovalado que ocupo". Diez años después del Movimiento Estudiantil, los mexicanos jóvenes siguen desapareciendo. Sus madres, sentadas en las bancas de madera, son vírgenes de dolores, pietàs, agrias figuras maternas, figuras que sólo esculpen el rencor, la fatiga y el aire catedralicio que en su entorno, por quién sabe qué fenómeno físico, parece aislarlas en un espacio blanco. ¿Por qué blanco si todas las madres de los presos, desaparecidos y exiliados políticos están vestidas de luto? Bueno, no todas, las que pueden, las que tienen alguna ropa oscura, porque se trata de mujeres muy pobres. Anoche bajaron del autobús que las trajo, cada una por su lado, de Sinaloa, de Sonora, de Guerrero, de Monterrey, de Jalisco; son ochenta y tres mujeres y cuatro oaxaqueños en una huelga de hambre que empezó con el día: lunes 28 de agosto de 1978. Ahora pasan de mano en mano una botellita

79

de tehuacán: "¿Gusta?" me pregunta Celia Piedra de Nájera con esa gentileza que en algunas ocasiones parece una despiadada ironía:

—No gracias, ¿cómo les voy a quitar su agua?

—Ahí tenemos más.

—De todos modos no, se lo agradezco.

Todas acudieron al llamado de una sola: Rosario Ibarra de Piedra, quien ahora va y viene en el atrio porque los tehuacanes tienen que quedar en la sombra y hay que hacerles un tendidito, los volantes aún no llegan y ya deberían andarse repartiendo en la calle, muchos periodistas no están enterados y la comisión que debió avisarles aún no rinde su informe. El sol pega y hierve el tezontle rojo de los muros; pienso en la moronga que se oscurece a medida que avanza el día en los comales de las taquerías cercanas a Catedral. Fuera del atrio, en la banqueta, la gente pasa indiferente a pesar de una manta roja muy larga que dice en letras negras: *"Los encontraremos"*. Una hilera de mujeres sostiene una cartulina blanca. Anuncian: *"Huelga de Hambre"*, cada una con una letra. La de la segunda H parece especialmente agobiada; se ha enroscado su suéter en la cabeza para atajar el sol, lo mismo han hecho varias otras, de suerte que vistas de lejos bien podrían ser placeras regateando en el mercado. Y es triste que lo sean; están en la plaza ¿no es cierto? y regatean exigiendo al gobierno la vida, la presencia de sus hijos. Para una madre, la desaparición de un hijo significa un espanto sin tregua, una angustia larga, no sé, no hay resignación, ni consuelo, ni tiempo para que cicatrice la herida. La muerte mata la esperanza, pero la desaparición es intolerable porque ni mata ni deja vivir.

Una tarde en mi casa dejé sola a Rosario Ibarra de Piedra mientras iba a contestar el teléfono, entre tanto empezó a llover. Cuando volví la encontré llorando: "¿Qué le pasa, Rosario?" "Es que pensé que donde quiera que esté mi muchacho ha de estarse mojando". A Rosario tan valiente, tan controlada siempre, por quién sabe qué mecanismo descompuesto la lluvia figurada sobre la espalda de su hijo le abre las compuertas del llanto. Agua rápida, despeñada. Tanta agua ha corrido desde los primeros meses de su búsqueda, cuando la esperanza era violentísima, la del encuentro, la recuperación, tanta agua hasta ir a dar al Canal del Desagüe: "Señora, tenemos aquí dos cuerpos que encontramos en el Gran Canal, a lo mejor son de los suyos, en todo caso, venga a reconocerlo". Y sí, allí sobre la plancha fría, dizque higiénica, dos cadáveres de muchachos atados de pies y manos cada cual con un solo balazo: uno en la nuca, el otro en la frente; ninguno de los dos mayor de los dieciocho; los dos en estado ya de descomposición. Pero ésos no son los únicos; en la autopista México-Querétaro, Rosario corrió al encuentro de tres cadáveres abandonados, también vendados, y otros dos que sacaron de una zanja cercana al aeropuerto. "Pa'que escarmiente —le dijo uno de la Federal de Seguridad— pa'que les digan a sus hijos que no se metan con nosotros." Pienso en el archivo gigantesco que vi en Ginebra, donde se alinean los desaparecidos de guerra, los nombres de los judíos exterminados. Al menos merecieron una tarjeta dentro de un cajón de lámina que sale con la sola presión de la mano y exhibe nombre, edad, señas particulares, lugar y día de la muerte. Aquí en México, ¿en qué archivo de gobernación, en qué expediente, en qué ficha se pierden los pasos de un muchacho que nació hace diecisiete, veinte, veinticinco años? Seguramente la Federal de Seguridad recurre a la CIA, a la diligencia con la que consigna la historia de cada posible disidente, desde el nacimiento de su vello impúber hasta que entra a la Prepa y pega sus primeros carteles, hace sus primeras pintas, se pone de pie frente a sus compañeros para echar su rollo en la Asamblea, emocionadísimo, feliz, parado encima de su barril de pólvora. De allí a ser miembro del Comité de Lucha de la Facultad sólo hay un paso, después viene la huelga, la organización de las brigadas, el "volanteo", el darse cuenta, como lo dijo Sartre, que "nadie se salva solo".

Quizá sucede lo mismo con otras madres, ahora en estos meses mojados y grises de agosto con sus atardeceres encapotados; quizá se sueltan a llorar sin pretexto, un llanto retrasado, que ya nada puede retener y del cual se disculpan cubriéndose la boca con su pañuelo. Una de ellas se me acerca, veo en su bolsa del mandado de plástico verde un rollo de papel higiénico. "De veras, si las dejan dormir aquí, ¿dónde harán sus necesidades?" A Rosario Ibarra de Piedra, muy delgada, muy frágil dentro de su vestido negro, la siento sobreexcitada; va de un grupo a otro, cierra los ojos bajo el sol y dice parpadeando: "Ahorita vengo. Corro a la caseta porque necesito hacer una llamada como la que le hice a usted; traigo un montón de veintes para los días que vienen", camina sobre sus tacones negros, camina mucho dentro del atrio; va del interior de Catedral hacia la calle, regresa porque algo olvidó. Me asombro: "¿Cómo va a aguantar?" Siempre he visto que los que hacen huelga de hambre procuran economizar energía y calor y permanecen acostados. Así en 1961, vi en San Carlos a Juan de la Cabada, a Benita Galeana, a los dos Lizalde, Enrique y Eduardo, a José Revueltas, a Carlos Monsiváis y José Emilio Pacheco; arrebujados en las cobijas, desmelenados y ojerosos como niños a quienes el sueño se les enreda en las pestañas. Se habían solidarizado con la huelga de hambre de los ferrocarrileros y de Siqueiros en Lecumberri. (Nombro a Siqueiros no para significarlo sino porque él no era ferrocarrilero.) Así vi días después a los militantes presos Alberto Lumbreras, Gilberto Rojo Robles, Dionisio Encinas, Miguel Aroche Parra, Filomeno Mata, "el viejito" Mata como le decían, y a Demetrio Vallejo lleno de sondas y amarrado con vendas a su cama de enfermería de Santa Marta Acatitla; así habría de ver años más tarde, en 1968, a Gilberto Guevara Niebla, verde y sobre todo enojado, en su crujía A, extraviado en medio de un insoportable hedor a limones podridos que los policías habían dispuesto se recogieran en una sola celda repleta de cáscaras, contigua a la suya.

Ahora miro a estas mujeres trajinar, asolearse, olvidadas de sí mismas; me preocupa sobre todo Rosario quien no cesa de sonreír animosa, alegre casi. Me aclaró por teléfono: "Ya le pregunté a mi esposo y dice que no pasa nada, que el cuerpo puede aguantar muchos días con agua y azúcar y sal; chuparemos limones con tantita sal, con azúcar y agua, mucha agua. ¡Hasta sirve para eliminar toxinas!" También comentó alborozada desde su caseta telefónica: "¡No llevamos ni una hora aquí y ya han venido de varias agencias internacionales, de la Associated Press, la Reuter, la Efe de España y una checoslovaca. Les avisé también a Marlyse Simons del *Washington Post* y a Alan Riding del *New York Times*. Hemos tenido mucha respuesta, un gran apoyo. Nos van a acompañar algunos muchachos del PRT. Al rato viene un reportero del *UnomásUno*. Se portan bien éstos del *UnomásUno*. Véngase usted pronto, Elena, no me vaya a decir que no puede, que los niños, que la escuela, véngase lo más pronto que pueda", y ahora que estoy aquí, Rosario me hace una pequeña señal con la mano y corre hacia la calle, vuela casi. Con razón, el subsecretario de gobernación Fernando Gutiérrez Barrios le dijo: "¡Es usted la dama más tenaz que he conocido!" De verdad hay que ser tenaz para luchar contra la incertidumbre, la ausencia y el deseo de capitular, factores más fuertes que el enemigo mismo.

MI MUCHACHO ERA BUENO, NO LE HACÍA DAÑO A NADIE, MI MU-
CHACHO ERA BUENO, NO LE HACÍA DAÑO A NADIE, MI MUCHACHO
ERA BUENO, NO LE HACÍA DAÑO A NADIE, MI MUCHA . . .

Y ellas ¿de quién son enemigas? Miro sus ojos negros, desvalidos,
duros a veces, sus ojos que desvían la mirada (¿qué diablos que-
rrá esta gringa?) sus ojos de pobre. Sé que muchas no acudieron
al llamado de Rosario. Algunos padres respondieron a propósito
de su desaparecido: "Nosotros ya le mandamos decir su misa".
Ahora mismo, no son pocas las que se persignan ante el Cristo
cada vez que se meten a Catedral. Se enrebozan frente al atrio;
podrían ser miembros de una peregrinación, devotas cumplidoras
de alguna manda; de hecho a dos de ellas se les asoma su escapu-
lario, y es fácil imaginarlas prendiendo una veladora para que la
Virgen les haga el milagro: la aparición de su hijo. Dentro de
Catedral me siento junto a la señora García de Corral. Es una
mujer maciza, que supongo alta; la voz gruesa. Habla golpeado.
La creo norteña porque no se inhibe ni se apoca a diferencia de
otras mujeres que se arrinconan como pajaritos asustados (al menos así las veo en este primer día de huelga). Yo misma obedecería
si me sugirieran en la tranquila sombra de esta iglesia: "Vamos a
rezar un rosario". Pero la pregunta la tengo que hacer yo y no
es piadosa.

—Nosotros somos de Ciudad Juárez, Chihuahua —responde
Concepción García de Corral—. En 1974, mataron a mi hijo
Salvador Corral García, en 1976 aprehendieron a mi hijo José
de Jesús, quien está desaparecido, y en 1977 mataron a mi hijo
Luis Miguel Corral.

—Tres hijos. ¿Y todos guerrilleros?

Esta pregunta no les gusta a las madres de familia; ninguna
salvo Rosario responde directamente. La mayoría niega estar en-
terada de las actividades del hijo y del motivo de su detención.
Algunas explican con muchos pormenores cómo fue el arresto,
pero ninguna sabe decir por qué. Al contrario, repiten una y otra
vez, el rostro marchito: "Mi muchacho era bueno, no le hacía
daño a nadie". La señora García de Corral no se anda con contemplaciones ni me debe explicación alguna, ella viene a lo que viene:
"Yo ando buscando al desaparecido. Lo aprehendieron en Puebla
y dijeron que lo habían llevado al Campo Militar número Uno".

—Y ¿tiene más hijos?

—Sí, pero no quiero hablar de ellos ni dar sus nombres, no me
los vayan a matar también. Lo único que quiero es que me digan

dónde está el desaparecido, Luis Miguel, que tiene veintiséis años.

Cuando Rosario buscó a su hijo en todas las dependencias gubernamentales, pensó que otras mujeres debían estar en su mismo caso —no podía ser ella la única— y resolvió encontrarlas. Su esfuerzo culmina en esta huelga de hambre en Catedral a la que han acudido ochenta y tres mujeres, que piden la Amnistía General.

Y QUÉ, QUE NOS DIGAN LOCAS

Regresa Rosario; sé que es Rosario incluso antes de verla, lo sé porque reconozco su taconeo sobre las baldosas. Voy hacia ella:

—Rosario ¿no se parece esta huelga a la de las *Locas de la Plaza de Mayo,* ustedes de negro y plantadas casi frente al Palacio de Gobierno?

—Sí. . .

—Pero ésta no es una dictadura, este gobierno no es el de Argentina, Rosario.

—Pero si no actuamos puede llegar a serlo —sacude la cabeza con vehemencia como lo hace en cada ocasión en que digo algo que la desagrada—. ¿Usted cree que es normal que en un país desaparezca la gente?

—Pero, Rosario, todos los gobiernos del mundo persiguen a sus opositores, sobre todo si éstos escogen las armas. ¡Yo no sé de una sola guerrilla que ande suelta por allí con el beneplácito de las autoridades!

—¡Que se les juzgue si han cometido algún delito, pero que se les pueda ver! ¿Usted cree justo que yo no vea a mi hijo desde 1975? A nosotras pueden llamarnos las Locas de Catedral, las Locas de la Plaza de la Constitución, las Locas del 1o. de septiembre, no me importa, no me importa; hemos llegado al límite, éste es nuestro último recurso. No nos queda otra. Mire, al gobierno tal y como está, hay que arrancarle las cosas . . .

—Pero Rosario, ésta es una medida política, ¿quiénes las aconsejan políticamente?

—Nadie. Fui a ver hasta su casa al ingeniero Heberto Castillo. Me dijo que esperáramos al día del Informe a ver qué, insistió en que esta huelga era un error político, en que íbamos a frenar la amnistía; lo mismo advirtieron otras organizaciones y otros partidos, pero yo no podía detener ya a las demás mujeres, las ochenta y tres que aquí nos encontramos y que hace mucho queríamos entrar en huelga de hambre. ¡Algo teníamos que hacer por nuestros muchachos, Elena! ¿Qué no sabe usted que en Culiacán algunas madres de familia hacen una parada permanente frente al Palacio de Gobierno y no hay quién las mueva? El gobernador Alfonso Calderón Velarde les dijo: "Por mí se pueden quedar un año si quieren, aplástense ahí. A mí qué, yo no tengo a sus hijos". A ellas también podrían llamarlas "Las Locas de Culiacán". ¿Qué más da? ¿Usted cree que con llamarnos locas nos quitan algo? ¡No hombre! Que nos digan como se les antoje. Las de Sinaloa tienen años preguntando por sus esposos, sus hermanos, sus hijos desaparecidos. Fueron a ver al comandante de la Novena Zona Militar y nadie les dio una respuesta. En México ni el Jefe de Estado Mayor Presidencial, ni el Procurador de la República, ni el Presidente López Portillo, les han podido decir por ahí te pudres. Ya basta, ¿no? Ya es mucho peregrinar, mucho aguantar. ¿Que el gobierno no podría darnos a los familiares una lista de los muertos, una de los que podrían salir, y sí pueden cómo, en qué condiciones, si desean que vayamos a encontrarlos a otro país, etcétera?

La voz de Rosario ha subido de tono, se ha hecho más rápida, demandante y la esperanza que hay en ella me resulta intolerable. Desvío la vista, y tras de Rosario, veo de pronto en la pared la estela plateada de un caracol que sube por el muro de tezontle. ¿Qué diablos hace un caracol en pleno zócalo sobre un muro rojo de Catedral? ¿Cómo llegó hasta aquí? Lo miro, me distraigo, descanso del dolor de Rosario, el caracol se desliza lentamente con su casa a cuestas, puedo ver su cabeza, sus cuatro cuernitos, avanza con dificultad, hace su camino, ¡cuánto esfuerzo, cuánto! ¿Cómo pudo llegar? Será porque es época de lluvias; su huella húmeda brilla al sol, es un cordón irisado; va derramando su baba, que no le pase nada, recuerdo que un día saltó un chapulín junto al lavabo y cayó adentro, lo saqué, lo puse en el suelo; pensé: "termino de lavarme los dientes y lo bajo al jardín", pero entre tanto de un brinco fue a desnucarse contra el mosaico. Lo tomé entonces, pero ya era demasiado tarde y me reproché mi falta de oportunidad. Qué frágil es la vida de todo lo viviente; todo se juega en un segundo. Y ahora este caracol solitario que sube incauto dirigiéndose quién sabe a dónde, que no le pase nada, que no le pase nada a nadie, que no todo sea una amenaza, que la vida no sea este dolor intenso, esta lucha babeante, esta mucosa que vamos dejando, huella y camino a la vez, camino ¿a dónde? porque ya nó sé si vale la pena morir por algo en este país, en este MI país, y sé que sólo la muerte es real, sólo la muerte es real, sólo la muerte es real.

—Y ¿si están muertos?

Rosario de nuevo sacude la cabeza: "Queremos sus cadáveres pero no fresquecitos, que no nos los maten ahora; que sepamos cuándo, cómo y dónde nos los mataron".

Varias veces le he preguntado a Rosario por fría y por imprudente: "¿Y si está muerto?" Ella se defiende siempre. Miro a Rosario. Hace un año la palabra "muerto" le era intolerable. Ahora el dolor la ha transformado en una luchadora política. En 1977, Manuel Buendía le dijo que él estaba en condiciones de informarle que su hijo había muerto. Rosario pidió una prueba. Al no tenerla, ha seguido en su lucha. Cuando yo insisto, Rosario me habla del Campo Militar número Uno, cuenta que un preso liberado le mandó decir que había visto a Jesús, que una gran cicatriz le atravesaba la cara, que lo trajeron de Monterrey espantosamente golpeado. Y sigue. Desde hace un año no tiene noticias, nada, pero ella cree, tiene fe, no se rinde, ella... Y luego alega:

—Esta gente del gobierno es muy fuerte, Elena, muy poderosa. Usted cree que si quisieran librarse de mí ¿no lo habrían hecho? ¿Usted cree que no me dirían como se lo han dicho a otras: "Señora, usted tiene tres hijos más; le aconsejamos por el bien de sus hijos que deje esta lucha"? ¿No cree usted que podrían darme un mal golpe? ¿Machucarme cuando salgo de mi casa? Saben bien dónde vivo; durante días enteros se estaciona allí un coche sin placas con cuatro agentes de Gobernación. Por eso, sí creo que tienen a mi muchacho, si no, hace mucho que me hubieran obligado a desistir. Hay mil maneras de lograrlo. Si no me eliminaron antes, si me han dejado proseguir en mi campaña, fundar el Comité de Presos, Perseguidos, Exiliados y Desaparecidos Políticos, organizar manifestaciones, viajar y dar a conocer mi caso en ochenta ciudades de los Estados Unidos, va a serles mucho más difícil eliminarme ahora. Por estas razones, para mí muy poderosas, creo que tienen a mi muchacho.

Pero también, y eso no se lo digo a Rosario, cabe la otra posibilidad; dejar morir el asunto, darle largas, y largas y largas, que pasen los días, los meses, los años, hasta que no haya una Rosario Ibarra de Piedra para moverlo y digan entonces: "Menos mal que se murió esta vieja tan terca", que todo se soslaye, se agote por inanición. Debe ser ésta la tirada del gobierno, porque sacar a Jesús Piedra Ibarra ahora, después de cinco años, ¿acaso es posible? Sería la prueba irrefutable de que México es igual a las dictaduras latinoamericanas. Si sale "un" preso político, ¿por qué no cien, por qué no mil? Además, Rosario es ahora conocida internacionalmente; sacudió a las académicas sesiones de Amnesty International en Londres, la convocaron en Helsinki, en Bonn, en Berlín, en Estocolmo y ya no se diga en las ochenta ciudades norteamericanas cuyas universidades pagaron su pasaje; ¿podría enfrentarse el gobierno de López Portillo a una campaña internacional de esta magnitud, a las investigaciones de Jacoby en La Haya, de los parlamentarios ingleses, someterse a un juicio como lo son los de los dictadores de América Latina? ¿Sería justo para México?

Lo mejor es darle la suave, aderezarlo a la mexicana, dejar que las señoras cacareen su desgracia, hagan sus manifestaciones, atenderlas incluso (Rosario vio treinta y seis veces al expresidente Echeverría, quien siempre la trató con finura, la recibió, solícito y cortés, la remitió a Ojeda Paullada, quien siempre la reconocía, sonreía al tenderle la mano, fruncía el entrecejo mientras la escuchaba: "Licenciado, mi muchacho, mi muchacho, licenciado"). ¿Qué otra salida le queda al gobierno de México? ¿Qué táctica a seguir? Conceder la amnistía, sí, esto es factible, pero resucitar a los muertos, hacer que aparezcan los desaparecidos? Porque si Jesús Piedra Ibarra es del sexenio de Echeverría, siguen desapareciendo campesinos y obreros. Los únicos cómplices de los políticos son el tiempo, el cansancio y la rendición de los familiares, que además, si no fuera por la fortaleza de espíritu de Rosario Ibarra de Piedra, ya se hubieran rendido.

—Entonces, está decidido, Rosario, ¿van a quedarse a dormir aquí?

—Sí, absolutamente. Como cierran las puertas de Catedral a las cinco, las más viejas dormirán adentro, las más jóvenes nos quedaremos afuera. (Sí, no las demás, no las otras, Rosario ha dicho las más jóvenes. Sí, ¿cuántos jóvenes no quisieran la juventud de ella para día domingo?) Hemos traído sarapes, no hay problema.

—¿No corren el riesgo de que les rompan la huelga?

—Sí, claro, porque en los últimos meses el gobierno ha roto todas las huelgas, a los del Istmo que la hacían frente a la ONU, el gobierno los dispersó y los mandó para su casa.

(Ahora sí, tres mujeres se han parado junto a nosotras; una de ellas sonríe y al hacerlo enseña mucho las encías y son tan rojas que parecen dos pedacitos de sandía.)

—Por eso —continúa Rosario— sería muy bueno que recibiéramos más apoyo popular, que se plantaran aquí e hicieran huelga con nosotros los representantes de organizaciones sindicales y de partidos. Mire usted, Elena, ¡cuántas somos! ¡Todas las que están allá en bolita son de Atoyac! Debería platicar con ellas.

—Rosario —se acerca Vicky Montes con su pelo largo, suelto sobre los hombros. Es algo así como el lugarteniente de la señora Piedra—, Rosario, dice el padre Pérez que no podemos quedarnos a dormir aquí.

Rosario reacciona inmediatamente:

—¿Por qué? ¿Quién lo prohíbe? ¿Qué ley? (Rosario ahora siempre blande la ley.) A ver, vamos. (Y se dirigen hacia unas enaguas negras que aguardan amenazantes.)

MUJER AMURALLADA EN SONRISAS MILENARIAS

En la manifestación en contra de Díaz Ordaz, el 17 de abril de 1977, una mujer pequeña, más bien joven, con una abundante cabellera tirando al rojizo —abundante pero no larga—, se acercó a mí sonriendo:

—Tengo un hijo desaparecido.

—¿Desde el 68? —pregunté.

—Después, después.

Juzgué que se veía muy entera, que yo no podría decirlo con una sonrisa. Más tarde descubriría que la sonrisa es su arma de lucha, que la dispara dentro de un rostro que ella misma ha cincelado a lo largo de los cinco años de desaparición de su hijo, un rostro que va hacia los demás y se presenta casi entusiasta para que no lo rechacen, o si no, porque así es su naturaleza. Habría de llamarme unos días después, ya que en la marcha solicitó el número de teléfono: "Yo soy la persona que la abordó, ¿se acuerda?", e inmediatamente dije sí, por la impresión contradictoria que me causó su vitalidad al lado de la noticia que proporcionaba. Hicimos una cita. Rosario traía un álbum familiar. En el álbum, al ver su sonrisa me di cuenta que ahora sonríe sin alegría, para dar valor, para alentar al que habla, zas, sonríe, pero no es ese movimiento interno que aparece en las fotografías de su juventud, ese lento oleaje que viene subiendo, no, ahora Rosario sonríe rápido, pero no sonríe desde su infancia, desde la niña Rosario, desde la joven Rosario, no; a veces la sonrisa es más animosa que otras, pero eso es todo. A Rosario le rompieron todas las sonrisas dentro del cuerpo, se las molieron a

Frente a Catedral, en el atrio, el lunes 28 de agosto de 1978, las madres de algunos de los desaparecidos cuelgan los retratos de varios de los 481 muchachos y muchachas.

Vinieron de Guerrero, de Sonora, de Sinaloa, de Nuevo León, de Jalisco, a sentarse al atrio de Catedral para ponerse en huelga de hambre.

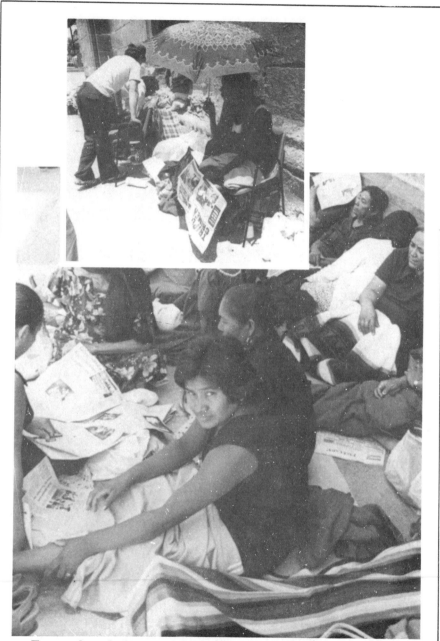

En muchos de los casos, sus hijos han sido secuestrados y metidos al Campo Militar número Uno.

Rosario Ibarra de Piedra pidió la amnistía general para los presos, desaparecidos y exiliados políticos.

Todavía en el suelo, unos jóvenes pintan una sábana blanca con letras rojas: 88 personas llevan 96 horas en huelga de hambre.

palos, ni si Jesús su hijo resucitara volvería a ser la misma.

El álbum sobre mis rodillas, fuimos hojeándolo lentamente mientras señalaba con el dedo y se detenía a darme explicaciones. En todas las fotografías aparecía el mismo niño Jesús Piedra Ibarra que nos miraba con fijeza:

—Mire, ésta es del día de mi boda, aquí mi padre, mi madre, mis padrinos. Yo aquí de orgullosa mamá mostrando el perfil, ya estaba esperando, siempre me pongo muy gorda, lo quería desde antes de nacer ¿no? como todas las madres. Ya no me dio tiempo de llegar a la maternidad, afortunadamente mi marido es médico, aquí tenía media hora de nacido mi hijo; siempre tuvo la cabeza abombadita, muy bien hechecita. Cuando él nació compramos nuestro terreno y empezamos a construir nuestra casa. Vivimos por el rumbo del Cerro de la Silla; mire, aquí está antes de cortarle el pelo, mechudito y aquí, mírelo, pelón. Cuando cumplió cuatro años le regalamos un burrito "Platero"...

"ÉSTOS MIS RECUERDOS NO SE DETIENEN ANTE NADA"

Así, a vuelta de hoja, una fotografía tras otra, la madre va contando la historia de su hijo, ahora un joven de 24 años, acusado de militar en la Liga 23 de Septiembre y desaparecido el 18 de abril de 1975. Desde entonces, la búsqueda es implacable. En las fotografías veo surgir a una familia compuesta del padre y de la madre, de cuatro hijos, María del Rosario, ahora sicóloga, Jesús ahora desaparecido, Claudia Isabel, veterinaria, y Carlos, biólogo, dos mujeres y dos hombres. Si en una hoja montan a caballo, en la otra se paran en la playa frente al mar de Manzanillo, viajan, vienen a la capital en las vacaciones de navidad, de semana santa, así como los citadinos vamos al mar; visitan San Juan de Ulúa y Chucho el niño guerrillero se retrata en la celda de Chucho el Roto su tocayo (¡cuántas cosas presagian siempre nuestro futuro!) y cada navidad la pasan en Chichén Itzá, en Mazatlán, en El Sumidero en Chiapas, en Acapulco, en Guadalajara, hasta en Disneylandia. Veo un Galaxie modelo 1970, muy nuevo, reluciente, y a Rosario Ibarra sonreír dentro de él, veo una casa espaciosa y rodeada de flores, veo perros que pasan muy serios, cachorritos también, juguetones, sus patitas en alto, sus orejas levantadas, su expresión interrogante; un chapoteadero que los padres construyeron para que los niños se refrescaran del calor de Monterrey, veo las caritas de los niños, parecen exigir que los haga uno feliz, así, a vuelta de hoja, miran, me miran: "Hazme feliz", y Chucho, siempre Chucho, gordito, vestido de charro, sentado en su recámara leyendo bajo los retratos del Che Guevara y de Emiliano Zapata, abrazando a su novia, con sus libros escolares bajo el brazo, sus rodillas picudas, subido a un árbol, de excursionista, echándose un clavado, comiendo sobre la hierba en un día de campo, su suéter azul amarrado a la cintura, riendo con todos los dientes, su joven vida entre las manos, su maravillosa vida por delante y lo que hará con ella. ¿De qué se llena la vida? me pregunto, ¡cómo se va llenando poco a poco de ilusiones y de proyectos como papelitos de colores! ¡Qué incógnita la de este muchacho con sus ojos graves bien metidos dentro de sus cuencas, sus cejas tupidas bajo las cuales la mirada se hace más penetrante, más inteligente a medida que pasa el tiempo. Lo he mirado crecer a través de una veintena de fotografías, me simpatiza mucho lo que de él veo y más aún me simpatiza la voz siempre pareja de esta madre quien a veces ríe y exclama: "¡Pero mírelo qué retegordito estaba, qué retegordito!" Es bien bonito ver levantarse a un ser humano. Rosario, en Monterrey, formó una familia de hijos sanos que iban estudiando, escogiendo carrera, el papá en la cabecera como en la lección de inglés, this is the father, he is a doctor, he works for the Social Security, his name is doctor Piedra, he is sixty years old, and this is the mother, and this is their house, the dog, the dining room, la mesa del comedor, el sofá, la puerta, un mundo bien protegido porque cuando los padres se aman las paredes de la casa siempre protegen. Ellos se miraban a sí mismos pero también miraban hacia afuera. Vivían su vida dentro de Monterrey pero también vivían la vida de su ciudad. Sus vidas las hacía Monterrey. Su ciudad estaba integrada a sus vidas. ¿Cómo podría ser de otra manera? (Sólo el jet set logra vivir en México como en París, como en Londres, como en Nueva York.) Vivían las manifestaciones, las tensiones, la desigualdad, los odios. Rosario nunca buscó la indiferencia. Ella se llevaba a los cuatro tomados de la mano, a marchar. (Recuerdo a Elvira Concheiro decirme en 68 lo que sufría porque sus hijos fueran a las manifestaciones, la carita de Luciano su hijo, todavía un niño, Elvira retorciéndose las manos: "Es que yo les enseñé, yo los llevaba a protestar, a corear: 'Fidel Velázquez, Fidel Velázquez, en esta lucha ya te chingaste', en vez de 'Naranja dulce, limón partido'. ¿Cómo iba yo a mantenerlos al margen de la vida de su país?".) Los Piedra se levantaban temprano en la mañana, mamá mi jugo, chao nos vemos, a lo mejor no vengo a comer, el portazo, Rosario le sacaba el coche al doctor Piedra y lo dejaba con el motor andando, ponía su maletín en el asiento delantero, nos vemos a la hora de comer; cuídate, una vez despachados los hijos a la escuela, Rosario echaba la ropa a la lavadora, discurría la comida, se despedía de la cocinera y libre de penas iba a montar a caballo. En esa casa las tareas no se quedaban sin hacer, ni las meriendas sin esa hora bonita en que se afloja el cuerpo y todas las voces se integran en una sola: la de la comunicación humana. Platicaban de lo que platican todas las familias; cómo les fue en la escuela, a qué cine irían el sábado, qué cara está la vida, qué malvado el presidente de la República, qué ricos los ricos, qué pobres los pobres, qué mentiroso Nixon, qué llorona Pat Nixon, en fin, todo lo que ustedes quieran y manden. Jesús Piedra Ibarra cursaba el tercer año de medicina, era un buen estudiante, hacía deportes (equitación y karate), su novia se llamaba Laura, leía a Esquilo, le impresionó mucho el Rey Lear y poseía las nueve sinfonías de Beethoven conducidas por Herbert Von Karajan. Como todos los muchachos de su edad tenía inquietudes sociales, quería saber qué diablos hace uno sobre esta tierra, para qué serviría algún día, cuál era su identidad cultural, cuál su país, y esto mismo lo hacía valioso. No se conformaba como tantos con ser sólo lo que los demás veían o lo que él veía de sí mismo en el espejo. Su destino lo haría él; no estaría siempre fuera. Claro, dependería en parte de las circunstancias exteriores como todos los destinos, pero él era de los hombres que se construyen a sí mismos. La Universidad siempre ha sido un semillero de ideas libertarias, pero la misma posición desahogada de la familia Piedra Ibarra lo hacía proseguir sus estudios normalmente. En su rumbo —el del Cerro de la Silla— acostumbran saludarse: "Buenos días, vecino, buenos días vecina" y los vecinos lo querían mucho, las vecinas le decían a Rosario: "¡Qué bueno y qué educado es su muchacho!" Con permiso vecina, adiós vecina. Con permiso Elena, voy a quitarle el álbum porque hemos llegado a la última hoja, mire usted a mi hijo aquí, qué fornido, qué alto se ve, y yo no soy una mujer alta ni fuerte.

De pronto, Rosario, en vez del álbum al que me había acostumbrado despliega un cartel rojo y negro, tan grande que nos cobija las piernas a las dos y dice en letras rojas: "¡SE BUSCAN!" y a renglón seguido aparecen las fotografías de Jacobo Gámiz García, aprehendido el 15 de marzo de 1974 en Acapulco, herido en una pierna; Jesús Piedra Ibarra detenido en Monterrey el 18 de abril de 1975, salvajemente torturado, quien fue con-

91

ducido a la ciudad de México; Ignacio Arturo Salas Obregón, capturado en 1974, quien fue visto herido en el hospital militar; Javier Gaytán Saldívar, detenido por el ejército en noviembre de 1975, en Guerrero; y el licenciado César Yáñez Muñoz, ubicado la última vez en Ocosingo, Chiapas, en febrero de 1974. Los buscan sus madres, padres, esposas, hijos, hermanos y sus familiares todos. Fueron detenidos por diferentes cuerpos policiacos y se ignora su paradero. Al igual que ellos hay muchos otros jóvenes desaparecidos. Si algún pariente tuyo se encuentra en circunstancias semejantes por favor, envía datos (así, de tú) y fotografías a las oficinas del comité o llámanos por teléfono, si es necesario por cobrar.

AYÚDENOS A ENCONTRARLOS
ES PRECISO SALVAR SUS VIDAS
EXIJAMOS QUE SE LES PRESENTE PÚBLICAMENTE.

Y firma el Comité Pro-Defensa de Presos, Perseguidos, Exiliados y Desaparecidos Políticos.

CUANDO VINO ECHEVERRÍA DE CANDIDATO A MONTERREY,
UN GRUPO DE MUCHACHOS SALIÓ A LA CALLE A GRITAR:
"¡ABAJO LA FARSA ELECTORAL!"

A raíz de 1968 —dice Rosario— en Monterrey se hicieron manifestaciones con frecuencia. Recuerdo especialmente la conmemoración luctuosa a un año del 2 de octubre; fue una marcha pacífica silenciosa, imponente. Mis hijos decidieron ir y yo los acompañé por temor de que fuera a pasarles algo; cuando vino Echeverría como condidato a Monterrey, Chucho mi hijo y un grupo de sus amigos salieron a gritar a la calle: "¡Abajo la farsa electoral!" La policía los agarró en la plaza Zaragoza y les pegó con varillas envueltas en papel periódico, sobre todo en el tórax. Regresó a la casa bien apaleado m'hijo.

Como otras ciudades de la República, Monterrey fue sacudida por los sucesos del 68. En la Universidad se organizaron comités de lucha, brigadas en las escuelas y Jesús Piedra Ibarra resultó electo junto a otros jóvenes activistas como uno de los más entusiastas. Era bueno para *volantear,* bueno para hacer pintas. En esos años cayó el gobernador Eduardo Elizondo, pero el hecho más grave en la vida política y social regiomontana fue el asesinato del industrial Eugenio Garza Sada. A raíz de ello se desató en Monterrey una persecución policiaca tremenda. A las siete de la noche del domingo 25 de noviembre de 1973, Rosario le pidió a Chucho que fuera a comprar un queso y una botella de aceite para la cena: "Llévate mi coche", le dijo. A las doce de la noche, Chucho aún no regresaba; quien llegó fue la policía:

—Señora, su hijo tuvo un accidente y es preciso que vaya usted con su esposo a responder por los cargos en su contra a la Inspección de Policía.

Allá, la policía les dijo a los Piedra Ibarra que no había tal accidente sino un enfrentamiento a tiros entre estudiantes y policías uniformados en la calle de Álvaro Obregón, en el que resultó muerto un policía y que suponían que uno de los estudiantes era su hijo. El joven Chucho había escapado, andaba prófugo, el coche Galaxie, propiedad de su madre, presentaba cuatro impactos de bala. Dentro, estaban el queso y la botella de aceite. Al hijo jamás volvieron a verlo y el coche nunca les fue devuelto.

—Esa misma noche —cuenta Rosario— la policía entró a catear la casa; arrancaron de la pared el retrato del Che Guevara y dejaron el de Zapata, vaciaron los libreros buscando exactamente lo que ellos consideraban perjudicial o yo no sé qué cosa. Les pregunté: "¿Por qué no se llevan a Zapata que también era revolucionario?" Y respondieron que no. Hurgaron en su bibliotequita; en esos días, Jesús estaba leyendo a Esquilo. Tiraron a Esquilo, a Sófocles, a Shakespeare en el piso y todo lo que para ellos era subversivo: Marx, Engels, el diario del Che Guevara, todo eso se lo llevaron, así como unos suéteres gruesos y unos gorros y pasamontañas, porque como usted lo sabe, nosotros siempre hemos sido muy deportistas. Al ver el paquete de los libros, volví a decirles: "¡En este caso, deberían llevarse a la cárcel todas las librerías de México, porque en donde quiera encuentran ustedes esos libros!"

"También buscaron entre sus discos. A Chucho le gustaban mucho Vivaldi y Bach, así como la música popular mexicana, y se detuvieron en un corrido de Gabino Barrera, quien murió por la tierra. ¡También él les pareció sospechoso! Mi hijo tenía cerca de su escritorio una fotografía que apareció en *Siempre!* que le impactó y quiso guardar como testimonio de la maldad humana. Es un soldado norteamericano que ríe, con dos cabezas de vietnamitas en las manos, una cosa así tremenda. El policía la arrancó y la tomó como prueba.

"A raíz de esa noche mi hijo ya no regresó nunca a la casa, la policía en cambio se metió sin orden de cateo, se llevó libros

93

y prendas de vestir y los agentes me pidieron con insistencia quinientas M1. De dónde iba yo a sacarlas. Insistían en que yo debía tener en la casa quinientas M1. A partir de ese momento, empezamos a vivir mi familia y yo en el horror.

"LA IMPOTENCIA ES MALA COMPAÑÍA, AMIGA"

Rosario no supo nada de Chucho sino cuatro meses después, cuando la policía apresó al doctor Jesús Piedra Rosales, entonces de 62 años, para conducirlo a los separos de la Policía Judicial e interrogarlo a raíz de un asalto frustrado a un banco por el rumbo del obispado. La policía le quitó todas sus identificaciones y pertenencias y le dijo: "Si no coopera, vamos a ir a tirarlo a otro estado. Nada nos cuesta . . ." El doctor Piedra Rosales simplemente no sabía dónde estaba su hijo Chucho (y aunque lo supiera). Entonces, en unas celdas, conocidas por mal nombre como "Las tapadas", le metieron tres veces la cabeza en agua llena de orines y de ácido para revelar fotografías, le rompieron la cuarta vértebra lumbar a fuerza de golpearlo y a empellones y a patadas lo aventaron de nuevo en la primera celda. Durante los interrogatorios, Luis Bueno Ramírez, miembro de la Policía Judicial, le advirtió:

—Mire, si no nos dice usted dónde está su hijo, allá afuera hay cuatrocientos hombres que tienen órdenes de matarlo donde lo encuentren.

—¿Con qué derecho? —preguntó el doctor Piedra—. Si ha cometido algún delito apréhendanlo y júzguenlo.

—No, si aquí no se trata de derechos.

Después de su encarcelamiento Piedra Rosales tuvo que permanecer en el hospital San José durante quince días; allí mismo en el hospital hizo la denuncia del atropello en su contra y como es un médico de prestigio, maestro de varias generaciones de universitarios (cátedra de biología y de embriología), los periódicos de Monterrey publicaron su protesta. Fue durante esos días de hospital cuando Rosario supo de su hijo por primera vez. Le habló por teléfono preguntándole por la salud de su padre. Meses más tarde, llamó a una carnicería a donde Rosario acostumbraba ir. Empezó a llamar con cierta periodicidad a su casa y se concretaba a decir "número equivocado", pero Rosario reconocía la voz.

Jesús Piedra Ibarra no se acercaba a la casa en la calle de Guayaquil en la colonia Altavista porque siempre estuvo vigilada, varias vecinas le advirtieron a Rosario que durante horas y horas permanecían estacionados coches sin placas en las calles adyacentes, y Rosario y todos los miembros de la familia Piedra Ibarra sintieron siempre que los seguían, hasta el día 18 de abril de 1975, en que la vigilancia cesó totalmente, lo cual les hizo temer por la vida de Chucho. "Algo grave le ha sucedido", se dijo Rosario. La mala noticia no se hizo esperar; el 30 de abril de 1975, en el periódico *El Norte* apareció la captura del peligroso guerrillero, miembro de la Liga 23 de Septiembre, por la calle Zaragoza, cerca de la Iglesia del Sagrado Corazón, a cargo del jefe de la Policía Judicial, Carlos G. Solana, quien ahora se ha retirado a Acapulco. A raíz de la valiente denuncia del ciudadano Piedra Rosales, cuanto atraco, cuanto asesinato, cuanto robo hubo en Monterrey fue atribuido al miembro activo de la Liga 23 de Septiembre, joven de veinte años, Jesús Piedra Ibarra.

Rosario se vino a México porque le dijeron que habían llevado a Chucho al Campo Militar número uno, incluso en un periódico apareció la noticia de sus torturas, "muy golpeado, pero vivo".

CORRO A TU IMAGEN, PÁRAMO DE INSOMNIO

Rosario Ibarra de Piedra alquiló un departamento en el Paseo de la Reforma desde el cual podría salir con más o menos facilidad a todas las dependencias oficiales y se compró un plano de la ciudad de México. No sólo no conocía a nadie, ni siquiera sabía dónde se encontraban las secretarías de Estado. ¿A quién recurrir? En Monterrey le dijeron que su muchacho estaba en el Campo Militar número Uno y con ese único dato, esa rendija de esperanza, se vino y empezó a recorrer las calles, primero en taxi, pero al ver cómo se le iba el dinero, en camión, a pie. En Los Pinos, hasta los policías de guardia que la veían atravesar la avenida sintieron simpatía por esa figura solitaria (la sonrisa fija sobre el rostro que iba adelgazándose) que cada tercer día hacía acto de presencia. Rosario llevaba siempre algo de su hijo; su retrato en un medallón prendido al cuello de su blusa, o en un talismán colgado de una cadena. Más tarde lo mandó imprimir en grande, a que abarcara todo su pecho, para ponérselo de camiseta. Y así fue a pararse a los actos públicos.

—Cuando Echeverría depositó en el Monumento a la Revolución los restos de Villa, me coloqué junto a la viuda de Villa, doña Luz, y llevaba yo un retrato de mi hijo cosido sobre mi pecho, enmarcado de perlas sobre el vestido negro, y como el orador dijo que con este acto Echeverría le hacía justicia a un guerrillero, yo me acerqué al final y le dije al presidente: "Hágale justicia a éste mi muchacho, que según ustedes también es guerrillero". Inmediatamente Echeverría ordenó que se me atendiera, y así, continuó mi eterno peregrinar de antesala en antesala.

En noviembre de 1976, un poquito antes de que Echeverría dejara la presidencia de la República, Rosario tuvo noticias de que su hijo estaba vivo con una enorme cicatriz que le atravesaba la cara, en el Campo Militar número Uno, y entonces se fue a ver al licenciado Echeverría.

—Le dije —continúa Rosario—, yo quiero verlo, nada más quiero verlo, sólo eso le pido, verlo, todas las madres pedimos eso, verlos. No sabemos qué fin se persiga con esa incomunicación. ¿Han quedado lisiados, están muertos, les quedan secuelas incurables, los han matado? ¿A qué se debe ese hermetismo tan tremendo a niveles oficiales? Júzguelos, si le parece poco la pena de muerte, implántela, que se implante la pena de muerte como en España, pero por lo menos Franco cuando los mataba, entregaba los cadáveres a los familiares. Pero aquí andamos de cárcel en cárcel, de antesala en antesala, en un viacrucis interminable.

Nuevamente, Echeverría dio órdenes. De Los Pinos, Rosario pasó a la Procuraduría, a la secretaría de Gobernación, ("Es usted la dama más tenaz que he conocido": Fernando Gutiérrez Barrios) a la Secretaría de la Presidencia.

—Todavía el penúltimo día del sexenio de Echeverría —dice Rosario Ibarra— hablé con él nueve veces. Indagué que iba a estar en el Campo Marte; allí se andaba retratando con los estudiantes más aplicados que traían sus medallas puestas; fue de grupo en grupo, platicó con los alumnos, y a cada grupo, yo me le arrimaba: "Señor Presidente, por favor, antes de irse, dígamelo, dígame por favor, quiero saber dónde está mi hijo, ya ni siquiera pido verlo, sólo saber dónde está, cómo está". Sólo me respondía: "Ahorita la atiendo, señora, ahorita la atiendo". No obtuve nada esa mañana. De allí me fui corriendo en un taxi a un acto en el Palacio de los Deportes, me colé y hablé con Ojeda Paullada, quien me reconoció, me saludó y me dijo: "Yo no tengo a su muchacho. Si quiere usted, vuelva a hablar con el señor presidente". Entonces volví a hablar con Echeverría y me dijo que iba a hablar con Ojeda Paullada, y se me fue. Unos compañeros lo agarraron del brazo y le dijeron: "Señor presidente, el caso de la señora Piedra, por favor" y respondió: "Hay que hablar con el procurador." "Pero si acabamos de hablar con él y dice que usted . . ." "Hay que hablar con él, señores . . ." y se fue. En la noche, acudí a Bellas Artes y como última cosa, le di a Echeverría una fotografía de mi hijo con todos los datos por detrás. Acababa yo de hablar con mi esposo por teléfono y me contó que se sentía un poco mal y que por lo menos le sacara yo a Echeverría la verdad, si estaba vivo o muerto nuestro hijo. Y así se lo pregunté yo a él: "Dígame, por favor, si está muerto", y me respondió: "Eso yo no lo sé. Vamos a investigar, hay que hablar con el procurador". Esperé a Ojeda Paullada, pero éste me dijo no saber nada, y a su vez me remitió con un funcionario menor, y así me fueron remite y remite con funcionarios menores para que me acompañaran. Eso sí, siempre me trataron con cortesía, se comisionaban unos a otros licenciados para que me atendieran, les explicara mi caso, relatara lo mismo una y otra vez, una y otra vez, una y otra vez, y ellos escuchaban, fruncían el ceño, todos los funcionarios ponían la misma cara, y nada, nada, nunca una respuesta.

"Después del departamento en el Paseo de la Reforma, alquilé uno en Tlatelolco porque me pareció más céntrico y de allí fui, ya conociendo el camino, a la Secretaría de la Presidencia, al Campo Militar número Uno en un recorrido tan frecuente que hasta los colocadores de coches de Los Pinos todavía hoy me conocen, así como los porteros de todas las antesalas gubernamentales, quienes me aconsejan: 'Usted espérese', 'Usted métase', 'Usted dígale, ahorita está adentro, no vaya a creer que no está, que no la engañen'. 'Ahorita sale su secretario particular, usted agárrelo del brazo a la pasada'. 'No se vaya, dentro de media hora puede pescarlo, yo se lo aseguro'.

"Yo sigo yendo y viniendo, hago lo imposible, lo haré hasta que muera. Un hijo de Echeverría me dijo: 'chanceándome': 'Señora, es usted más terca que una mula coja'. Moriré terca, no puedo ser más que terca, aunque mi hijo esté muerto, tercamente seguiré, para que vuelvan los demás, aparezcan los otros jóvenes, que también son Jesús, mi hijo, mis hijos."

Yo me pregunto —al oír a Rosario— cómo un joven acosado, que no puede llegar a su casa sitiada por la policía, que lee en los periódicos que su padre de 62 años ha sido bárbaramente torturado, CÓMO NO VA A VOLVERSE GUERRILLERO. Si a un profesionista distinguido, un maestro universitario —con 27 años de antigüedad—, un hombre respetado dentro de su comunidad se le puede, como al doctor Piedra Rosales, torturar impunemente, ¿qué será de todas aquellas personas que no tienen siquiera conocimiento de lo que son las leyes, que no pueden plantear sus problemas, que se expresan mal, que han sido eternamente pateadas y relegadas? El propio José López Portillo dijo que la impotencia genera violencia; ¿qué la impotencia de todo mexicano a la larga no actúa como un detonador que desata la violencia? ¿No sucedió lo mismo con Lucio Cabañas, Genaro Vásquez Rojas y Florencio Medrano Medares, que agotaron todos los cauces legales? ¿No es así con los miles de campesinos que vienen al Departamento Agrario, no les resuelven nada, y regresan a invadir tierras escopeta en mano?

La Declaración Universal de Derechos Humanos de la cual México es signatario considera esencial que los derechos humanos sean protegidos por un régimen de derecho —y el nuestro lo es— a fin de que el hombre no se vea compelido al supremo recurso de la rebelión contra la tiranía y la opresión. En nuestro país no sólo se viola la Constitución, sino también los Derechos Humanos. En vez de ser una gran central de energía somos una incubadora de inconformes y de frustrados. El joven Jesús Piedra Ibarra estaba conforme con su suerte y con su vida, estudiaba, amaba a su familia y a su patria. ¿Qué le ha dado en cambio su país? Una burocracia infame, una policía cruel, unos jueces corruptos y la absoluta imposibilidad de hacerse oír, de hacerse ver porque el gobierno de México ni siquiera le da la oportunidad de comparecer ante un tribunal que lo someta a juicio. La situación de Jesús Piedra Ibarra es la más intolerable: es un desaparecido. Por lo tanto no existe, y si vive, la policía puede hacerlo desaparecer mañana si se le da la gana, decir que murió en cualquier enfrentamiento, tirarlo en la primera zanja. El muchacho de veintitrés años está totalmente indefenso, si vive, como lo suponen sus padres y lo exigimos todos, está incomunicado y no sólo eso, su situación es la de los presos en las tinajas de San Juan de Ulúa. Nadie sabe cuál es su condición física, si está enterado de que su madre lo busca, de que muchos mexicanos se indignan contra un procedimiento degradante de la persona humana. En México, solemos horrorizarnos por los crímenes de Pinochet, los de Videla, las desapariciones en Uruguay, en Guatemala, en El Salvador, pero nada hacemos a favor de los 481 desaparecidos en nuestro país, hombres que se encuentran en cárceles clandestinas y que no tienen, como la familia Piedra Ibarra, la posibilidad de hacerse oír, algunos por ignorancia, la mayoría por temor, por conformismo, porque son muchos los familiares de los presos campesinos que se limitan a rezar: "Ya le mandamos decir su misa", y los pocos que se atreven a presentarse ante las autoridades locales, son amedrentados.

LAS LÁGRIMAS ABREN TRINCHERAS EN LA CARNE

Recuerdo que las primeras veces que Rosario vino a la casa traía regalos, que una tortuguita para mis hijos Paula y Felipe, que flores para mí, que pan dulce para todos. Participaba en la vida familiar, platicaba con los niños. Un día a la hora de la comida hizo machaca con huevo, otro, aplacó a Guillermo exasperado, se puso a contarle de esto y de lo otro mientras yo la escuchaba yendo del comedor a la cocina. Rosario quería darse a querer y lo hacía con las armas consabidas: las de la amabilidad, el "Buenos días, vecino, buenos días, vecina", acostumbrado en Monterrey, las pequeñas ofrendas que han de granjearse el "muchas gracias, no se hubiera molestado". Escuchaba conversaciones que estaban a mil años luz de su interés, de aquello que la había traído a la casa: *su hijo Jesús*. En un momento oportuno trataría el tema, entre tanto, se amoldaría, paciente: "Sí, niño, sí, la tortuga en el jardín se te puede perder porque como es chiquita y su caparazón es cafecita se te puede confundir con la tierra, y entonces sí, no la vuelves a ver. Mejor déjala aquí en su cajita, tráele su pasto, lechuga". Sí, niña, sí, yo tengo dos hijas que alguna vez fueron como tú pero ahora ya están grandes y me ayudan mucho..." "Mire, Elena, no le haga caso a su marido, va a ver cómo se le pasa." Allí estaba Rosario consecuentándonos a todos y yo ansiaba que no se fuera, porque desde niña y como ilusa que soy, siempre creo que las soluciones van a venir desde afuera.

A lo largo de estos últimos cinco años, he visto transformarse a Rosario, convertir sus departamentos del Paseo de la Reforma y de Tlatelolco (floreados, de carpetitas tejidas y lámparas de buró) en su cueva en la colonia Condesa, todas las paredes tapizadas con los carteles de los hijos desaparecidos, letreros de "Se buscan", de "Libertad a los Presos Políticos", fotografías amplificadas, periódicos murales, letreros en inglés, en francés, recortes de periódicos alemanes y suecos. ¡Adiós colchas de color pastel y figuritas de porcelana! En el cuchitril hay dos cuartos, en total cuatro camas, más el sofá de la sala para que allí pernocten las compañeras, madres o esposas o hermanas de otros desaparecidos que vienen de Guerrero, de Sinaloa, de Monterrey. La cafetera casi siempre está prendida, las tazas en el pequeño fregadero muy a la mano para tenderlas a los que van entrando. Rosario ofrece, anima, cuenta, no desmaya nunca. Entran madres y padres de desaparecidos, estudiantes, simpatizantes, periodistas de México y del extranjero, militantes de los partidos políticos de izquierda, trabajadores del Cencos, muchachos que de pronto aparecen (porque sí aparecen), muchachas que la policía suelta después de la tortura y que Rosario acompaña a levantar un acta.

Rosario ya no viene a verme con regalos, jamás pregunta por el marido, por los niños, y no es que no piense en ellos, es que esa etapa ya pasó. Primero en México, inició su búsqueda llevando la misma vida burguesa que acostumbraba en Monterrey. Era indispensable que la aceptaran. Cuando iba a ver a los distintos funcionarios lo hacía con el atuendo apropiado, bien peinada, la bolsa, el collarcito, los tacones, la organización externa que tranquiliza a los demás. Tomaba taxis. Esperaba en las esquinas. Esperaba en las antesalas. Sonreía. Sonreía siempre, no levantaba la voz, formulaba bien sus pensamientos, repetía su historia sin exaltarse para que los encumbrados la atendieran como a señora decente: "Pase usted, señora, entre usted a mi despacho". Enrebozada, trenzada, nadie la hubiera atendido; he aquí uno de los frutos de nuestra benemérita revolución. "Señora, por favor, entre usted." "Muy pronto aprendí a no llorar ante ellos, Elena, casi desde la primera entrevista, para no darles ese gusto, para que no pudieran decir: 'Esta pobre mujer no está en sus cabales'."

Desde nuestro primer encuentro pude percatarme de cuán herida estaba; a sus ojos afloraron las lágrimas pero ella las retenía en un ejercicio de quién sabe cuántos días, cuántas noches. Cualquier mínima esperanza por absurda que parezca (un muchacho que sale y cuenta que en el Campo Militar número Uno supo de un Jesús con una cicatriz en la cara) es para ella la razón de un día más, la de no dejarse ir, de ejercer sobre sí ese trabajo continuo, diría yo de encauzamiento del dolor, de entrega a la busca de ese hijo probablemente herido de por vida.

No es que Rosario ahora ande vestida de mezclilla, no, su aspecto exterior es el mismo, quizás más estilizado. No es que no acuda a las oficinas de gobierno, es la manera como lo hace. Rosario nunca dice ya la palabra "maricón" porque los homosexuales, el Frente Homosexual de Acción Revolucionaria (FHAR) y el grupo Lambda, muy concretamente, la han apoyado y se han unido a sus marchas. Ningún resabio "pequeñoburgués" en sus diálogos con los demás, ningún afán de posesión, ningún deseo de sobresalir. Rosario está incendiada. Arde. Toda la noche. Arde como lámpara votiva. Nunca he visto a un ser tan absolutamente trabajado por el sufrimiento como Rosario, pero trabajado en el sentido de que la ha pulido, la ha adelgazado hasta ser casi puro espíritu, pura fuerza de voluntad vuelta hacia el hijo. Probablemente siempre ha llevado en sí todo lo que ella es ahora, no obstante es en estos últimos años que Rosario deshijada, deshojada de Jesús, se ha hecho a sí misma con la dura materia del ausente: la soledad, la desesperación, el amanecer sin nadie, las antesalas que terminan a las doce de la noche cuando ya el señor secretario bajó por su elevador privado, los camiones, el y ahora cómo me voy ¿en qué?, el pretender abordar hasta al presidente de la República entre guaruras y walkie-talkies, pisotones y el empujón definitivo: "Hágase a un lado señora, muévase", en fin, todo el aplastante costal de angustias que carga una madre de hijo desaparecido, el fardo común a todas, a Vicky, a Concha, a Celia, a Eva, a Delia, a Elena, a Margarita, a María Eugenia, a Carmen, a Marta, a Teresa, tal y como lo confirma el joven actor del Sindicato de Actores Independientes, Fernando Gaxiola:

—Mi hermano Óscar César estuvo tres años preso en Culiacán, de los 17 a los 20 años, y aunque esto afectó a mi madre, Marta Murillo de Gaxiola, podía visitarlo en la cárcel cada semana, pero ahora que está desaparecido, mi madre se consume en vida; lo único que quiere saber es si está vivo, si está muerto, qué es lo que pasa, qué es lo que las autoridades han hecho con él.

AY VIENTO, QUE NO LO MATEN, POR SI VES SU MUERTE

> A mi hermano
> deshojado y cautivo
> que se debate en una cárcel
> clandestina de este país.

I

Desapareció de pronto
en una avenida de doble sentido o sin sentido

con sol o sin sol yo no estaba
así de pronto
...

ay viento que no lo maten por si ves su muerte
llévate su nombre como sello en tus talones
y déjalo prendido en todas partes
en cada casa monte piedra o cabeza acongojada
en cada hermano que no encuentres a la mano
recoge su Gaxiola y repítelo por calles
callejones andariegos repletos de sudor y llanto
di que hay un Óscar César deshojado y cautivo
con su celador injertado en el costado
ya no reces ya no reces madre corazón en fango ya no
...

II

Cuatro autos de oculta procedencia
mutilaron ese andar estudiantil
ese libro febril a flor de puño
las culatas se estrellaron en la cara
y los golpes cayeron como truenos
de sangre en la caja de tu cuerpo
carcajada en mano te esposaron tu derrota
tres años de presidio no bastaron para ellos
ahora te desaparecen no sé si para siempre
tu nariz será un río de tehuacán con gas
por donde navegará hasta lo que no sabes
a fuerza de manguera envuelta en los nudillos
que se estrella en tu anatomía
dirás nombres y ocasiones que no aprendiste
en tu carrera frenada a electrodos de picana
tu enamorada testicular
que no lo maten viento
que no lo maten por si ves su muerte
grita ráfagas de su nombre polen
y que germine en los oídos
que todos sepan que en este país
descongelaron la muerte institucional
que la represión en carro antena
cabalga desfasando risas escolares.

III

Tres años de prisión no pagaron tu culpa
ahora te tienen amordazado en un cuartucho insalubre
ay campo militar número uno hogar o tumba de mi hermano
responde si está contigo si tiene vida
hasta cuándo serás habitante carcelario
hasta cuándo fraternal te abrazaré la sangre
espero que no seas un peregrino nauseabundo
con tus neuronas trituradas bajo el brazo.

. . .

Fernando Gaxiola
28 de febrero de 1978

Todo vestido de negro, Fernando Gaxiola se solidariza con la
huelga de hambre de las madres de los presos y desaparecidos
políticos porque nada sabe de su hermano Óscar César Gaxiola
desde el 15 de febrero de 1977. Óscar entró a la cárcel a los 17
años por participar en el movimiento en contra del rector Armien-
ta Calderón, en Culiacán. Era un muchacho callado que no tomaba parte en la conversación en la mesa a la cual se sentaban
a comer doce hermanos, el padre y la madre. Durante su permanencia en la cárcel se radicalizó, leyó a Marx, a Lenin, se disci-
plinó junto con 55 estudiantes presos que formaron una comuna
interna de análisis y de estudio. Entre tanto, en la calle, empezó
la degeneración del movimiento estudiantil, se dieron los *Enfermos*, temibles porque estaban realmente enfermos. Óscar César
salió a los veinte años de la cárcel y dejó su estado natal. En
Morelia, lo admitieron en la Universidad; iba en segundo de
veterinaria, no era un buen estudiante, no le interesaba serlo, una
tarde, el 15 de febrero de 1977, desapareció.

Lo curioso es que nadie sabe de su militancia en algún grupo
político ni sus amigos más allegados, ni sus familiares. Pudo ser
un cerebro, uno de los intelectuales, de los coordinadores, un
organizador, pero de que haya participado en una acción guerrillera, en una acción física, ¡nada! A mediados de 1977, por un
licenciado ligado a la policía, la señora Marta Murillo de Gaxiola pudo enterarse de que la Brigada Blanca lo había detenido
y el mismo licenciado le pidió cincuenta mil pesos para sacarlo
libre. Los Gaxiola no los tenían y ni quien los prestara. Más tarde, también por debajo del agua —así como se filtran todas las
informaciones—, les notificaron: "Está en el Campo Militar nú-

103

mero Uno, anda recuperándose de los golpes". Al oír a Fernando Gaxiola me pregunto: "¿Qué hace un muchacho de 17 años en una cárcel estatal? ¿No hay un tribunal para menores?" Y Fernando Gaxiola lo confirma: "Constitucionalmente NO es posible que él haya ingresado a una prisión para mayores porque hay estatutos, leyes, artículos en la Constitución que deberían parar este tipo de irregularidades, pero en este país no se ampara sino a las injusticias".

ESPERO NO SEAS UN PEREGRINO NAUSEABUNDO CON TUS NEURONAS TRITURADAS BAJO EL BRAZO

En el fondo de cada relato, allí donde los pensamientos duelen mucho, está una llaga abierta y sangrienta: la de la tortura. Porque todo encarcelamiento significa golpes y, en el caso de los presos políticos (considerados enemigos del gobierno, posibles asesinos del presidente): tortura. Ningún agente de la Federal de Seguridad la escatima, ningún preso escapa a ella.

Cuando inició la búsqueda de su hijo, Rosario Ibarra de Piedra, descubrió no sólo las antesalas y las negativas de los funcionarios, su hipocresía y la falacia de las instituciones legales, sino un mundo más aterrador aún: el de la tortura. Rosario, que es una mujer fuerte, de vez en cuando se estremece; la recorre un escalofrío seco, instantáneo, como una descarga eléctrica. Es la tortura. La de los jóvenes que la van a ver cuando la policía los suelta. La que le relatan en su departamento en la calle de Pachuca. Rosario escucha. Las huellas se ahondan; se hacen trinchera en su carne. Y Rosario, con esos relatos, ha emprendido una batalla; pedirles a los hombres, a las mujeres que han sido torturados, que levanten un acta. "Vamos, yo lo acompaño." Y así ha logrado una constancia legal que antes no existía porque ningún torturado quería volver a saber del asunto. Dice otra Rosario (Castellanos) en su *Memorial de Tlatelolco*:

Recuerdo, recordamos.

Ésta es nuestra manera de ayudar a que amanezca
sobre tantas conciencias mancilladas,
sobre un texto iracundo, sobre una reja abierta,
sobre el rostro amparado tras la máscara.

Recuerdo, recordemos
hasta que la justicia se siente entre nosotros.

104

Es esto lo que está haciendo Rosario Ibarra de Piedra; darle una conciencia a este país, tan olvidadizo, tan valemadrista, tan barrido de noticias, lleno de hombres y de mujeres, de ancianos y de niños que viven en el más absoluto desamparo. "Levantemos un acta", "Hay que decirlo", "Vamos a la Delegación", "Yo lo acompaño". Rosario, solita, esta mujer pequeña que fue rica y protegida y amada por sus hijos, consentida por su esposo, ahora se para en todos los juzgados, exigiendo justicia. Rosario se ha hecho a sí misma con los materiales recibidos en los últimos años: la indiferencia, el silencio, el engaño, los "no" que le dan en cada antesala, y como ha sido fuerte, estos materiales: la dura arcilla humana, el concreto, la varilla, han cambiado su vida. Para bien. Muchachos que salen después de tres, cuatro, cinco años de cárcel, ahora levantan un acta, sin importarles la persecución posterior, el hecho de que puedan desaparecerlos nuevamente, torturarlos, y hasta matarlos, alegando que fueron muertos en un enfrentamiento armado con la policía. Un país gana mucho cuando sus ciudadanos aprenden a defenderse, y las actas son un primer paso.

Yo, Domingo Estrada Ramírez, de 22 años de edad y originario de Atlamajac, Municipio de Tlapa, Guerrero, declaro lo siguiente: El día 7 de agosto [de 1979] al transitar como a las 9 de la noche procedente de Cuautla, Morelos, con rumbo a Cuernavaca, en el tramo de la carretera Yautepec-Cuernavaca, fui detenido junto con Benjamín Tapia Mendoza, Salvador González Cabrera y Sofonías González Cabrera por la policía judicial de Yautepec que por esos días estableció un retén de inspección de vehículos. Fuimos llevados a la comandancia de la policía de Yautepec, donde como a las 10 de la noche nos sacaron de la celda en la que nos habían metido para vendarnos, esposarnos y así interrogarnos y *torturarnos*. El interrogatorio duró aproximadamente dos horas entre injurias, golpes en todo el cuerpo e inmersiones en un tanque de agua hasta el borde de la asfixia; posteriormente fuimos sacados de ese lugar, subidos a un automóvil y trasladados después de una hora de camino aproximadamente, a unas oficinas donde dormimos tirados en el piso. Por las características del lugar, que pude percibir a pesar de estar vendado, creo que esas oficinas se encuentran en la población de Tlaquiltenango, Morelos. Allí estuvimos resguardados por dos policías que nos estuvieron haciendo preguntas constantemente. El día 8 a las 10 u 11 de la mañana, nos sacaron de allí y nos metieron a otra oficina donde noté que había un escritorio y dos bancas de madera que nos pusieron enfrente, quedando nosotros parados entre la pared y las bancas y sin posibilidades de recargarnos en la pared. Luego comenzaron a interrogarnos y golpearnos en el estómago así como en los oídos con las palmas de las manos; nos golpearon por espacio de 2 horas aproximadamente y nos tuvieron parados como 3 o 4 horas. Posteriormente nos metieron a unos baños donde nos permitieron sentarnos y de ahí nos estuvieron sacando de uno en uno a seguirnos interrogando en la misma oficina donde nos golpearon, pero esa vez el interrogatorio estuvo intercalado por la introducción de agua mineral por las fosas nasales. Luego los policías hicieron que les contáramos todo lo que habíamos hecho en nuestra vida a partir de los 6 años de edad a la fecha, de lo cual estuvieron tomando nota.

TU NARIZ SERÁ UN RÍO DE TEHUACÁN CON GAS
POR DONDE NAVEGARÁ HASTA LO QUE NO SABES
A FUERZA DE MANGUERA ENVUELTA EN LOS NUDILLOS
QUE SE ESTRELLAN EN TU ANATOMÍA

"Al tehuacán, a la botella sí, la sacuden con fuerza y ya cuando el agua se ve blanca, le ponen a uno la boca del casco frente a la nariz y el agua sale con tanta fuerza que se siente que le vuelan a uno la tapa de los sesos. Muchos pierden el oído, se les revienta el tímpano, otros sufren para siempre trastornos de la vista, sin hablar de tabiques desviados y sinusitis crónica provocados por la violencia del chorro de agua que llega hasta la asfixia."

DIRÁS NOMBRES Y OCASIONES QUE NO APRENDISTE
EN TU CARRERA FRENADA A ELECTRODOS DE PICANA

La picana atraviesa casi todo el continente latinoamericano y pasa por México, la picana de origen norteamericano, *shock baton*, "palo que da toques", se aplica a las partes blandas. Es un tubo de metal que se introduce en el ano de los hombres, en la vagina y en el ano de las mujeres, y que conectado da toques. También se aplica en los testículos, en los pezones, en los labios, en las encías, en todas las partes blandas. Los toques eléctricos en la cabeza —en la nuca y en las sienes— provocan contracciones del intestino y de la vejiga, lo cual hace que se pierda el control de los esfínteres.

106

Bertha Alicia López de Zazueta relató al Comité Nacional Pro-Defensa de Presos, Perseguidos, Desaparecidos y Exiliados Políticos, la tortura a la que fue sometida por ser la esposa del guerrillero Jesús Humberto Zazueta Aguilar: "Me tiraron al suelo, me golpearon en su presencia y me levantaron de los pechos estirándome los pezones. Después me introdujeron en la vagina un fierro al cual me dijeron que le iban a aplicar corriente eléctrica (cosa que después no hicieron) pero sí me dieron toques en la vulva y en los pechos".

Bertha Alicia, a quien habían desnudado brutalmente, tuvo que presenciar la tortura a su hija Tania de un año dos meses. Bertha Alicia dice textualmente:

Con toda intención dejé para el final lo que a continuación voy a declarar por parecerme lo más abominable y terrible de cuanto me hicieron: A mi hijita Tania, de un años dos meses, la torturaron en mi presencia maltratándole y aplicándole toques eléctricos en todo su cuerpecito, después de haberla torturado psicológicamente al ver golpear a sus padres. Recuerdo y me estremezco al hacerlo, cómo lloraba y gritaba "Papá" y mi dolor ante la impotencia para defenderla y consolarla. Son momentos terribles que quisiera borrar de mi memoria pero que también es preciso describir para tratar de que no se repitan con otras personas.

Cuando fui liberada, antes de salir, fui amenazada de muerte y se me dijo que mi familia y mi hija iban a sufrir las consecuencias si yo hablaba.

Hago responsable al gobierno mexicano de mi integridad física y de la de mis familiares; hago responsable al gobierno mexicano de la integridad física y mental de mi esposo y de todas las personas que son mantenidas en idénticas condiciones.

Hago esta denuncia porque creo que es necesario dejar claro que en México sí hay cárceles clandestinas y en ellas se encuentran cientos de desaparecidos políticos y comunes y que la tortura se practica sistemáticamente y con la mayor impunidad.

AHORA TE TIENEN AMORDAZADO EN UN CUARTUCHO INSALUBRE
AY CAMPO MILITAR NÚMERO UNO HOGAR O TUMBA DE MI HERMANO

"Nos tenían en un sótano, el caso es que no entraba la luz, todo el día a oscuras, dormíamos tirados en el suelo, esposados y ha-

107

cíamos nuestras necesidades allí mismo, en un bote de lámina que ellos nunca sacaban, nunca en todos los días que allí permanecimos. El hedor era insoportable. Con la tortura, muchos compañeros se zurraban en los calzones, en los pantalones y no teníamos agua con qué lavarnos. Casi era mejor que lo desnudaran a uno a la hora de la tortura, porque a los compañeros cagados, todos les huíamos."

Tu enamorada testicular

"Oía cómo gritaba cada vez que le aplicaban la picana en los testículos, oía yo al compañero. Para que agarre mejor, lo desnudan a uno y lo mantienen a uno parado sobre el piso casi siempre mojado, los pies dentro del agua. Yo también grité hasta que tuve la suerte de desmayarme. Todos deseamos el desmayo porque es la única manera de salirse de la tortura. Y no sólo con la picana sino las quemaduras de cigarros, los golpes con la cacha de la pistola. La descarga eléctrica de la picana parte del pie, de la mano o de cualquier lugar en que se coloca y atraviesa todo el cuerpo; es tan fuerte que hasta le toca un poco al que la aplica, al torturador."

Tu enamorada testicular

"Lo peor para mí era la suspensión por manos y por piernas, el pollo rostizado que le dicen, porque a cada movimiento sentía que al perder el equilibrio, me rebanaría los testículos. Pero para otros las torturas morales son las intolerables, el decirles que van a traer a la mujer. 'Ahorita vas a hablar cabrón —amenazaban los torturadores a Jesús Humberto Zazueta—, tráiganle a su vieja pa'que vea cómo se la dejamos' y parece que entonces a él le salían como rugidos de la desesperación. A otros detenidos les dicen que en el cuarto contiguo tienen a sus hijos, que ahorita mismo los van a traer para que presencien cómo se retuerce, qué poco hombre, cómo llora, y que también a ellos, a los hijos, les van a dar su llegoncito para que escarmiente y no ande de revoltoso."

Tu enamorada testicular

"Tengo los labios partidos, creo que de calentura; cada vez que me llaman, me deslumbra la luz, después de la oscuridad en

108

la que vivo. Cuando entro, inmediatamente me golpean. De antemano estoy cansado. Me colocan la picana en las orejas y viene la descarga. Cuando no me controlo ríen. 'Otra vez te zurraste' grita uno y los demás se carcajean. Como no estoy acostumbrado ya a las voces humanas, sus carcajadas me golpean los tímpanos, parecen trompadas... Luego, después de muchos golpes, siento que el corazón se me hincha, es una sensación física; se hincha, me duele, estoy a punto de asfixiarme. Esta sensación de asfixia dentro de la celda es la que más me angustia y sobreviene a cada momento."

Tu enamorada testicular

Afuera de la celda alguien chifla. Es el torturador. Chifla dulcemente "Yesterday", de los Beatles.

Tu enamorada testicular

"Yo, Pedro Cassian Olvera, con 35 años de edad, mexicano, doy testimonio de que: El 28 de octubre de 1974 fui aprehendido por la Dirección Federal de Seguridad, en el grupo que realizó dicha aprehensión iba a la cabeza Miguel Nassar Haro y quien me entregó a ellos fue David López Valenzuela. De inmediato me vendaron los ojos y me llevaron a una casa (todo esto en la ciudad de Guadalajara, ya que yo participaba como militante de las Fuerzas Revolucionarias Armadas del Pueblo, FRAP) en donde se me desnudó y se me empezó a golpear en todo el cuerpo y principalmente con golpes de karate en la garganta y en la nuca, después me mojaron y empezaron a darme toques eléctricos con una picana (chicharra-barra eléctrica) en el pene, los testículos, el ano, en una cicatriz que tengo, en las orejas, dentro de las fosas nasales, en los labios, en las encías y en la lengua, después de esto me hicieron comer dos tazas de excremento, luego me tendieron en el suelo y Miguel Nassar Haro me ponía una pistola en la sien jalando el gatillo (simulacros de fusilamiento). Hago notar que mis golpeadores fueron varios de a diez minutos cada uno. Mi delator me obligaba a que yo hablara lo que no sabía estando él presente en algunas partes de las sesiones de tortura. También me amenazaban con que iban a llevar a mi familia para torturarla en mi presencia. Después me llevaron a otro cuarto en donde atado y con los ojos vendados me tendieron en el suelo, ahí me di cuenta que había más compañeros. Después nos obligaron a firmar unas declaraciones y fuimos presentados a los medios informativos.

"Se nos trasladó días después al Reclusorio del Estado, el Penal de Oblatos en donde estuvimos una semana en el castigo (sección denominada el 'corral'). De ahí, en una ocasión Nassar Haro me sacó y me dio una hoja para que escribiera todo lo que yo supiera de Ramón Danzós Palomino, bajo amenaza de que si no lo hacía me llevaría la 'chingada'. Como yo no sabía más que lo que todo mundo sabe, no escribí y con nuevas amenazas se me regresó al Departamento."

Tu enamorada testicular

Dice el joven Domingo Estrada Ramírez: "Solamente para firmar me quitaron la venda, teniéndome agarrada la cabeza y agachada cerca de las hojas que estaba firmando, tan cerca, que me fue sumamente difícil firmar ya que los ojos no dejaban de llorarme por tanto tiempo de tenerlos vendados y la proximidad de las hojas blancas me lastimaba la vista, de tal manera que no vi a nadie de los que me tomaron la declaración. En la misma situación les tomaron y firmaron sus declaraciones Benjamín y Salvador, solamente a Sofonías no le tomaron declaración porque se encontraba mal, ya que desde en la mañana, después de la tortura, tenía mucha sed y no podía orinar. Como a los 8.30 de la noche Sofonías perdió el conocimiento, tenía como tres minutos que los judiciales le habían dado a tomar una aspirina (esto lo supimos porque un judicial le reprochó a otro diciéndole 'que así cómo no se iba a morir'), fue todo lo que le dieron ya que desde por la mañana nos habían estado diciendo que ya habían ido a llamar a un médico (que nunca llegó). Sacaron a Sofonías del cuarto y como media hora después nos sacaron a nosotros y nos subieron a un automóvil, nos acostaron a uno sobre otro, a Benjamín, a Salvador y a mí. Después Salvador, quien quedó en el piso del automóvil, nos dijo que vio a Sofonías sin camisa y sin conocimiento tirado en el piso, atrás de donde íbamos nosotros. Como a unos 30 minutos de camino, llegamos a un lugar donde existe una cárcel clandestina subterránea; nos metieron a cada uno en una celda pequeña y desde entonces no volvimos a saber de Sofonías. Al día siguiente fue un médico a revisarnos y nos dio unos calmantes para el dolor, cosa que siguió haciendo de vez en cuando. En esas celdas permanecimos desde el día 15 de agosto por la noche hasta el día 22 de septiembre en condiciones absolutamente inhumanas, ya que ahí se encuentra un radio encendido desde las 6 de la mañana hasta las 9.30 o 10 de la noche con un volumen de acuerdo al grado de conciencia represiva de cada guardia en turno. También debo aclarar que cuando llevan a torturar a alguna persona le suben el volumen al radio y a pesar del ruido, siempre se escuchan los gritos de dolor a causa de las salvajes torturas que aplican a los prisioneros (que en tres meses, de los que nos dimos cuenta, fueron treinta y seis)".

GRACIAS A TANTA TORTURA INMISERICORDE
SALGAN A LA LUZ GENTES SENSIBLES DE PIEL Y CANTO
OIGAN DIGAN GRITEN HASTA EL TUÉTANO

"Yo, Laura Elena Gaytán Saldívar, de 22 años de edad, originaria del estado de Chihuahua y de nacionalidad mexicana declaro lo siguiente: Ese mismo día [12 de abril de 1979] en la misma ciudad de Torreón, Coah., y por el mismo cuerpo policiaco, fueron muertos mi compañero y esposo José Luis Martínez Pérez, de 32 años de edad, originario de Cutzamala, Guerrero, y el esposo de Elda Nevárez, Elín Santiago Muñoz, de 28 años, originario de Villaflores, Chis. Se me detenía por ser la esposa de José Luis Martínez, miembro del MAR (Movimiento de Acción Revolucionaria). Inmediatamente empezaron los interrogatorios y no tardaron en hacerse presentes los insultos y los golpes que se me propinaban con toda saña en las partes más sensibles de mi cuerpo, como en la cabeza, senos, estómago, espalda; fui víctima también de algunos intentos de asfixia; todo esto, apareado con una serie de amenazas que incluían la integridad física y mental de mi hermana Patricia Gaytán, la de mi pequeño hijo de dos años y medio de edad, Inti, y por supuesto la mía."

Después de informar que fue trasladada a una cárcel clandestina en la ciudad de México, desnudada en presencia de doce hombres de quien recibió burlas y obscenidades, Laura Elena Gaytán Saldívar declara:

"Quiero hacer constar que en dicha cárcel clandestina se violan los más elementales derechos humanos. Además:

• Hay incomunicación total con el medio exterior y se evita al máximo con los demás detenidos cualquier intento de acercamiento.

• La tortura física y psíquica a que se somete a la gran mayoría de personas llevadas allí es constante.

111

• La forma de cubrir las necesidades de beber agua, lavar loza y ropa, bañarse, etcétera, es absolutamente antihigiénica ya que se hace del depósito del sanitario (excusado).

• En la celda en que me encontraba estaba escrito el nombre de mi hermano Javier Gaytán Saldívar, secuestrado por el ejército en el estado de Morelos en septiembre de 1974 y de quien el gobierno afirma no saber nada.

• Que en dicho lugar vi, en perfecto estado de salud, después de haberse recuperado de las torturas, a: Jesús Humberto Zazueta Aguilar, Antonio Mendoza Sánchez, Ana María Parra de Tecla, Armando Gaytán Saldívar, Alejandro Peñaloza García, Rufino Guzmán González, Juan Chávez Hoyos, Eduardo Hernández Vargas y Delfina Morales Cardona.

• Que al momento de ser puesta en libertad, fui amenazada de muerte en caso de hacer pública una declaración, de tener participación política. Se me prohibió estrictamente mencionar los nombres de las personas que vi así como tener contacto con las personas que fueron puestas en libertad (Elda Nevárez, Bertha Alicia López de Zazueta, Gloria Lorena Zazueta, Gelasio Miranda, etcétera).

• Se me dijo que a los pocos días sería puesto en libertad condicional mi hermano Armando y que iba a estar en la ciudad de México, así como Jesús Humberto Zazueta estaría en la ciudad de Guadalajara.

• Quiero hacer constar también que los cadáveres de mi esposo y de Elín Santiago, pudimos rescatarlos a los 4 meses de haber sido muertos; que se encontraban en las instalaciones del SEMEFO de la ciudad de México en avanzado estado de descomposición. Aclaro que no les habían efectuado aún la autopsia y que estaban envueltos en lonas del ejército, lo que pudimos apreciar, al momento de identificarlos."

Tu enamorada testicular

"De pronto sentí como una cuchillada en el cuello, un dolor que me hizo perder el conocimiento o casi, el torturador cacarizo había apagado su cigarro en mi cuello."

112

Tu enamorada testicular

"Basta ya de sufrimiento. Caigo en el pozo. A mi cuerpo lo sacude el hipo. ¿O serán convulsiones? Veo cómo mis piernas se contraen, se estiran, se contraen; trato de controlarlas. Mi cuerpo ya no obedece las órdenes de mi cerebro. Se contrae de nuevo. De nuevo, la patada en los riñones. Oigo: '¿Vas a estarte quieto, maricón?' "

Tu enamorada testicular

"No puedo dejar de llorar. No es que quiera yo llorar, el mío es un fenómeno físico; el llanto está allí y sale, como el sudor, la mierda, la orina. Me estoy vaciando. Me dicen que hable. No puedo. Sólo puedo llorar."

Tu enamorada testicular

" 'No soy terrorista, nunca he secuestrado a nadie.' Entonces me derriban a patadas, a puñetazos. Mejor. Así no podrá seguir el interrogatorio."

LAS LÁGRIMAS ABREN TRINCHERAS EN LA CARNE

El pocito, la picana, el agua embotellada con gas, el "pollo rostizado", la desnudez, los golpes con la cacha de la pistola, los golpes con varilla, el aislamiento, la privación de alimentos, el "submarino", las quemaduras de cigarro, la luz desaforada, el radio a todo volumen, la cabeza en el agua llena de orines y excrementos, son torturas físicas. Las torturas morales consisten en obligar a los niños a presenciar las torturas de sus padres y torturarlos frente a sus padres como en el caso de Tania, la hija de año dos meses de Bertha Alicia López de Zazueta.

Rosario conoce bien la tortura moral; la de vivir día tras día buscando al hijo desaparecido; la de la memoria que se exprime gota a gota, todos los días, para tratar de recuperar la más mínima imagen, el más leve indicio que pueda suscitar una ráfaga de esperanza. Tan violenta es su esperanza como la tortura a la que están sometidos sus hijos, sus esposos, sus hermanos y ellas mismas, desde hace más de cinco años. Si sus hombres están encerrados en mazmorras, sótanos o cuartuchos miserables, ellas viven su cárcel, la viven ahora mismo, aquí dentro de Catedral, amuralladas en su vientre de sangre quemada. El tezontle las aprisiona y ellas siguen de pie, erguidas, tercas, monótonas como la lluvia, porque es agosto y en agosto es época de lluvias en México.

CASI TODAS LAS MADRES VIENEN DE LA SIERRA DE ATOYAC, GUERRERO

Celia Piedra de Nájera y yo nos sentamos frente a la gran puerta de Catedral, en un escalón gastado que nos obliga a estar casi acuclilladas, y Celia dobla su vestido sobre las rodillas a que le tape muy bien. Me gusta la cara de Celia, da confianza: cara fuerte, buena, de mujer que trabaja, lucha, saca a sus hijos adelante porque para eso está ella sobre la tierra, para hacer lo que le toca, por más duras que sean las circunstancias.

—Nosotras somos mujeres muy pobres, muy ignorantes. Yo fundé el Comité pro Desaparecidos Políticos en San Jerónimo, Guerrero, pero no soy una persona preparada, nada más terminé la primaria, así es de que empecé a pedir opiniones; otras madres, esposas, hermanos, hermanas que tenían a un desaparecido me buscaron, nos reunimos con algunos maestros que nos orientaban acerca de qué debíamos hacer, a quiénes dirigirnos. Yo citaba a las reuniones y nos hablaban los maestros porque francamente ninguna de las que estamos aquí tenemos ningún estudio de nada, y no sabíamos ni por dónde empezar. Hasta que un día Rosario Ibarra de Piedra me buscó por el solo hecho de que yo me apellidaba Piedra como ella y vine a México, respondiendo a su llamado. Rosario fue la primera madre de hijo desaparecido que conocí fuera de Atoyac. Con ella recorrí algunas dependencias, levanté actas, aprendí un poco a moverme. Y cuando se decidió la huelga de hambre que tendría lugar unos días antes del Informe, yo le dije que me haría cargo de avisarles a las mujeres de Guerrero que son las que más desaparecidos tienen. Todas quisieron venir, hasta una viejecita muy enferma de la vista, muy amolada, que no tenía ni para su pasaje, quien me dijo: "Tengo una marranita muy chiquita pero me dan sesenta pesos por ella. Yo vendo mi marranita y voy a México a la huelga de hambre". Pero fíjese que no la dejé: "Nosotras vamos a hablar por todas, no se preocupe, vamos a hablar por usted. Usted está enferma de sus ojos, es mejor que se quede". La dejé llorando, pero yo la vi mucho muy cansada. Y luego vender su marranita para hacer el viaje. Después ¿con qué se queda? Y

114

ahora estamos aquí, fíjese, y somos muchas, y mire usted nada más cuánta agua cae del cielo.

Martes 29 de agosto de 1978

A las siete de la noche, Neus Espresate ve a Rosario y a Vicky Montes, la joven viuda de Raúl Ramos Zavala, guerrillero muerto en 1972 en un enfrentamiento con la policía a los 25 años de edad. Vicky Montes es joven, ríe bonito, siempre trae a su niño Raúl de la mano y éste se entretiene con lo que sea, hasta con las caras de la gente. Neus le preguntó a Rosario por el recalcitrante padre Pérez, quien finalmente cedió ante la presión de las huelguistas, con la advertencia de que sólo las ancianas podrían dormir adentro; que las jóvenes debían quedarse afuera, incluso bajo la lluvia. En la noche ya no supervisó su orden, así que durmieron dentro de Catedral ciento diez personas entre las madres de los desaparecidos y de los presos políticos y algunos jóvenes estudiantes que las apoyan. Asimismo les dieron permiso de usar el baño. Monseñor Corripio Ahumada no se ha opuesto a la Huelga de Hambre, aunque ha declarado que la Iglesia no tiene la solución a su problema (¿para qué problemas tiene solución la Iglesia?) En cambio, Enrique Velasco Ibarra, entonces secretario particular del presidente de la República, recibió a una comisión encabezada por Rosario a quien le dijo que el presidente estaba molesto por esa "presioncilla" ejercida desde Catedral, a unos pasos de Palacio Nacional, y les aseguró que el proyecto de Ley de Amnistía estaba en estudio. El grupo compuesto por Rosario, María de Jesús Caldera de Barrón, Celia Piedra de Nájera, Delia Duarte de Ramírez y Rosa María Saavedra de Ávila salió satisfecho. Neus me comenta: "Parece que Rosario estuvo extraordinaria". Me cuenta asimismo que médicos del Hospital General fueron a Catedral a tomarles la presión a las huelguistas y que éstas han recibido apoyo de distintos partidos, de la Tendencia Democrática de electricistas, del STUNAM, del SITUAM, de la Corriente Socialista, de los mineros de Nacozari; que Fernández del Real estaba allí a las siete al igual que Gilberto Rincón Gallardo, que habló con chavos y chavas.

115

A las cinco y media, arranco rumbo a Catedral. En una esquina un viejito blande el *Últimas Noticias* y, al ver el nombre de Margáin, lo compro. Informa del secuestro de Hugo Margáin Charles en CU. Leo el periódico en los altos y cada vez que la luz se hace verde, un trompeteo de cláxons me hace arrancar. Carlos Eduardo Margáin, el segundo hijo, desmiente el secuestro; dice que Hugo está fuera del país. Ha de ser para quitarse de encima a los periodistas. Pienso en Hugo: es muy buena gente, muy buena gente como repite Mane cuando alguien le llega; muy buena gente, muy buena gente. Un enorme encabezado asevera: "Fue la Liga..." Pienso en Hugo padre, en Margarita Charles; que no sea cierto, y si es cierto, que aparezca pronto el muchacho, que lo devuelvan; qué pesadilla, qué horas son éstas para la familia. ¿Y si no fuera hoy a la Catedral? En realidad no tengo ganas... Cuando la rifa del cuadro de Tamayo para la revista de Octavio Paz, *Vuelta*, Celia Chávez me dijo con una amplísima sonrisa de satisfacción: "Se lo sacó Huguito, fíjate qué bueno".

Hugo Margáin Charles es filósofo y es jefe del Departamento de Filosofía de la UNAM. Lo quieren mucho allá porque dicen que es ecuánime, que acepta siempre las razones de los demás, que no es prepotente, que le apasiona su trabajo. Más no sé. Sólo que alguna vez hizo un trabajo sobre la violencia.

Ahora sí, el atrio de Catedral parece un campamento de gitanos, pero no hay basura en el suelo. Como nadie come, no queda detritus alguno, ni cajas, ni papeles, ni latas, ni envases: los hombres no dejan residuos cuando no se alimentan. Su huella es más leve. Siendo así, la basura que puebla, invade, asesina a la naturaleza no procede de quienes tienen hambre sino de quienes aparentemente viven con mayor limpieza (¡cuántas bolsas de plástico en torno a los predios de los ricos, cuántas latas vacías! ¡Cuántas botellas con el lodo hasta el cuello!). Pienso en Rosario, en su despertar en el piso del atrio, tirada sobre alguna colchoneta. La imagino alisándose la falda, el pelo, jalando su suéter sobre la cadera, poniéndose los zapatos (porque nadie duerme con zapatos). Recuerdo su álbum de fotos cuando era una mujer bonita como una fresca mañana, su joven hijo entre los brazos, gordito por bien cuidado, mimado por la vida, por sus padres, por un status superior al de la mayoría de los mexicanos. "Este trajecito lo estrenó el día de su cumpleaños", "Muy pronto quiso una bicicleta", "Cada hijo tenía su cuarto propio arreglado a su gusto porque ellos eran los que escogían sus muebles". Ahora Rosario se acuesta en el atrio de Catedral y durante el día corre de aquí para allá con un vaso de agua en el vientre, a ver a este u otro funcionario, animando a las otras madres, haciéndoles ver que si no luchan por recuperar a sus hijos no sólo los perderán a ellos sino que se perderán a sí mismas. Rosario me contó cómo en Monterrey una madre abandonó a su hijo:

—Es que mi esposo no me deja, por eso no puedo.

—¿Cómo que no puede? ¿Usted quiere ver a su hijo?

—Yo sí, pero mi marido dice que no, y la verdad, yo le tengo miedo.

—¡Qué miedo ni qué nada! Yo la acompaño a visitar a su hijo, ándele, luego ya verá cómo se las arregla con su marido. ¿A poco cree que su hijo no la necesita?

—Pues sí, pero ¿cómo le hago? Mi marido dice que es su culpa, que pa'qué se fue a meter en . . .

—Mire, vámonos usted y yo.

Y Rosario, ahora sí que del brazo y por la cárcel, hizo de estas madres pusilánimes y dependientes, seres capaces de enfrentar al marido que se había quedado refunfuñando en casa. Al igual que enfrentaban al marido, enfrentaron al carcelero y ahora pueden enfrentar al gobierno. Si ésta no es una lección de ciudadanía, me pregunto cuál puede serlo. Quizás no triunfen, pero por ellas no queda; su lucha allí está y es de todos los días, y es gallarda, y las ennoblece.

MORDIENDO AMANEZCO
LA PIEL DE TU RECUERDO

Frente al Palacio Nacional hay coches en doble fila. ¿Quién pulirá las perillas de los balcones para que estén tan relumbrantes? La Catedral también parece una vieja aristócrata. Junto a la puerta principal, las madres y los estudiantes han levantado una tienda de campaña verde de respetables proporciones; otro tendido hecho con mantas y mecates se yergue un poco más lejos. El suelo está mojado porque llovió toda la noche ("aquí caen muchos aguaceros", me dice entre contenta y sorprendida una campensina de San Jerónimo, Atoyac, "pero pa' qué, si aquí no es campo"). Ahora sí una enorme cantidad de mantas cubre la reja exterior de Catedral; todo el enrejado que da hacia la Plaza de la Constitución está tapizado de: "Comité diez años de Lucha Revolucionaria / 1968-1978", "La libertad no existe si

117

un pueblo es explotado", "Libertad a presos políticos: COCEI" y una gran estrella, me pregunto qué significará esta estrella. Las mantas del COCEI son fuertes y están bien hechas; en cambio, otras parecen haber trapeado todas las manifestaciones de mi país, sin embargo eso las hace más entrañables. Son mantas muy traqueteadas como si fueran viejísimos luchadores. Le han de haber servido a Hernán Laborde, a Valentín Campa. A lo mejor son Hernán Laborde, Valentín Campa. "Señor Presidente", grita otra manta repleta de agujeros, "pedimos amnistía general, liberación de todas las personas", "Unión de Padres con hijos desaparecidos, Sinaloa, Presente", "Cuarta Internacional, 1968-1978". (Extraño las banderas del STUNAM, que en la manifestación de Rafael Galván parecían del *Vogue* de tan satinadas y bien cortadas.) "Partido Revolucionario de los Trabajadores, Amnistía General, 1968-1978" (quisiera encontrarme con una manta del PMT, me daría muchísimo gusto, pero nada), "Alto a la Represión de las Luchas Populares y Sindicales, Libertad a los Presos Políticos del Hospital General, Oaxaca, COCEI (otra vez el COCEI ¡cuánto empeño, cuánto empeño!), FREDEP, Guerrero. "Comité Estudiantil de Solidaridad Obrero-Campesino, CESOC, La libertad no se mendiga, se toma" (pero la manta no dice cómo:). "El CEP apoya la lucha por una Ley de Amnistía General", "El CP, SNTE, Corriente Sindical Independiente Democrática", "Presentación de los Desaparecidos", "Huelga de Hambre, 28 de agosto, 3 de septiembre", "Los encontraremos" (roja y negra, cómo me gusta esa manta). "Presentación de los Desaparecidos", "Liberación de todos los Desaparecidos", "Comité pro-Amnistía UPOME" "Nacozari se solidariza con la Amnistía General", "Presos Políticos y Sindicales en Libertad", "Unión para la organización del Movimiento Estudiantil: UPOME". ¡Cuántas veces leo "Presentación de los Desaparecidos"! Y todavía en el suelo, unos jóvenes pintan una sábana blanca con letras rojas; se han traído los botes de pintura y las brochas; entre advertencias de "órale no manches" y "esa *r* parece una *n*" pintan lentamente sus símbolos de libertad como Eluard escribió libertad sobre la nieve. Escribo tu nombre sobre una manta libertad, escribo tu nombre con letras rojo-sangre, libertad, escribo tu nombre con el agua de mi cuerpo, libertad, lo escribo con mi pantalón de mezclilla, mi camiseta sudada y mis dedos todavía manchados de tinta escolar. Como Fernando Gaxiola, que ha ido escribiendo su poema a su hermano Óscar César en pizarrones callejeros. Borra los menús de los restaurantes de chinos que dan a la calle anunciando "hoy albóndigas", "espinazo con verdolagas", "postre y café" y escribe con gis blanco los primeros dos versos de su poema "Desapareció de pronto en una avenida de doble sentido o sin sentido", o los dos últimos: "espero que no seas un peregrino nauseabundo, con tus neuronas trituradas bajo el brazo" y el dueño sale, quiere saber qué onda pero ya Fernando se ha ido en busca de otra laja negra con su gis en la mano.

HAY QUE EXPRIMIR DE LA MEMORIA GOTA A GOTA
LOS INSTANTES DE ESTA MUERTE TACITURNA Y TERCA

Bajo la tienda de campaña de lona verde, veo a varias mujeres tiradas como costales de papas y no sé por qué me acongojo, no sé si duermen; por lo pronto no se mueven. A mí siempre me ha impresionado la gente que se duerme en medio de los despiertos; creo que está cercana su muerte, no sé, me angustio por ella. También veo algunas sillas plegadizas que no estaban allí anteayer y garrafones de agua, cuando antes hubo tehuacanes.

Apostados en las esquinas, veinte o treinta muchachos del UPOME, del PRT, del CLESE, gritan a coro: "Amnistía General, Amnistía General".

En la calle, a su derecha, la Guardia Nacional los escucha impasible. La gente tampoco parece detenerse aunque algunos transeúntes miren las fotografías enormes de los desaparecidos recargadas en los muros de Catedral. Muchos jóvenes de mezclilla (¡cuánta mezclilla!) van y vienen, se mueven de un punto a otro dentro del atrio y luego se juntan en bola para escuchar a uno solo. Concepción Ávila González, a quien conocí ayer, alta dentro de sus pantalones grises, me pregunta si quiero hablar con otras madres y ante mi afirmativa escogemos un lugar alejado del ruido, a un lado del atrio, a los pies de una cruz enmohecida pegada a una base de concreto que curiosamente cría musguito, opaco, pero musgo al fin. Ya las puertas están cerradas, las huelguistas de más edad quedaron adentro y una de ellas está comisionada para permanecer junto al portón y comunicarse por una rendija entre la puerta y la pared con el exterior. Concha Ávila González me trae a Margarita Cabañas, una morenita cuyo crimen sobre esta tierra es apellidarse Cabañas. Al venir hacia mí, observo que pisa todos los charcos, mete los pies en el agua, por ese solo hecho pienso que es una mujer del campo. Habla en forma vivaracha, juvenil:

—Por ser yo prima de Lucio Cabañas, en San Vicente Benítez de la mera sierra de Atoyac, estado de Guerrero, agarraron a mi marido el 25 de abril de 1973. Yo les gritaba a los guachos (me explica preocupada de que no entienda) a los del ejército: "No se lo lleven a él, llévenme a mí, yo soy la del apellido, yo la del parentesco, él ni es de aquí, él no es de aquí, les digo". Pero en Guerrero, todo lo que oliera a Cabañas o a Barrientos estaba envenenado; a los Cabañas los persiguieron y a los que aún quedan los siguen persiguiendo, los agarran y los desaparecen. Mi marido, fíjese usted nada más, era un comerciante que todo el día les fiaba a los que entraban a comprarle.

LOS AGENTES VESTIDOS DE SEÑOR

Hablo con María de Jesús Caldera de Barrón, con Guillermina Moreno, pequeña y nerviosa: "Cada vez que había una huelga en la Fábrica de Plásticos Romay, la policía venía por mi hijo, Francisco Granados Moreno, hasta que al día siguiente de que estalló la bomba en los almacenes *Blanco*, lo desaparecieron". Desde entonces Guillermina no sabe nada; en cambio la amenazan un día sí y otro también "agentes vestidos de señor" que le advierten que van a llevarse a sus demás hijos e hijas de a uno por uno porque Francisco fue vocal en una de las huelgas de la Fábrica de Plásticos Romay. "A él hace mucho que los de la fábrica lo corrieron, a él y a tres compañeros a quienes dejaron sin trabajo porque les dijeron que 'ahí adentro no querían políticos'. Ahora —Guillermina retuerce sus manos rojas como jitomates—, ahora me van a desaparecer no sólo a Pancho sino también a José, a Jesús, a mis hijas mujeres. Yo les digo que se vayan, pero ¿a dónde? ¿Con qué?

Siento mucho frío sentada sobre la piedra, frío y una infinita tristeza. ¿Por qué este secuestro? Oigo a las mujeres de a una por una, sostengo el micrófono frente a sus bocas, vigilo la grabadora, miro su rostro pero mi corazón no está totalmente con ellas. Pienso en Hugo Margáin, en los coches negros sin placas desde los cuales emergen siempre los agentes "vestidos de señor". ¡Cómo odio los coches oficiales! Y hay una retahíla de ellos frente a Palacio. En Suecia, el ministro llega a su despacho en bicicleta. Dice Elena Urrutia que en Canadá entrevistó a una viceministra de cultura, se citaron en un café y ésta tranquilamente dejó su bicicleta en la puerta.

¿Por qué en México parece indispensable esta negrura metálica, acharolada, chabacana que es la exhibición del poder? Estamos fabricando un país de pistoleros ahora llamados guaruras que no tienen más tarea que guardarle las espaldas al encumbrado cuando sale de su casa, y que el resto del tiempo permanecen en la puerta de la mansión o en la esquina, rascándose las verijas o pasando un peinecito negro por la Glostora de su cabello para luego encajárselo en la cintura junto a la pistola. No sólo los funcionarios tienen cinco o seis o siete guaruras personales, también sus hijos —de a dos por piocha— y su esposa que va al "salón" mientras los guaruras esperan a pocos metros a que se le sequen los tubos. Y como los empresarios y los dueños de consorcios no pueden quedarse atrás, cada vez es mayor el número de guardias de los grupos de poder económico y político, el de carros con antena, el de ametralladoras en el piso del automóvil. Así como el pintoresco general García Valseca enganchaba su tren particular "El Sol" al tren presidencial para demostrar que él también las podía, ahora, cada magnate puede enganchar su batallón de guaruras a los de la presidencia, los del gabinete, y entonces sí, dan ganas de fabricar una bomba: X kilos de trilita, X kilos de plástico, X kilos de azúcar, porque el azúcar acelera la combustión, o de plano, unos cuantos kilitos de mexicana dinamita para hacer volar tanta insolencia y tanto rastacuerismo.

SALGAN A LA LUZ
GENTES SENSIBLES DE PIEL Y CANTO

Son las nueve y media de la noche y debo despedirme. Rosario no viene, fue a ver a Corripio dicen, y ya no puedo esperarla. Al salir de Catedral, un joven me pide "cooperacha", platicamos un poco y como tengo el micrófono se acercan a la reja otros muchachos envueltos en sarapes y uno de ellos, sin más, me echa un rollo sobre China, sobre Cuba, sobre la libertad; un rollo de puros clichés, lo oigo y me canso aún más por dentro, pero el rostro fresco, joven y abierto del activista a quien le tocó botear, o sea pedirles a los pasantes que se azoten con la lana, me conmueve: ¿Y qué tal si lo desaparecieran? El orador envuelto en la cobija sigue catequizándome y de pronto una jovencita de mirada huidiza inquiere: "Y usted ¿de qué radio es, de Radio Educación?" y otro le informa sabihondo: "No, ella es rusa." Aclaro que no lo soy, que si acaso, soy de origen polaco y de pronto, como si quisiera advertirles que algo grave nos está sucediendo porque me ha invadido una oleada de miedo, les digo que en Polonia no permitirían una manifestación como ésta frente a la plaza principal de la capital, qué digo, del país, con mantas y jóvenes apostados en las esquinas gritando porras cada vez más ruidosas, a medida que va disminuyendo el tráfico. Un morenito exclama: "A poco, a poco." "Sí, de veras, de veras." "Pero si en Polonia —aclara otro muchacho que se identifica como trotskista— hay muchas formas de disidencia." "Pero así de pública como ésta, les aseguro que no."

Recuerdo Polonia, Checoslovaquia, los únicos países socialistas que conozco y mi azoro al visitar el Palacio de Javlonna cuando, de una hilera de coches negros que a mí me parecieron blindados, vi bajar a unos señores de traje negro con visible aire de mandatarios que se encaminaban hacia uno de los salones del castillo donde iban a "banquetear". Porque se trataba de un banquete, qué duda cabe. A nosotros los turistas nos habían hecho a un lado, háganse, háganse, muévanse, y nosotros boquiabiertos y atarugados nos despedíamos lentamente de una visita ahora irrealizable. Pensé: "Bueno, ¿y la socialización del poder?" Comenté con mamá: "Oye, pues aquí los poderosos se portan como en cualquier país capitalista". Pregunté a nuestra guía, la dulce Lydia: "¿Por qué es esto?" Ella no entendía: "Son los jefes". Insistí hasta quedarme a solas, "acabo de darme cuenta que el poder político se maneja en forma privada, no lo ejerce una comunidad". Lydia no compartía mi preocupación, sonreía: "Lo que usted necesita es una buena cena". "¿Igual al banquete de los jefazos?" "¡Ya, Elena, no seas tan obsesiva!", terció mamá. Pensé que Cirankiewicz —porque el que acababa de pasar era un alto pelón— se presentaba igual a los que toman las decisiones dentro de nuestras supuestas democracias, protegido por un imponente equipo de guardaespaldas y walkie-talkies y volví a la carga hasta que Lydia ofendida me dijo que lo importante era que los medios de producción fueran propiedad social y que ella estaba al tanto de que esto no sucedía en mi país, y yo dale y dale con la socialización del poder político a lo que ella respondió que siempre habría un mandatario. "¿Un caudillo?", pregunté mañosa, "no, dije un jefe". Mamá dio por terminada la discusión devolviéndome a la infancia con su "Ya cállate, no seas maleducada".

QUE LA REPRESIÓN EN CARRO ANTENA
CABALGA DESFASANDO RISAS ESCOLARES

Ahora recordaba el episodio mientras veía la cara joven y linda del muchacho a quien le pregunté de golpe para darle fin al rollo que nos estaba asestando el encobijado:

—Oiga, y usted ¿no tiene miedo que lo golpeen o que lo metan al bote?

—No seño, verdaderamente no, porque si algún día me llegan a hacer algo, habrá otros chavos que se pongan en huelga de hambre por mi libertad. Además, no tenemos nada qué perder.

—Y su vida ¿no es nada?

—Pues no la perdería, seño, porque de todos modos, en el camino se quedan muchas vidas.

—¿En el camino a dónde?

—En el de la lucha, seño, la lucha.

—Pero ¿qué lucha?

—Por la libertad.

—Ah, ¿tú no crees que eres libre?

—Pos ahorita sí, seño, pero al rato puede que me desaparezcan.

Sonríe y como se ha juntado un grupo, dice de un tirón:

—Si gustan dar una cooperación, compañeros, estamos reuniendo un millón de firmas para la Amnistía, para que el gobierno vea que el pueblo mexicano exige la Amnistía. Junto con el millón de firmas pensamos darle al presidente de la República, un millón de pesos.

—Un millón de pesos al presidente —protesto— y ¿para qué?

—Para sus alfileres —murmura alguien, y se escucha una oleada de risas.

—Pues para que sea una especie de pago; para que puedan salir los presos políticos.

—Es para resarcirlo de sus gastos.

Una viejita —creo catalana— ríe:

—¿Resarcir al presidente de sus gastos, hijo?

—Mejor dámelo a mí —cotorrea un enchamarrado—, yo ando bien gastado.

Una limosnera se ha detenido junto al estudiante porque piensa que si le dan a él, seguramente le darán a ella. Chupetea un pedacito de su rebozo mientras extiende su mano flaca. Otra señora de plano reta al militante.

—Bueno, y ustedes ¿qué quieren?

123

—Una vida democrática para nuestro país.

—¿Ah sí? ¿Y qué entienden por eso?

—Que esta democracia la dirija el pueblo, no el gobierno.

—Pues aquí —casi grita la señora— los estudiantes hacen lo que se les da la gana. Lo que deberían hacer las autoridades, como es su obligación, es meterlos en cintura porque ni saben lo que quieren, nada agradecen y nada más andan de alborotadores . . . Por eso, luego se vuelven asaltabancos y allá andan sus madres llorando . . . ¿Cómo a la madre de la muchacha cajera de la CONASUPO, ésa que mataron los de la Liga 23 de Septiembre no la traen para que pida que le hagan justicia, a ver? ¿Cómo a ésa no la vemos? ¡Puros farsantes, eso es lo que son!

"Amnistía-General", Am-nis-tía-Ge-ne-ral, Am-nis-tía-Ge-ne-ral", la porra es tan fuerte que se traga las palabras y aprovecho para despedirme, correr al coche. En el camino de regreso, quién sabe por qué extraña asociación de ideas, se me aparece Auschwitz, quizás porque acabo de recordar Varsovia y la visita que hicimos al campo de concentración. Se inició en la puerta de hierro negro con su letrero también de hierro negro formando un arco de triunfo: "El trabajo hace libre". La visita fue larga, lenta, terrible, tanto que hizo que mamá se sentara en un butaquito de cemento y dijera: "Yo ya no sigo, si tú quieres ve sola". La abandoné con sus ojeras y sus ojos cafés casi siempre risueños ahora ensombrecidos. Examiné uno a uno los escaparates gigantescos repletos de anteojos, muletas, brochas para afeitar, aparatos ortopédicos hasta terminar en el horno crematorio. Cuando regresé por mamá la encontré envejecida. En la noche, yo la dizque fuerte, la muy reportera, la fufurufa vomité una y otra vez anteojos, vidrios, puentes dentales, casquillos de oro, piel apergaminada, cabellos. Mamá recostada sobre la almohada era más madre que nunca: "Ya ves, te lo dije, pero eres tan obstinada como tu padre". Nuestro viaje a Polonia desde ese momento quedó encenizado.

Al llegar a la casa, después de meter el coche, traté de sacudirme: "Bueno y ¿por qué estoy pensando en todo esto? ¿Por qué lo recuerdo precisamente hoy?". Y me di cuenta que nunca había dejado de pensar en Hugo Margáin, en dónde estaría Hugo Margáin, a qué horas aparecería Hugo Margáin. Hacía poco *Vuelta* había publicado un artículo de él. Lo busqué infructuosamente pero me topé con otro de sus textos, del cual extraigo este fragmento:

¿Cómo entenderíamos el conflicto entre dos juicios morales pertenecientes a grupos morales antagónicos? Supongamos que discutimos si es legítimo que un grupo de guerrilleros intente transformar las estructuras sociales y económicas por medio de la violencia. La respuesta del relativista moral es superficial e irrelevante. Nos diría: "relativamente, a la moral de la sociedad, es ilegítimo, relativamente a la de los guerrilleros, no sólo no es ilegítimo sino que es un deber".

Aquí lo que queremos saber es algo que no puede ser relativo a una comunidad dada, queremos saber si la moral de la sociedad es superior o inferior a la de los guerrilleros, queremos saber quién tiene la razón. A esto se debe el que discutamos la legitimidad del poder del Estado en general o de un cierto Estado en particular. ¿Cómo se justifica que un grupo de hombres a través de la institución del Estado ejerzan la violencia contra la libertad de los demás habitantes de un territorio? A ello se debe también que discutamos la legitimidad de las instituciones sociales y económicas, que ofrezcamos una teoría de la justicia, de los derechos individuales, del origen de la riqueza, de la producción y del consumo. Si la moral fuera asunto de convenciones, no habría nada que discutir, nada que saber, se trataría de una pura lucha por el poder.

Jueves 31 de agosto de 1978

Hugo amaneció muerto, su cadáver tirado en la carretera, con sólo un rompevientos. Entonces giro por la casa, no sé qué hacer, una horrible desazón por dentro, estoy sola, tengo que ir a dar la clase, quiero mucho a las de la clase, mucho, camino, qué indignación, qué puedo hacer, me encierro con los periódicos, en el *UnomásUno* veo su fotografía, risueño, joven, un poco borroneado, una amplificación de alguna fotito casera, él no era de los que andan posando, su cara redonda un tanto transparente, qué puedo hacer, se les murió, la femoral, le reventaron la femoral, se les desangró, se les fue en un segundo, un burdo torniquete, lo dejaron vaciarse, y luego, espantados, lo abandonaron. Pienso en la bestialidad de... ¿quiénes son estas bestias? Y tengo miedo. Quiero volver atrás a toda costa, al día 27 de agosto, echar el tiempo, cambiarlo, borrarlo, reiniciarlo, oh Dios mío. Hugo y Margarita vieron a su hijo crecer, tenía un rostro redondo bien afable, como que sus pensamientos eran tersos, miraba desde una especie de sensación maravillada. Adulto, había preservado su

125

rostro de niño. Estaba en otra parte. Nunca fue altanero o ricote, ni siquiera "niño bien", no tenía interés en ello, su vida era otra, sí, sí, era un hombre de espíritu. Hugo y Margarita, ay qué horror, y la esposa inglesa; voy a ir a Gayosso, trato de hablar con Celia Chávez, siempre está ocupado, cuánto habla Celia, intento de nuevo, marco, que desesperación con ella, siempre ocupado; es hora de la clase; pienso en Hugo y Margarita en toda esta vida de trabajo, de servicio a las instituciones del país; veo la cara dulce de Margarita, su actitud modesta: "Hugo está muy contento [lo habían nombrado Secretario de Hacienda] entonces también estoy contenta" (lo decía como una mujer que jamás ha pedido nada para ella misma). Parecía asentar: "Yo estoy envuelta en Hugo" y me puse a pensar que México estaba envuelto en todo lo que hacía Hugo Margáin, y ahora su muchacho allí tirado al borde de una carretera. Dios, Dios, Dios, haz que no piense. Doy la clase; también las alumnas están consternadas; trabajamos poco y mal. Salgo a Gayosso. Tal parece que todos los coches se dirigen hacia allá porque el tránsito se hace lento en Félix Cuevas. Al buscar dónde estacionarme veo a muchos hombres con las manos en los bolsillos, esperando, y muchos carros negros oficiales con sus choferes recargados en la portezuela. ¡Qué mal me caen! ¿Por qué ese despliegue tan ostentoso? Adentro, un gentío apesadumbrado. Jorge Ibargüengoitia se forma tras de mí en la cola y pregunta: "¿Tú crees que sea demasiado frívolo si hoy en la noche durante dos minutos doy el pésame en mi programa de TV en el 13?". "No, Jorge, cómo va a ser frívolo." Qué raro suena esa palabra en este momento; no tiene nada que ver con nada, porque súbitamente todos los que estamos aquí somos eso, frívolos, superfluos, absurdos, inútiles, impotentes, no tenemos el menor sentido, nada tiene sentido frente a este hombre y esta mujer, Hugo y Margarita, parados el uno al lado del otro en medio de una infinita soledad, infinitamente solos frente a esta cola que avanza lentamente hacia ellos como un grueso gusano negro para decirles que no es justo, que ningún muchacho de 35 años puede morir así, y ellos, fuertes, abrazan, intentan sonreír, abrazan, sonríen, abrazan, dan las gracias, las gracias, las gracias...

Jueves 31 de agosto de 1978, tarde

A las siete de la noche paso por Agustín Ramos a los estudios Churubusco y enfilamos hacia Catedral por la calzada de Tlalpan.

Me gusta mucho su mirada; su forma de mirar me recuerda la de Gerard Philippe y la pureza que de ella emanaba, Agustín cuenta que a las tres de la tarde llegaron a Catedral camiones repletos de Halcones y que la zona oeste de los portales del Zócalo fue tomada por granaderos.

—Entonces, ¿rompieron la huelga de hambre? ¿Los desalojaron?

—No, no, yo creo que fue simplemente un acto de intimidación, un simulacro de desalojo.

—Pero ¿por qué, Agustín?

—Quizás porque no los quieren tener allí mañana, día primero, quizás por lo de Hugo Margáin Charles.

—Pero ¿quién lo hizo, Agustín, quiénes fueron los bárbaros?

—Ellos mismos.

—¿Cuáles ellos mismos?

—Ellos mismos, la policía, los grupos dentro del gobierno, la extrema derecha, y si no fueron ellos mismos, la policía sabe quiénes, bien que lo sabe, te lo aseguro.

—Pero ¿y la Liga 23 de Septiembre? Dicen que dejó un papelito...

—¡Ay Elena!, ahora todo se lo cuelgan a la Liga, es lo más fácil...

—Parece que la Liga dejó un recado en el coche...

Agustín sonríe:

—¡Qué ingenua puedes ser! Yo puedo poner mi mano al fuego que a los asesinos de Margáin JAMÁS los van a encontrar, te lo apuesto. JAMÁS lo dirán en los periódicos.

—¿Por qué?

—Porque este asesinato es cosa de los mismos políticos; te apuesto a que es cosa de ellos.

Miro los ojos transparentes de Agustín. Llegamos a Catedral y ¡oh milagro! encuentro un espacio donde estacionarme. "¡Qué bueno que no vamos a caminar mucho!" le digo a Agustín. "¡Floja!", ríe la primera risa del día.

En el atrio, entre los grupos de gente cada vez más numerosa, pregunto por Rosario: "No está, se fue en una comisión a hablar con Reyes Heroles porque de gobernación pidieron una lista de presos, desaparecidos y exiliados políticos. Pero se fue desde hace mucho, así es que no ha de tardar." Concha Ávila González viene hacia mí. Delia Duarte se ve muy pálida, blanca casi, y cansadísima. Es propensa a los desmayos. Habla con voz exhausta:

—Es que además de la huelga, acompaño a Rosario en todas

sus diligencias.

Concha Ávila González es siempre muy cordial conmigo, y a ella le pregunto:

—¿Qué pasó, Concha? ¿Les dieron un susto a mediodía?

—Sí —sonríe—, pero al rato se fueron. Fue un amago de represión.

—Y ¿qué tal el miedo?

—Pues ni tanto, unas estaban acostadas y ni cuenta se dieron.

—Y ¿por qué cree que fue eso?

Comentamos lo de Hugo Margáin Charles y Concha me dice: "En la tarde vinieron a dejar las cenizas del muchacho a la cripta de Catedral."

—Y ustedes ¿no se acercaron a la familia Margáin?

—No nos dejaron, a esa gente nunca se le puede uno arrimar... por los guaruras.

Pienso en la larga, la infame jornada de los Margáin que termina aquí en Catedral a un costado del atrio en que las madres de los presos y desaparecidos hacen su huelga de hambre. Ahora sí veo a muchísima gente, muchísima, parece romería. Miro los trapos en el suelo, las mantas, los cascos vacíos de tehuacán y peñafiel, los retratos de los desaparecidos amontonados bajo una cornisa para resguardarlos de la lluvia, algunas mantas dobladas en un rincón, y le pregunto a Concha:

—¿No sería bueno que platicara yo con alguna otra madre de desaparecido?

—Sí, creo que usted no ha platicado con ninguna de Guadalajara, espéreme acá y se la traigo. Entre tanto, busque usted un lugarcito al que no le llegue tanto el ruido.

Concha no le ha dado ni la vuelta a Catedral cuando regresa corriendo:

—Ya viene Rosario y dice que va a informar, que reunamos a toda la gente porque es importante.

Detrás de ella, Rosario, espigada, ágil, con su sonrisa de siempre, un abrigo negro bien cortado sobre sus botas negras, viene hacia mí. Pienso: "Ella podría estar con aquéllos, con el grupo Margáin". Rosario dice en voz alta:

—Rápido, es urgente, tengo que informar.

—¿Informar?

—Sí —me explica—. Después de cada comisión se efectúa una asamblea aquí en el atrio para informarles a todos. Son los pasos a seguir dentro de la lucha; todo se informa democráticamente.

—¿Le va usted a hablar a esta aglomeración de gente? ¿Cómo pueden oírla siendo tantos?

—Tenemos sonido.

—Pero ¿y las que están allá adentro? —inquiere Concha—. Hace rato que se metieron.

—Hay que sacarlas —dice categórica Rosario.

Entonces Celia Piedra de Nájera va hacia la puerta de madera, se inclina en un rincón y parece hablar con la madera:

—Tienen que salir. Ahora mismo va Chayo por ustedes porque tienen que salir.

Delia Duarte recarga su cabeza en el muro. Rosario le dice:

—No te me vayas a desmayar, Delia, no es el momento.

Celia y yo nos sentamos en el resquicio de la gran puerta. Detrás de la puerta de madera de Catedral por una rendija hasta abajo, una mujer pregunta con voz aguda:

—Pero ¿dónde está Chayo que no viene por nosotras?

—Para allá fue hace un segundo. No tarda en entrar.

Celia me ofrece un tehuacán, y de nuevo oímos la voz tras de la puerta:

—No viene Chayo.

—Pues ¿qué no ha entrado?

—No.

Un muchacho le avisa a Celia:

—Parece que no encuentran al de la llave.

Celia Piedra de Nájera delega a otro estudiante para que vaya a ver. En el atrio, los muchachos se han reunido en bola para escuchar a Rosario. Algunos corren a traer no sé qué, quizás el equipo de sonido. Otra vez se oye la voz por la rendija, cada vez más apremiante:

—No viene Chayo.

—Sí, ya va, no te preocupes —responde Celia con autoridad.

Sé que nunca volveré a ver Catedral como la veo ahora, como la he vivido en estos tres días, aunque sólo he venido unas cuantas horas. Siempre veré este portón catedralicio y escucharé en el extremo derecho, hasta abajo, una voz femenina encerrada en Catedral a las nueve de la noche preguntando: "Y Chayo ¿por qué no viene?" Sé que Rosario está poseída, que por eso no se cansa ni se enferma, se mantiene fuerte, entera, alertísima; nunca la he visto desmoronarse, nunca le he pescado una frase como las que hacemos las mujeres acerca de nuestro pelo, nuestros pies o nuestro cansancio. Comparo este dolor activo, acelerado, vital, con el dolor terrible de puñalada trapera, de alguien que ha sido traicionado por la espalda, el dolor que pasma que vi en la mañana. Rosario regresa, me toma del brazo, acerca su cabeza a la mía y me dice en voz baja: "Tenemos que levantar la huelga, Reyes Heroles, lo exige. Me dijo que se había pasado todo el día corriendo de un lado para el otro, de la burguesía a nosotras, y otra vez, ida y vuelta, de nosotras las madres de los presos y desaparecidos a Gayosso, a la casa de los Margáin en la calle de Fujiyama".

—¡Dios mío, Rosario! Entonces, además de todo, ¿está estableciéndose una lucha de clases?

Sonríe, me aprieta el brazo.

—¿Ah sí? Y ¿de qué lado está el ministro, Rosario?

Sonríe.

—¿De cuál cree usted, Elena?

—No sé.

Lo único que sé es que siento ganas de llorar. Recuerdo a Huguito cuando habló del conflicto entre dos juicios morales pertenecientes a dos grupos morales antagónicos.

—Lo de Margáin ha suscitado una gran reacción en contra nuestra, Elena. Me dijo Reyes Heroles que en Gobernación no ha dejado de sonar el teléfono, que gente "de bien", así la llama él, dice cosas como ésta: "¡Qué amnistía ni qué amnistía, van a ver esas viejas si les dan su amnistía!"

—Pero esto no tiene nada que ver con ustedes, ustedes son víctimas, tan víctimas como los Margáin, mucho más víctimas porque ningún aparato las respalda... Ellos están en el poder y en todo caso son víctimas del poder...

—Váyaselos a decir usted, Elena, a ver si ahorita no la apedrean.

Me aterro. Si en gente "de bien" como dice Reyes Heroles hay esta reacción, ¿cuál no será la de los demás? Pero ¿qué significa este término "de bien"? ¿Quién será la gente "de bien" para Reyes Heroles? ¡Madres de los apachurrados! Encima de este crimen, toda esta basura. Me aferro al brazo de Rosario, lo aprieto, me confieso:

—Sabe usted Rosario, hace un momento pensé que usted, por su abrigo, su figura, podría estar con la gente de Margáin, es decir, en aquel velorio, no en éste. Tengo que confesárselo porque sé que es una consideración clasista.

Rosario no m escucha. ¡Qué importan ahorita mis pequeñas congojas! Caminamos del brazo mientras allá en el extremo derecho del atrio la gente se prepara para escuchar a Rosario.

—Yo veo muy feo lo del muchacho Margáin, Elena, muy feo,

muy triste, un hombre culto que no se metía con nadie. Mi hija Claudia Isabel lo vio en un programa de televisión con los nuevos filósofos franceses y le gustó su postura.

—¿Ah sí?

—Sí... Cuando estábamos con Reyes Heroles en Gobernación, no hace ni una hora, me dijo: "¡Quítense de Catedral porque si no, las van a quitar!" Entonces yo le pregunté:

—"Pero ¿cree usted posible, señor licenciado, que vayan a quitar a 83 madres de la Catedral Metropolitana? Sería un paso muy duro que daría el gobierno."

Me respondió:

"—Pues sí, pero la opinión pública está contra ustedes."

Entonces protesté:

"—Pero ¿por qué? Nuestros hijos no tuvieron nada que ver."

Guardó silencio. Entonces insistí:

"—Bueno, licenciado, dígame, a ver, ¿qué opinión pública está en contra nuestra?"

Y me dijo textualmente:

"—La burguesía y la clase media. Las linchan si se quedan ustedes allí, por eso les repito que se quiten, señora Piedra, sálganse antes de que las saquen. Hace un momento me llamó X y me instó: 'Cuélguelos, cuélguelos a todos'."

"—Sinceramente, licenciado, no creo que nuestro pueblo sea tan tonto para tragarse esta rueda de molino; nadie cree ya que la Liga 23 de Septiembre sea de guerrilleros.

"—Pero este asesinato les ha granjeado a ustedes la antipatía general, señora Piedra."

(No es "general", pienso, si sólo es la burguesía y la clase media. Pero, claro, ¿quiénes detentan el poder si no son la burguesía y la clase media? Sin embargo, Reyes Heroles es liberal; tengo en el librero de la casa su *El liberalismo mexicano*, tres gruesos tomos ¿Y el presidente? ¿No concederá ahora la amnistía? Tiene que concederla, tiene. No va a caer en esta provocación, no puede ser.)

—Yo quise, Elena —continúa Rosario—, acercarme a Margarita López Portillo, quien acompañaba a los Margáin a la cripta, pero sus guardaespaldas me dijeron: "Quítese, quítese, señora vaya a la oficina, ¿qué no ve que la señora está ahora muy ocupada?" Yo me dirigí a ella: "Señora, me permite hablar con usted un minutito?", pero ella se siguió de frente. Quería decirle que ella como amiga que era de los Margáin les transmitiera nuestro pésame, que nosotras mejor que nadie podíamos comprender la tristeza que sentían y lo que les podía doler, porque nuestros hijos estaban desaparecidos. Pero los guaruras jamás dejaron que me acercara. Probablemente si insisto, porque yo soy muy terca, usted lo sabe, logro llamarle la atención a Margarita López Portillo, pero me sentí emocionada, mal, muy mal, cuando vi a esa gente, porque yo sí he sufrido mucho, Elena, entonces yo siento eso mucho, estaba a punto de llorar, entonces me di la media vuelta y ya no intenté nada.

—Rosario —se acerca Vicky Montes—, ya está listo todo.

EL 2 DE OCTUBRE VOLVEREMOS A PREGUNTAR POR NUESTROS DESAPARECIDOS

Caminamos hacia unos huacales que sirven de plataforma, en el extremo derecho del atrio. Todas las madres, empalidecidas por el ayuno, jalan sus suéteres sobre el vientre, alisan la falda de su vestido, tercian el rebozo sobre los hombros. Sus prendas ajadas son el testimonio de sus días de Catedral. Veo sus piernas sin medias, sus sandalias de plástico, sus miradas a veces ausentes de gente que no sabe cómo le va a ir en esta cochina vida, y me pregunto qué va a ser de todas ellas esta noche si la huelga se levanta. ¿Dónde van a dormir? Pienso en su viaje en autobús para venirse a tirar al atrio de Catedral a beber agua. Siguen arremolinándose en torno a los huacales, se limpian el rostro con la mano, se acomodan los tirantes del sostén como quien acaba de levantarse. Hay algo íntimo y desolado en la familiaridad con que se encaminan hacia ese único punto: los huacales. Las veo y me veo a mí misma en la mañana con los Margáin dolida hasta la médula, escuchando el abrupto abrir y cerrar de las bolsas de mano de cocodrilo (Aries, Antil, Cartier) y ahora en la noche, enmedio de mujeres y estudiantes que no conozco y con quienes me identifico, a veces por las razones más nimias, como la voz de un estudiante que le dice a otro: "Pícale, Leonardo" y me gusta que alguien se llame Leonardo, o por la carita fresca del que ayer boteaba, o por el ensarapado aquel tan aburrido que, sin la menor compasión, me echó sus rollos sobre China y Cuba. Como todos los demás "compas" (como los llama Rosario) miro hacia una piedra-imán: Rosario, parada ella misma en un banquito de piedra, que se dispone a informar. Fuera de las rejas de Catedral, con sus walkie-talkies a la altura del oído aguardan algunos agentes, y sobre todo, en fila, tiesos y uniformados, los soldados. Cada vez es mayor el número de cascos verdes. Sin embargo, Rosario grita:

—Nos vamos a ir. Le manifestamos al señor secretario de Gobernación que nuestra campaña por la presentación de los Desaparecidos y por la Amnistía General no termina aquí, que éste sólo es un paso con el que creemos que hemos logrado mucha difusión; hacerle llegar al pueblo de esta ciudad apática, de esta ciudad que ve pasar las desgracias ajenas sin atenderlas porque no hay tiempo de detenerse a verlas, nosotros le hemos hecho ver aquí en Catedral que hay Desaparecidos y Presos y Exiliados Políticos.

"Vamos a seguir con nuestra campaña hasta el 2 de octubre y así se lo dijimos al licenciado Reyes Heroles. Él no nos dijo que ese día nos entregaría a los desaparecidos ni a los cadáveres, pero nosotros sí le dijimos que ese día volveríamos a preguntar por ellos y que lo haríamos enmedio de centenares de miles de mexicanos que dirían lo mismo que nosotros. Espero que ustedes estén con nosotros hasta esa fecha y muchos cientos más.

"Le hicimos ver también que no creíamos que vinieran a sacar a las madres de Catedral. No nos dijo ni que sí ni que no, pero pensamos que van a venir a hacerlo. No nos duele a ninguna de las madres aquí presentes que nos saquen inclusive a culatazos, a golpes, a balazos, pero sí me dolería que ustedes, jóvenes hermosos —permítanme que les diga así— hermosos espiritualmente, que han estado con nosotros, fueran a integrar nuestras largas listas de muertos y de desaparecidos. Por eso les pido que nos ayuden de aquí al 2 de octubre y que ahorita, por lo pronto, nos retiremos todos en calma."

El grupo se remueve; nadie se atreve a romper filas. Rosario se ha bajado del banquito y los ojos siguen fijos en ese punto como si su insistencia surtiera el efecto de un sortilegio que la hiciera materializarse de nuevo allá arriba. Luego se miran los unos a los otros con incredulidad. "¿De modo que todo se ha acabado?" Algunos fijan la vista en la punta de sus zapatos. Veo lágrimas en muchos ojos, sobre todo en los de los jóvenes. Rosario me dice conmovida: "Mi gordo [su hijo Carlos, el segundo] está llorando". Son muchos los que ahora lloran porque se ha roto la huelga de hambre. Los ojos interrogantes de Rosario buscan apoyo: "Pero ¿qué quería usted que hiciéramos? Reyes Heroles me conminó: 'Levante usted su huelga, señora, porque si no se la van a levantar'. Le respondí: 'No es mi huelga, licenciado, es una huelga democrática, decidida entre todos'."

Amenaza la presencia de los soldados. Ahora sí, a varias madres se les han encendido las mejillas. Los camiones de pasajeros pasan pesadamente frente a Catedral, haciendo temblar las losas, y se alejan. Los transeúntes también caminan presurosos. Nadie se detiene. No quieren tener nada que ver con nosotros. Ya ve, lo del 68. Pasan, entre más rápido, mejor. Patas pa' cuándo son. Estamos solos. Sin embargo, mientras los muchachos desmantelan la tienda de campaña verde, doblan las mantas, descuelgan los carteles y juntan las grandes fotografías de los desaparecidos, van coreando: "Am-nis-tía Ge-ne-ral, Am-nis-tía Ge-ne-ral." Agustín Ramos me pregunta: "¿Ya, Elena?" "Sí, ahorita, ahorita." Tampoco quiero irme. Se oye un gran ruido de cascos vacíos. Unos muchachos enrollan sus mantas en el suelo, algunas madres; mujeres jóvenes y viejas recogen sus pertenencias, que caben en una pequeñísima bolsa de plástico. Otra se lleva la mano a la frente, angustiada: "Dejé mi bolsa adentro, en un confesionario, y ahora, ¿cómo le hago? Allí también está mi monedero con mi pasaje de regreso". Se hace una bolita en torno a ella, dos estudiantes proponen conseguir que les abran Catedral, buscar al de la llave. Sopla de pronto un viento frío o al menos así lo siento. Junto a mí, una señora se tapa con su cobija y dice al verme: "Arrímese pa'cá, yo la tapo". Agustín busca a sus amigos. "A ver si les damos aventón". Los muchachos han decidido salir juntos del atrio de Catedral, caminar pegados los unos a los otros "para que no vayan a agarrar a ninguno" y llegar así hasta el metro, estación Pino Suárez, para tomarlo y reunirse en el CENCOS, en la calle de Medellín. Allá se decidirá qué se hace con las madres; algunas pueden quedarse a dormir en el CENCOS (¿pero si no hay camas? y Rosario me sonríe como si el mío fuera un prejuicio absurdo), otras en casa de Rosario, otra en la de algunos estudiantes. En la reunión del CENCOS va a evaluarse la Huelga de Hambre y van a tomarse decisiones, planear una próxima estrategia, etcétera. Total que todo sigue, la huelga de hambre se ha roto, no la lucha.

Antes hubo un espeso rumor en el atrio, todos hablaban febriles, iban y venían. Ahora sólo se escuchan unas cuantas voces: "Pásame la manta", "recógete esos cascos, tenemos que devolverlos". Los hombres y las mujeres agachados levantan su equipo en silencio, no tienen tiempo, tampoco tienen ganas de hablar, cercados como están por los soldados que fingen no verlos, como si no estuvieran allí por ellos, como si no quisieran conocer a los que van a tener que desalojar si reciben esa orden.

Camino bajo la cobija compartida. "Esto jamás lo voy a volver a vivir, jamás"; la sensación es física, me duele, pero hace ya tiempo que siento que nada volverá a ser igual. Para que duela más

134

me pongo a recordar la risa de Felipe mi hijo allá en la casa y yo arriba, empericada en el estudio haciendo que escribo; los hijos, la casa, las plantas, el verde; en esta plaza no hay nada verde, ningún verdor, ninguno.

Tras las rejas, los empleados municipales vestidos de overol, anaranjado preparan la plaza de la Constitución para el Informe del día primero. Me gusta ese overol naranja, es medio cirquerito. Sobre el edificio del Monte de Piedad, seis hombres cuelgan una manta gigantesca con el retrato de López Portillo; dos lienzos para sus patillas, uno para la nariz, uno para el ojo izquierdo, otro el derecho. Otros hombres de naranja subidos en grúas y en escaleras de aluminio hacen bailar en el aire focos de colores, adornos que brillan. Ahora sí, la plaza está profusamente iluminada, casi blanca de luz, y esto le da una apariencia fantasmagórica. La miro desde muy lejos, como si fuera la de otro país, qué digo, de otro planeta, como si no tuviera nada que ver conmigo, ni con nadie, ni con nada.

Mientras en el atrio los últimos huelguistas batallan con las manta más grandes que no logran enrollar, y levantan ahora sí que los cuatro palos de su tendido; los empleados municipales parecen ignorarlos como si les hubieran dado la consigna de no cruzar mirada con los revoltosos. A su vez, desenroscan otras mantas de un tamaño absolutamente desmedido y banderolas de plástico: verde, blanco y colorado, la bandera del soldado. Ahora sí, los soldados nos miran; algo les han ordenado, se adelantan hacia la puerta principal. "Dénse prisa", grita Rosario, "allí vienen". Me siento muy solidaria de la gente junto a mí, de estas sombras que se doblan sobre sí mismas porque ya se acabó la huelga, de estos días cálidos que han terminado y son irrecuperables y nunca más volverán a vivirse, ni siquiera en otra huelga de hambre. Un muchacho se suena ruidosamente. Agustín vuelve a decirme: "Ahora sí, Elena, vente". Una mujer me da la mano. La puerta lateral de Catedral que da hacia 5 de febrero, que todos estos días estuvo clausurada, está abierta y por ella salimos. (Antes, en la noche, entrábamos por un agujero en la alambrada.) Me duele la Plaza. Estos días de luto, ¡qué día como sudario!, el hoy que fue el ayer de Hugo Margáin Charles que sigue y se prolonga; recuerdo el llanto desgarrado de Alejandro Rossi y alguien me susurró al oído: "Es que fue a Chalco y vio el cadáver", pero no es sólo por eso, cómo golpea el dolor de un hombre, cómo lo taladra a uno, de hoy en adelante Alejandro Rossi será siempre este muchacho doblado en dos por el llanto así como la Catedral será siempre esta puerta y la voz tras de ella preguntando: "Y Chayo, ¿por qué no viene Chayo?" Gabriel Zaíd me dijo: "Nos toca más la muerte del que conocemos", es cierto, todo lo personalizamos pero yo no conozco a Jesús Piedra Ibarra, nunca lo he visto, no sé cuáles sean sus ideas, ni su sonrisa, su risa, sus manos, y sin embargo, para mí, sería una gran, una profunda, una inmensa alegría que él apareciera aunque no tuviéramos nada en común, aunque me rechazara y yo a él.

Ya estamos en la calle, la emprendemos todos juntos, en bola, sin dejar el menor espacio por el cual pudiera meterse el enemigo. Atravesamos la plaza. Otras personas pasan junto a nosotros sin vernos, o sin sorprenderse de que seamos tantos, carguemos mantas, bolsas del mandado, cajas de refresco. A nadie le importa quiénes somos ni lo que pueda sucedernos. Allá en el fondo de la plaza, fuera del atrio, los soldados, como una masa compacta, oscura, esperan seguramente regresar al cuartel. O ¿qué es lo que esperan? Agustín me advierte: "Elena ¿y el coche?" Dejamos a los muchachos en la boca del Metro y veo cómo bajan los escalones, siempre abrazados, los miro hasta que la tierra acaba de tragárselos. Es mejor la tierra que la policía. "Pícale —me sacude Agustín—, pícale Elena para que podamos alcanzarlos en el CENCOS". Rosario advierte en voz baja: "Voy a *Excélsior* a poner un desplegado. Me va a ayudar Martínez Nateras por si hay alguna dificultad; después iré al *UnomásUno*, aquí con los 'compas', tienen coche, ellos me acompañan. Nos vemos en CENCOS, quisiera contarle con más detalle lo de Reyes Heroles. Nos vemos a las diez."

—Pero Rosario, ¿no va usted a estar muy cansada?

—No, qué va.

—Pero ¿no tiene hambre?

—No, nada, nadita. Yo aguanto mucho, mucho.

Sonríe con esa sonrisa valiente que todo quisiera componerlo.

—Ándele pues, Elena, nos vemos.

En el coche, en el asiento de atrás se amontonan todos los periódicos con lo de Margáin, lo de la huelga de hambre, lo de los Desaparecidos. Voy a guardarlos. Dentro de un año, cuando los desdoble se verán amarillentos, quebradizos. Dentro de un año, sí, ojalá y llegue pronto.

PD. A la mañana siguiente, en su Informe a la Nación desde la Cámara de Diputados, el 1o. de septiembre de 1978, el Presidente de la República José López Portillo concedió una amnistía.

PD. A la fecha, todavía no se ha descubierto quiénes fueron los asesinos de Hugo Margáin Charles.

PD. A la fecha también, hay en nuestro país 481 desaparecidos entre quienes se encuentran los hijos de las 83 madres que hicieron la huelga de hambre en Catedral.

> Los gobiernos, sin exceptuar sino muy pocos entre los que se llaman libres, siempre han estado alerta contra todo lo que es disminuir sus facultades y hacer patentes sus excesos. De aquí es que no pierden medio para encadenar el pensamiento, erigiendo en crímenes las opiniones que no acomodan y llamando delincuentes a los que las profesan. Mas ¿han tenido derecho para tanto? ¿Han procedido con legalidad cuando se han valido de estos medios? O más bien ¿han atropellado los derechos sagrados del hombre arrogándose facultades que nadie les quiso dar ni ellos pudieron recibir?
>
> José María Luis Mora: *Libertad de pensar, hablar y escribir*, 1833.

En nuestro continente y en el africano, en Etiopía, en Guinea, en Malawi, se da una nueva y "refinadísima forma de represión política": la desaparición. En Argentina, en Chile, en Guatemala, en Colombia, en la Nicaragua de Somoza, en Paraguay, en Uruguay, en Santo Domingo, en El Salvador, en Haití, simplemente desaparecen los opositores políticos. Opositores reales o sospechosos, eso no importa. Lo importante es prevenir. Cualquier inconforme es un enemigo, su familia también y un día sin más, de pronto, deja de estar entre nosotros.

En Argentina, Chile, El Salvador, Guatemala y Uruguay se detiene a los supuestos enemigos políticos sin que se sepa qué autoridad ordenó el arresto, quién lo cumple, ¿soldados?, ¿policías?, y a dónde se llevan al detenido. Como no hay orden de aprehensión dictada por autoridad alguna, tampoco puede probarse que "el desaparecido" ha sido detenido por la policía ni llevado por los soldados al retén, como sucede con los campesinos de Guerrero, México. No existe un solo registro, ningún indicio del posible paradero de la persona. Así, el aparato jurídico se muestra impotente para resolver uno solo de los casos. "No sabemos nada", "no es de nuestra jurisdicción", "no podemos hacer nada, ni siquiera notificarlo". Entonces empieza la espantosa, la aterradora búsqueda de los familiares. Hasta los nazis comunicaron la lista de los que habían exterminado en sus campos de concentración. En Ginebra, se conservan en archivos los nombres de los asesinados; otros países como la URSS formulan cargos en contra de sus opositores, por más absurdos que éstos sean, como en el caso último de deportación interna de Sajarov. En México, por ejemplo, no hay cargos, el opositor simplemente se desvanece, nadie sabe, nadie supo. Al desaparecer, el desaparecido se lleva su delito y muchas veces su nombre, porque ¡cuántos muchachos habrá perdidos para siempre! Se lleva también su posibilidad de defenderse, su manera de ver la vida, el por qué de su lucha, si es que luchaba, su concepción de la vida, su risa y su sonrisa. Ya no es nadie, no es nada. El desaparecido se lleva hasta su silencio.

Amnistía Internacional constató que entre el 28 de mayo de 1978 y el 28 de mayo de 1979 más de dos mil personas murieron en Guatemala víctimas de las fuerzas de seguridad o de los llamados escuadrones de la muerte. En Argentina, en 1976, el número de personas que murieron como consecuencia de la violencia política fue consignado oficialmente: 1 354. En Argentina, asimismo, se estima que quince mil personas han desaparecido en circunstancias que no dejan duda acerca de la responsabilidad gubernamental. En Argentina, se han esfumado estudiantes, comerciantes, empleados, periodistas, profesores, escritores (Haroldo Conti, Rodolfo Walsh), maestros y maestras, jóvenes de diecisiete, veinte años, no sólo en Buenos Aires sino en Córdoba, Mendoza, La P!ata y Mar del Plata, y, aunque la mayoría han sido secuestrados en sus casas por diez o veinte hombres armados que se llevan también al cónyuge y a los hijos y los hacen subir a un carro sin placas, muchos otros son arrestados a la luz del día, en plena calle, y en algunos casos hasta abatidos en ese mismo momento. Rodolfo Walsh fue secuestrado a las once o doce del día. A los hijos los entregan horas o días después o los abandonan en una calle cercana al domicilio, que por cierto es allanado y saqueado.

UN SECUESTRO A GUISA DE EJEMPLO

Amnistía Internacional consigna el ejemplo de Nélida Azucena Sosa de Forti. Su esposo, médico, había viajado a Venezuela en enero de 1977, para trabajar allá en un hospital del gobierno, y se previó que el resto de la familia se reuniría con él poco tiempo después. Se solicitaron pasaportes con anticipación y compraron boletos de avión para viajar a Caracas, el 18 de febrero de 1977.

139

Ya a bordo del avión, el hijo mayor y su madre fueron llamados por el micrófono. El comandante les explicó que había un problema con sus documentos y que no podían viajar. Los desembarcaron y pusieron en manos de un grupo de hombres armados no uniformados, quienes se llevaron a la madre y a sus cinco hijos en dos vehículos. La policía y los militares que vieron la operación en el aeropuerto no intervinieron en ningún momento. En una carretera desierta pararon los automóviles, se vendó a toda la familia y durante una semana así, vendados, se les mantuvo detenidos, y el séptimo día los niños fueron separados de su madre y dejados en una calle de Buenos Aires. A los niños les dijeron que a su madre la llevarían a Tucumán (domicilio de la familia) durante una semana y que luego sería liberada. Hasta el momento Nélida Azucena Sosa de Forti sigue desaparecida. El recurso de *habeas corpus* presentado en su nombre y los esfuerzos de la Embajada de Venezuela en Buenos Aires han resultado infructuosos en la tarea de localizarla.

HABEAS CORPUS

¿Quién tiene el cuerpo? Hemos presentado un recurso de amparo. ¿Dónde está mi hijo? ¿Dónde mi esposo? ¿Dónde mi hermano? ¿Qué le pasó? Vinieron a buscarlo en la madrugada diez hombres armados que no se identificaron y desde entonces no sé de él. Oí en la calle el ruido de los frenos. Cada vez se oye más, en las madrugadas, ese ruido de frenos. Es un coche sin placas. Mírelo, aquí tengo su foto, sí, sí es un hombre guapo, y joven sí, y sí, siempre andaba sonriendo. Lo vinieron a buscar sólo para unas preguntas de rutina, al menos eso dijeron, preguntas de rutina, contraté un abogado pero es poco lo que puede hacer, yo por lo menos quisiera saber dónde quedó su cuerpo para poder ir a ponerle unas flores, no pido mucho, ya no pido más que eso, saber en donde quedó...

En América Latina son muchos los que despiertan a medianoche sobresaltados. Las madres piensan en su preso. ¿Lo habrán puesto de cara a la pared? ¿Sonreirá valientemente como siempre lo hizo? Cualquier ruido en la calle es sospechoso, el portazo de un automóvil, el arrancón de un tranvía. ¿Qué será? ¿Quién será? ¿Qué estará pasando? Los "operativos", como los llaman en Argentina, se llevan a cabo en plena calle, frente a los vecinos que no intervienen, que no estiran los brazos hacia el que se llevan, que no extienden las manos para tomar la suya, que se quedan parados con la boca abierta, que nunca preguntan siquiera: "¿A dónde se lo llevan? ¿Qué quieren de él? ¿Qué van a hacer con él?", no se los vayan a llevar a ellos también. En Argentina, organizaciones de derechos humanos han documentado los casos de unos seis mil desaparecidos. Calculan que esta cifra corresponde sólo al 50% del número real. En junio de 1979, Amnistía Internacional publicó una lista hecha por computadora de 2 665 casos bien documentados. No sólo han desaparecido argentinos sino ciudadanos de otros veintiocho países, y desde 1979 se ha duplicado el número de casos registrados por Amnistía Internacional, y es el golpe militar de marzo de 1976 el que ha producido un flujo continuo de desaparecidos políticos. En Brasil aún se recuerdan los siniestros "Escuadrones de la Muerte" pero no se han notificado en los últimos años nuevas desapariciones. En Chile, desde el golpe militar, Amnistía Internacional ha documentado 1 500 desapariciones. Organizaciones de Derechos Humanos en Chile calculan el número total de desapariciones en 2 500, la mayoría ocurridas inmediatamente después de la toma del poder por los militares y en los tres años siguientes. Ninguno de los desaparecidos ha vuelto con vida. El descubrimiento de casi treinta cadáveres en una calera cerca de Santiago parece indicar que la mayoría de los desaparecidos en los primeros años están muertos. En El Salvador, la delegación parlamentaria británica, enviada específicamente para ello, documentó en diciembre de 1978 108 casos de desaparición. En Guatemala, Amnistía Internacional calcula en más de veinte mil el número de personas desaparecidas o víctimas de ejecuciones extrajudiciales. Entre 1972 y 1976, 1 105 personas fueron asesinadas por grupos oficiales o semioficiales como "La Mano Blanca" uno de los muchos escuadrones de la muerte. En México, Amnistía Internacional ha recibido informes de más de trescientas desapariciones en estos últimos años; el gobierno mexicano accedió en 1978 a investigar el paradero de las personas cuyos casos le había presentado Amnistía Internacional, pero todavía no hace ninguna declaración. El gobierno mexicano ha puesto en libertad, en una amnistía en 1978, a 1 589 presos políticos, y en una segunda amnistía, en junio de 1980, a treinta y un personas en el Distrito Federal y en tres estados. Entre quienes se beneficiaron están Gustavo Adolfo Hirales Morán y las compañeras Ramos, pero aún quedan en cárceles clandestinas de 150 a 500 personas, entre quienes probablemente se encuentren muchos de los desaparecidos. En Nicaragua, desde el derrocamiento del gobierno de Somoza no ha habido noticia de desapariciones, que eran

141

tan corrientes en el régimen anterior: entre noviembre de 1975 y mayo de 1976, Amnistía Internacional recibió informes procedentes de una sola municipalidad de 92 personas capturadas por la Guardia Nacional. No se ha vuelto a saber nada de ninguna de ellas. En Paraguay, en 1977, Amnistía Internacional documentó veinte desaparecidos y, poco después, el gobierno paraguayo puso en libertad a uno de ellos y lo indemnizó por los dos años que había pasado en la cárcel sin acusación ni juicio. Según varios informes, otras personas en la lista de los veinte han sido vistas con vida y en reclusión, pero el gobierno no ha reconocido que están bajo custodia. En Uruguay, a partir de 1979, había más de cien casos documentados de uruguayos desaparecidos. El primero data de noviembre de 1974, cuando un matrimonio joven fue secuestrado en Buenos Aires junto con su hijo de tres años. Los cadáveres de los padres fueron hallados en las afueras de Montevideo, pero el niño nunca apareció. Otros noventa y siete uruguayos han sido secuestrados en la misma forma y han desaparecido de Argentina; nueve de ellos eran niños. Trece de ellos fueron vistos con vida en cárceles argentinas; muchos también en cárceles secretas en Uruguay. Dos uruguayos desaparecieron en Paraguay. Estos casos prueban claramente el grado de cooperación entre las policías de Uruguay y de Argentina. Y esto sucede en toda América Latina. En Chile, por ejemplo, el gobierno chileno, después de haberse negado con el mayor cinismo a reconocer su complicidad en la desaparición de más de 1 500 personas, ha procedido —con el mismo cinismo— a amnistiar a los responsables de torturas y desapariciones cuando éstos fueron plenamente identificados por las autoridades judiciales.

Dice Mariclaire Acosta, representante de Amnistía Internacional en México: "El mecanismo empleado para desaparecer a una persona en Latinoamérica es relativamente sencillo: se trata de aparentar un simple secuestro, perpetrado en forma rápida, violenta y anónima como lo dictan los cánones de la tradición. Generalmente el acto es precedido por un allanamiento de morada en el cual un grupo armado irrumpe violentamente, a altas horas de la noche, en el hogar de la víctima, y, tras el amedrentamiento y maltrato del resto de los habitantes, lleva consigo a su presa además de todos los objetos que pudo hurtar durante el operativo".

"En México —dice el informe de Amnistía Internacional—, el gobierno no ha dado una explicación satisfactoria sobre la situación de más de 300 personas desaparecidas desde 1968 —la mayoría campesinos— después de haber sido detenidas por fuerzas de seguridad."

QUÉ COSA RECLAMO SI NO SÉ LEER Y NADIE ME HACE CASO

En el campo de México, llegan los soldados y simplemente se llevan a los campesinos. Y no por ello se mueve la hoja del árbol. Sólo hasta hoy los familiares empiezan a denunciar las desapariciones de hombres y de mujeres que no poseen el alfabeto y que de un día al otro, simplemente no amanecen en su casa, no echan tortillas, no salen al corral. Los vecinos recogen entonces a los niños hambrientos, tratan de cuidar la choza vacía, se encargan, si los hay, de la marranita, de las gallinas. En esa casa que antes humeaba se han esfumado los adultos. Los niños, con sus grandes ojos de pobre como diría Rosario Castellanos, en vano otean el camino, si acaso alguien regresa son los soldados para atemorizar a los vecinos, para que sepan que si se meten a reclamar, así les va a ir. Un buen día, nomás no estarán. La muerte que a todos nos toca tarde o temprano les tocará en otra parte, y donde sea no habrá quien les dé cristiana sepultura. Y los pobres, entre sus pocas pretensiones, quieren saber a dónde van a quedar.

La mayor parte de los presos políticos mexicanos son jóvenes (en América Latina resulta peligroso ser joven), sus edades oscilan entre los dieciocho y los treinta años y su nivel económico es muy bajo. Los desaparecidos de origen campesino en su mayoría son analfabetas, por lo tanto no conocen la ley y no recurren a su amparo. No interponen ningún recurso aunque éste sea, como en el resto de América Latina, sistemáticamente violado. Todos sabemos que cualquier gobierno, por más democrático, persigue a sus opositores políticos, y en el caso de los desaparecidos de México, la mayor parte está involucrada en acciones guerrilleras; son disidentes, y en muchas ocasiones para explicar su desaparición se alega que murieron en un enfrentamiento con el ejército. Sin embargo, su desaparición los convierte —a ellos y a sus familiares— en víctimas y le confiere al gobierno —responsable o no— el papel de perseguidor. Su desaparición, además de ilegal, es una infamia, de las que muy pocos parecen darse cuenta. Si Rosario Ibarra de Piedra no hubiera iniciado una campaña de protesta y de difusión, no estaríamos enterados a la fecha del problema de los desaparecidos y sólo tendríamos una noción muy vaga y fácilmente desechable de cómo, en casos de oposición política, son pisoteadas en nuestro país las libertades democráticas.

143

¿SON TODOS LOS DESAPARECIDOS GUERRILLEROS O MILITANTES POLÍTICOS?

La mayoría de los desaparecidos mexicanos es de extracción campesina o proletaria; el número de estudiantes es pequeño y el de profesionistas, mínimo. ¿Son todos los desaparecidos guerrilleros o militantes políticos? ¡Claro que no! Ni siquiera en Argentina, en donde los opositores a la Junta trataron de organizarse y de armarse: los Montoneros, el Partido de los Pobres, ni en Uruguay: los Tupamaros, mucho menos en México donde el poder se ejerce sobre una masa a la que difícilmente se le permite decir: "Esta boca es mía", pobre, pobre, pobre, pobre sobre la cual se levanta una clase media baja, más deseosa de bienes de consumo que de ideales libertarios. Los brotes revolucionarios —después de la revolución de 1910—, cualesquiera que éstos sean, han sido siempre sofocados por la policía y por el ejército. Rubén Jaramillo, morelense como Emiliano Zapata, fue asesinado en 1962 junto con su esposa Epifania visiblemente embarazada y tres de sus hijos, una semana después de que lo abrazara el entonces presidente de la República, Adolfo López Mateos. Genaro Vásquez Rojas fue cazado como un animal a quién se le sigue la pista durante meses, su memoria desprestigiada en los periódicos con fotografías a color de mujeres, casas chicas, juergas, comilonas, y todos sabemos que la mayor batida organizada por el ejército ha sido en contra del guerrillero rural Lucio Cabañas. A Rubén Jaramillo se le consideró el Zapata del momento y, aunque el Emiliano Zapata de 1910 tiene su estatua fundida en bronce en muchos estados de la República, a los Zapatas de los cuarentas, de los cincuentas, de los sesentas, de los setentas o a cualquiera que pretenda una lucha semejante, se le persigue para abatirlo como perro del mal. Su única condición tolerable es la de la muerte. Muerto se le declara vivo, se dice que aún cabalga por la sierra, que se pueden escuchar en las noches frescas y olorosas los cascos de su yegua blanca. Vivo, lo único que lo espera es una ráfaga de ametralladora.

TODA TU VIOLENCIA CONTRA EL RÉGIMEN SE VUELVE UN ARMA A SU FAVOR, PALABRA QUE SÍ, VATO

¿Cómo desaparecen a un muchacho? ¿Cómo se mete a la guerrilla ese muchacho? Un buen día, una manifestación. Es el 10 de junio de 1971, pongamos por caso. Los muchachos corean al ritmo de sus pisadas: "El pue-blo-uni-do-jamás-se-rá-ven-ci-do". Cuando tu contingente anda por la Normal salen unos tipos con bastones kendo, supuestamente estudiantes también, y empiezan a golpear a todos. Pero no sólo golpean. Si fueran bastonazos, no sería la primera vez que se los chingan ustedes nomás con los palos de las pancartas y las astas de las banderas. Traen metralletas. Los Halcones matan a muchos chavos; nadie interviene, y se suben después a unos camiones de limpia del Departamento del Distrito Federal. Se monta una farsa; el presidente dice ser el más indignado, los periódicos llegan a extremos audaces de manipulación sin que pase nada. Lo único serio son los muertos, lo demás es pura payasada. Entonces decides que si el gobierno está armado ya estuvo bueno de gandalladas, del canto del azadón; todo pa'ca y nada pa'allá. Otros compañeros de la facultad piensan lo mismo y alguno de ellos, el más serio, el más callado, el que parece estar vigilando y juzgándolo todo, dice un día, ese día en que has vociferado más, ese día en que cualquier detalle —un niño desnutrido, a quien se le ha ido su globo, por ejemplo— te obliga a jurar que quieres hacer algo, lo que sea, con tal de que esto se acabe.

—Nos vemos mañana a las doce frente al Hotel Casablanca, quiero presentarte a una persona.

En la calle frente al Casablanca esperas diez minutos, la hora del Observatorio misma de Haste, la hora de México, las doce y siete. El compañero, el más serio, llega y te conduce a un café de chinos de por ahí cerquita. Un hombre de treinta y cinco años, quizás cuarenta, de mirada firme, te tiende la mano y el compañero está por decir tu nombre cuando el hombre lo interrumpe: "Chst... Se llama Horacio. Horacio, Horacio porque aquí todos vamos a cambiar de nombre, ¿tú como quieres llamarte?" "Ernesto", respondes con una gran sonrisa. Y el compañero más serio pierde pie y suelta tu brazo. La mirada del hombre viejo se hace dura, despectiva: "¿Ernesto? ¿Ernesto?" Bonito nombre, pero ¿crees merecerlo? Luego te sienta a la mesa y muestra una gráfica a la que no le entiendes ni madres y él te dice: "Hay que actuar en serio, compañero". Añade con mirada grave y cansada recargándosete encima: "El país está en manos de ricos y de extranjeros; a los que producimos la riqueza nada nos pertenece..."

Al día siguiente, la hora del Observatorio misma de Haste la hora de México, son las siete horas, empieza tu entrenamiento en Río Frío, en el Ajusco, en Tres Cruces. Se trata de subir montañas y romper récords, de hacer condición; primero subes a solas, después con un leño entre los brazos en medio de otros chavos, unos de Prepa, del Poli, también de la Normal aunque no sepan ni qué onda, cuates de dieciocho, diecinueve años, mocosos de a tiro. Curiosamente al compañero más serio no vuelves a verlo. Estará reclutando a otros. Al llegar a las cumbres el entrenador les receta las tesis filosóficas de Mao Tse-tung y textos del Che Guevara y del francés Debray; algunos estudian con un fervor que envidias. Una mañana en que te atreves a decir: "Pero, no creo que Mao tenga razón en esto" eres aplastado, reeducado y purgado por el entrenador en una media hora. Meses más tarde, quedas de verte en la terminal para ir al Ajusco, pero amanece y decides que ya te tienen harto con sus dogmatismos... la hora del Observatorio misma de Haste la hora de México, las siete horas, que ahora no vas a madrugar, que la terminal y el enfrentamiento pueden irse mucho a la goma y ya no te presentas. Curiosamente jamás vuelves a ver a ninguno de los cuates con quienes entrenabas. Y un buen día lees de la organización clandestina *Liga 23 de Septiembre* y reconoces sus caras, la cara del más serio y te asustas: "Mira nomás en qué andaba yo metido. ¡Qué saque de onda!" Y no se lo platicas a nadie porque te da miedo... Pero sucede también que no te sales porque puede más tu capacidad de militancia, tu abnegación, tu fervor hacia un maestro que parece saberlo todo y sigues; si eres balín te compararás mentalmente con el Che, si no lo eres no tratarás de emular a nadie sino a ti mismo, acallarás toda duda, toda indecisión, todo desacuerdo a patadas o mejor; aplastándolo como se aplasta un alacrán, un "bicharrajo-reminiscencia-pequeño-burguesa" y tu orgullo será cambiar el tronco por una metralleta. Después ya se sabe, el curso sectario de los grupúsculos, la prohibición de dudar, las infiltraciones y toda tu violencia contra el régimen se vuelven un arma a su favor, de veras, palabra que sí vato...

UN DÍA, LO ENCONTRÉ LIMPIANDO SU FUSIL

"Yo a mi muchacho, lo empecé a ver raro, pa'que es más que la verdad. Siempre fue serio, eso sí, serio y callado pero nunca tanto como en esos días. Además, conmigo platicó desde pequeño porque yo nunca le pegué, nunca me metí con él, nunca le quité la comida. Porque su padre, para educarlo, para enseñarle respeto, le quitaba la comida. Cuando lo veía acuclillado con el taco en la mano, ¡zás! venía y se lo tumbaba: 'Pa'que te enseñes a hombrecito' y el niño no volvía a servirse, de la humillación, de la muina.

Entonces yo iba y le llevaba después un taco en cualquier rincón en donde lo encontrara. Por eso se engrió conmigo el muchachito y supe de sus cosas. Su madre tuvo muchos hijos, muchos, uno tras otro y ni modo de atenderlos a todos en lo particular; su madre se llevó siempre más con las mujeres, y el Ramirito ése me empezó a seguir desde que era pinacate. De grande, cuando tuvo que irse a la milpa, yo le llevaba su itacate pa'que comiera caliente, bueno más o menos. No me importaba lo que calara el sol, lo reseco que estuvieran los terrenos, lo disparejo de la caminata, yo iba a llevarle su cuartito de tortillas, sus frijoles, lo que hubiera. Después un día, lo encontré limpiando su fusil; así detrás de unas matas, bueno, él dejó que yo lo encontrara. Le pregunté: 'Pues ¿qué ya te hiciste guacho?' No me respondió. 'Pues ¿qué ya vas a cambiar de trabajo?', insistí. 'Sí, murmuró, sí, yo ya cambié de trabajo.' '¿Ah sí? y ¿cuál va a ser tu trabajo, hijo?' 'Otro, mamá, otro', porque él me decía mamá, siempre me dijo mamá. No sé por qué me entró harta tristeza, harta porque se desaparecía y yo ya no tenía milpa donde llevarle nada, él se ausentaba hasta durante veinte días y se iba sin dejar rastro. Un día vino todo barbudo, todo flaco y amolado, todo picado de espinas y vi cómo sonreía entre el estropajo de picantes que le cubría el rostro: 'Quería yo verla, madre'. Le di leche, le di piloncillo que tenía yo guardado, porque él me lo pidió, y al momento se fue. 'Traigo rete harta prisa, madre'. Y se fue así, sin cambiarse siquiera de ropa, sin llevarse una muda. No, mentira: otra vez vino, y esa vez estaba como contento y me dijo que iba a quedarse a dormir y que en la madrugada iría a bañarse al río antes de largarse, que le preparara yo ahora sí una muda, que no le dijera a nadie que lo había visto. Entonces le pregunté: 'Pues ¿en qué andas hijo? ¿En qué andas que quieres que yo te haga perdedizo? Si algo malo has hecho, yo te escondo, hijo, y donde yo te esconda nadie te va a hallar nunca'. 'No madre, no, nomás con que diga, si le vienen a preguntar, que usted no me ha visto, que hace hartito tiempo que no sabe de mí.' Y se fue mi nieto, se largó sin despedirse después yo creo de la bañada, y luego 'o en la noche a la hora de acostarme me preguntaba: 'Pues ¿qué lo soñaría?'.''

"Tú estás a punto de prender el cigarro pero te acuerdas de Lucio: de sus palabras casi textuales. El reglamento dice: 'Si andamos cerca del ejército no dejar rastro, no hacer humo'. Por eso te has enseñado a no hablar recio, a no patear el suelo cuando caminas, a no fumar para que no te delate el olor. También el reglamento dice que no hay que hacerle mal a ningún campesino, a ninguna mujer para que la gente te tome a bien y te proteja en un momento dado. Y no prendes el cigarro, lo guardas con cuidado en la bolsa pechera de tu camisa. Ya será en la nochecita o en la madrugada. Entre tanto tienes que atravesar el cafetal si es que quieres llegar a ver a la vieja, a tu viejecita, darte una asomada al jacal, y como en un sueño colgar la hamaca para dormir aunque sólo sea un rato porque tu hamaca quedó en un rincón, te acuerdas, y la vieja te miró guardarla sin decir nada. Y podrás hervirte un té de hierbas, de lo que sea, ya la vieja te dirá, con tal de curarte porque todos esos días han sido de puro mango verde, a pura fruta dura te has mantenido y la viejecita tiene un té que cura todo: de hierbas, de raíces, ¿de qué será?, sólo recuerdas que se lo pedías: 'Dame mi té' y ella te acercaba el cocimiento en un pocillo, te lo ponía entre las manos y ningún gesto en tu recochina vida resultó más reconfortante que este pocillo resquebrajado de los bordes que ella te tendía y luego mantenías entre tus manos sobándolo, recargándolo en tu estómago adolorido, calentándote las tripas, el alma, el corazón. ¡Ay qué buena tu viejecita! Ayer observaste un jacal que humeaba, los frijoles debían estar hirviendo afuera, pero no te atreviste a ir, a acercarte a la olla, a pedir: ¿No me vende una poquita de masa? ¿No me vende poquito frijol? ¡Qué tal si allí te caen los guachos! Andrés te dijo que fueras al crucero de La Higuera, allí quedaron en encontrarse al atardecer y aunque Andrés no te pasa porque no es de los tuyos sino del D. F., escuchas sus relatos con desconfianza, sin entenderlos bien a bien cuando habla del 68 y usa términos como dicotomía enajenante de explotadores y explotados, inevitabilidad histórica, enajenación colectiva. Pero comprendes cuando cuenta que lo dejaron dos días de pie recargado en el mosaico blanco de un baño grandote y que lo tenían a puñetazo tras puñetazo, a las patadas; cada vez que se le doblaban las rodillas y pretendía acuclillarse, una patada: '¡Ahí les va su diálogo, hijos de la chingada!' Desde entonces se hizo sospechoso y a cada rato le caía la tira; se lo llevaron vendado a Acapulco, al Hotel Papagayo, bueno lo que queda de él, y supo que era el Papagayo y supo que era Acapulco porque oía el mar muy cerquita, las olas las oía romper casi en sus sienes y las distinguía una y otra, una y otra, y en eso se entretenía, en contarlas, entonces fue cuando le tocó la picana: desnudo y mojado se la aplicaban en las extremidades y salía botando como chicotazo a estrellarse contra el muro y otra vez, con la misma electricidad salía disparado; golpe tras golpe, y los de la tira riéndose: 'Tú solito te estás dando en la madre, cuate, tú solo, nosotros ni las manos metemos'. Se reían de ver cómo se estrellaba, y Andrés dale y dale con el mismo relato, pero como es el único leído y escribido todos lo escuchan, le respetan su rollo, siempre el mismo, y además allí está pues, con ellos, compartiendo lo que venga, el hambre retorciéndole las vísceras. En la noche quedaste de encontrar a Andrés y sí, allí está el cabrón, allí está sentadote fumando, pues ¿qué no sabe que no hay que fumar, que no hay que dejar rastro, que no debe hacer humo, ni siquiera ese humito pequeñísimo? Siempre imprudente el cuate ése como todos los fuereños y cuando te lo encuentras y estás a punto de decírselo, eso sí en voz baja, él te espeta sin ningún miramiento: 'Oye, Ramiro, un campesino de nombre Malvido dice que allá en San Jerónimo, los guachos se llevaron a tu abuelita al retén y que se van a quedar con ella hasta que aparezcas . . .' Y te hierve la sangre y estás a punto de pegarle a Andrés por imbécil, por fuereño, y todo se te junta adentro y decides: 'Ahora bajo, pase lo que pase, aunque ronde la Judicial, aunque ronden los guachos', al cabo traes tu súper, esta misma noche bajas, no hay cabrón que te lo impida y menos este roto del Distrito Federal. 'Ahora bajo a ver qué le hicieron a la vieja.' 'Cálmate, Ramiro, no creí que te fueras a poner así, contrólate.' 'Ahora mismo bajo, ahora mismo, pase lo que pase', ahora mismo la sacas de donde esté y te remontas, eso sí para no volver a bajar jamás porque ahora sí que estos cabrones van a saber quién eres."

LA GUERRILLA TAL COMO LA PENSARON EL CHE GUEVARA O RÉGIS DEBRAY

Herbert Matthews, de *Life* y amigo de Fidel Castro, fue el primero en hablar de la guerrilla en la Sierra Maestra en 1958. Mario Menéndez, periodista mexicano, publicó en la revista *Sucesos* una serie de reportajes sobre otras guerrillas en América Latina. El Che Guevara, oriundo de Argentina y liberador de Cuba al lado de Fidel Castro, murió en Bolivia. Lo cierto es que no sólo en América Latina sino en todos los países del llamado tercer mundo la guerrilla se ha dado como forma de lucha: en Argentina (ERP y Montoneros), en Uruguay (los Tupamaros), en Rodesia, en Guatemala, en Tailandia, en Nicaragua, en El Salvador, en Honduras, en Irán, en Irlanda, en Guinea, en Malasia, en Angola, en Yemen del Sur. (A mí me parece un error agrupar a los países pobres bajo el membrete de "Tercer Mundo" porque ¿qué tienen en común Guatemala y Tailandia, Nicaragua y Rodesia? Podría responderse que su pobreza, sin embargo, más que su pobreza, hay algo que sí comparten: su forma de lucha: la guerrilla rural, la guerrilla urbana.)

El Movimiento 26 de Julio creado en 1953 se convirtió en 1959 en el primer gobierno revolucionario en América Latina con Fidel Castro a la cabeza. En Vietnam, el PTV, Partido de los Trabajadores de Vietnam, creado en 1951, alcanza la victoria sobre Estados Unidos al convertirse en el Ejército de Liberación compuesto por el pueblo entero. En Angola, el MPLA (Movimiento para la Liberación de Angola) nace en diciembre de 1956 y triunfa veinte años después y más recientemente la victoria de los sandinistas en Nicaragua. Entre África y Asia pueden contarse cerca de cuarenta movimientos guerrilleros, casi todos de ideología marxista.

EL ASALTO AL CUARTEL MADERA Y LA LIGA 23 DE SEPTIEMBRE

En los estados fronterizos (Sinaloa, Chihuahua, Sonora) nació lo que podría llamarse la primera guerrilla mexicana moderna, cuando un grupo de jóvenes maestros y estudiantes, capitaneados por el maestro rural Arturo Gámiz García, asaltó al cuartel de Ciudad Madera, Chihuahua, el 23 de septiembre de 1965, a imitación de la toma del Cuartel Moncada de Fidel Castro. En realidad, era un acto suicida. En el cuartel de Ciudad Madera, 125 soldados repelieron a menos de 10 muchachos que entraron al grito de "Ríndanse, los tenemos rodeados" y cayeron acribillados porque un traidor dio aviso a los soldados. Murieron con sus esperanzados rostros de escasos años, Arturo Gámiz García, Pablo Gómez Ramírez, Salomón Gaytán Saldívar, Rafael Martínez Valdivia, Óscar Sandoval y Miguel Quiñones, así como el hermano menor de Arturo, Emilio Gámiz García, quien era poeta.

En memoria de este primer levantamiento guerrillero en Chihuahua, habría de nacer la Liga Comunista 23 de Septiembre. La Liga llamó también *Madera* a su órgano de difusión para rendir homenaje a los muertos en el intento de asalto. Gustavo Adolfo Hirales Morán publicó un libro en que habla de la Liga 23 de Septiembre, su fundador Raúl Ramos Zavala quien murió en un enfrentamiento, las desviaciones y los errores cometidos y el secuestro de Garza Sada, por el cual le dieron a Hirales una de las sentencias más largas de las que se tenga memoria. Después de 1968 habrían de surgir el FUZ (Frente Urbano Zapatista), Unión del Pueblo, "Carlos Lamarca", el CER (Comité Estudiantil Re-

150

volucionario de Monterrey), FRAP (Fuerzas Revolucionarias Armadas del Pueblo, que secuestró a José Guadalupe Zuno), Grupo Nuevo León, Frente Estudiantil Revolucionario de Guadalajara, Fuerzas Armadas de la Nueva Revolución, Liga Leninista Espartaco, Brigada Armada de Lucha Obrera de Chihuahua, Frente de Liberación Nacional, cuyos militantes en su gran mayoría acabaron muertos o están presos o desaparecidos, CAP (Comando Armado del Pueblo, un grupo muy pequeño fundamentalmente integrado por estudiantes de Leyes, Economía y Ciencias Políticas de la UNAM), el MAR (Movimiento de Acción Revolucionaria, del cual fue miembro Salvador Castañeda, que hizo una novela al respecto y ganó con ella el concurso Grijalbo), ACNR (Asociación Cívica Nacional Revolucionaria, brazo urbano de la guerrilla de Genaro Vásquez Rojas) y otras agrupaciones parecidas, muchas de las cuales aspiraban a unirse a la guerrilla rural de Genaro en la sierra. Algunos, como el MAR (Movimiento de Acción Revolucionaria), recibieron instrucción guerrillera en Corea. Sin embargo, al hablar con uno de los Lacandones, Benjamín Pérez Aragón, amnistiado, uno no puede dejar de asombrarse ante el arrojo y la extrema inconsciencia de la guerrilla urbana en nuestro país.

Desde su nacimiento hasta el día de hoy le han sido atribuidos a la Liga 23 de Septiembre asaltos, pillajes, violaciones, en fin, la mayoría de los actos delictuosos en México. Muchos alegan que la Liga como tal ya no existe. Rosario Ibarra de Piedra entre otros ejemplos da el siguiente: "A un señor de Tijuana a quien mataron en la forma más cruel amordazándolo con tela adhesiva en la boca y en la nariz de suerte que pereció asfixiado, le pusieron un papel en el pecho que decía: 'Un burgués menos. Liga 23 de Septiembre.' El asesino resultó ser su chofer, quien antes le sacó de la bolsa 60 mil pesos". Hace poco se publicó la noticia de seis policías amafiados para asaltar carros, almacenes y parejas. Al cometer esos atracos se autonombraron: "Liga 23 de Septiembre".

¿CUÁL ES EL MENSAJE, CUÁL ES EL PENSAMIENTO POLÍTICO?

Una espantosa avalancha de noticias con sus respectivas e impactantes imágenes nos cayó encima; secuestrados y secuestradores, trajeados y greñudos, secuestrados que le hablan de tú a sus secuestradores, los tratan con bonhomía, como el ejecutivo Julio Hirshfield Almada que paternal saluda a cada uno de mano, quihúbole muchachos, cómo les ha ido, hasta los que de plano se lanzan a la más encendida apología de los miembros del FRAP como José Guadalupe Zuno, entonces suegro del presidente de la República, cuyas declaraciones sólo aumentan la confusión y nada aportan al esclarecimiento del capítulo del terrorismo en México. La opinión pública se conmueve y lleva a la Embajada de Bélgica en la calle de Francisco Sosa en Coyoacán donaciones hasta en especies para pagar el rescate de la hija de los embajadores: Nadine. ¿Quién está entonces con los guerrilleros? Ni los mexicanos más pobres. El secuestro de Rubén Figueroa, gobernador de Guerrero, produce en 1975 la mayor cantidad de desaparecidos en nuestro país: 255 sobre un total de 471. Los comunicados de los guerrilleros son leídos por Zabludowsky en el programa de televisión "24 Horas", Méndez Arceo es escogido como intermediario, ningún comunicado orienta realmente a la opinión pública acerca de los objetivos y el programa político de los opositores, que escogen, equivocados o no, la lucha armada. El hecho de que se confundan acciones gangsteriles, acciones policiacas y acciones guerrilleras se debe a que los guerrilleros no han logrado fijar un mensaje, una táctica de lucha, un pensamiento político organizado, ni siquiera un ideal a seguir, y a que la gran prensa contribuye a confundir y da siempre las versiones policiacas sin ir más allá de los boletines. Si los presos políticos anteriores, los del movimiento ferrocarrilero vallejista del 58, por ejemplo, tenían un programa bien concreto y los del 68 definieron sus seis puntos en un pliego petitorio, ¿qué quieren los guerrilleros?, ¿qué pelean?, ¿cómo?, ¿por qué? ¿Qué es lo que buscan? ¿Instaurar la justicia social? ¿Repartir la riqueza? ¿Derrocar al régimen? ¿Implantar el socialismo? ¿Cambiar a corto plazo el sistema en el que vivimos? ¿Qué han hecho por los demás mexicanos? ¿Dónde está el botín? ¿Cuándo lo repartieron? Hasta el momento sólo se sabe que los del FUZ, en una acción infantil, distribuyeron una madrugada a las personas que hacían cola para le leche en la CONASUPO billetes de quinientos pesos que los azorados clientes extraían incrédulos de sobres blancos. Estos quinientos pesos, producto de un asalto al Metro, de otro a la Renault y de otro a la camioneta de un banco, repartidos entre los cuarenta madrugadores, no fueron más allá de la exclamación de uno de ellos: "¡Qué buena puntada!" ¿Eran puntadas las de los guerrilleros? Se jugaban la vida ¿por puntada? Compraban pelucas, alquilaban departamentos a un costo más alto porque no tenían fiador, vivían a salto de mata —y esto resulta siempre muy oneroso— se inclinaban sobre el plano de la fábrica que pensaban asaltar ¿por puntada? ¿Puntada? ¿Pura puntada? ¿Y

Rosario Ibarra de Piedra, la madre de Jesús Piedra Ibarra quien desapareció en 1975, en Monterrey, Nuevo León, después del asesinato de Garza Sada.

Jesús Piedra Ibarra, joven estudiante de medicina, desaparecido el 18 de abril de 1975 en Monterrey, a los veinte años.

¡amnistía general!

RAFAEL RAMIREZ DUARTE.

¡ESTUDIANTE DE ECONOMIA DE LA U.N.A.M. DESAPARECIDO!

¡Cese a las torturas y secuestros!

¡Presentación de los desaparecidos y presos en campos militares y cárceles clandestinas!

¡Exijamos Justicia!

COMITE PRO-DEFENSA DE PRESOS, PERSEGUIDOS, DESAPARECIDOS Y EXILIADOS POLITICOS

GARIBALDI SUR 716
TEL. 43-03-00
MONTERREY, N. L.

Rafael Ramírez Duarte (a) el Bolchevique. Delia Duarte, su madre, es un miembro activo del Comité pro Desaparecidos en el Distrito Federal.

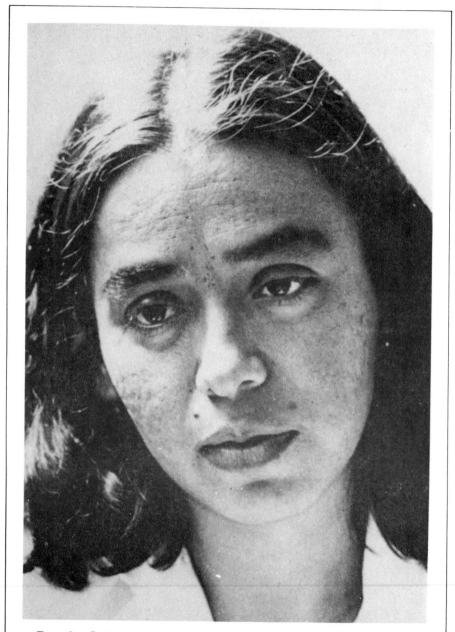

Paquita Calvo Zapata (del FUZ, Frente Urbano Zapatista) en la cárcel para mujeres, en enero de 1977 es entrevistada por Vicente Leñero.

así hasta el próximo golpe, de nuevo a comprar pelucas, a cambiar de rumbo, esconder las armas, abandonar el automóvil, agenciarse otro; otra vez las pelucas, ni hablar del peluquín, a gastarse los 500 mil pesos mientras se prepara el nuevo asalto, el secuestro, la intercepción de la camioneta bancaria, todo ello enmedio de una atroz, de una pavorosa improvisación en que está su vida de por medio, y no sólo la suya, sino la de todos los que se atraviesen por su camino? La propia Paquita Calvo Zapata cuenta que los del FUZ estaban tan alterados cuando secuestraron a Hirschfield que él tuvo que decirles: "No se pongan nerviosos, yo sé cuál es mi situación y voy a cooperar, pero no se aloquen porque así salimos bien ustedes y yo". Cuántos balazos a lo loco no tirarían los guerrilleros, cuánta gente muerta a lo bestia, cuántas acciones sin sentido, dictadas sólo por el terror, "no, si yo no quería que pasara esto, fue un error, me equivoqué, la pinche chota me obligó, fue el miedo", "la cajera se movió y le disparé, pero nunca pensé en hacerlo, pero ella se movió y yo le había advertido que...", "creía que había disparado al aire sólo para amedrentar", "quise darle en los pies pero fue en el estómago", "ese pobre cuate no debió de morir pues si nomás estaba allí de mirón". El panorama es tan desconsolador que uno duda del sentido común de cualquiera que se meta a la guerrilla. ¿Para qué? ¿Para emular a los héroes de las películas de Costa Gavras? Dice Paquita Calvo Zapata que jamás ha visto una de las películas del griego. Entonces ¿qué? ¿A que le tiran? ¿A qué? A ver, ¿a qué? Paquita alega: "La gente que participó estaba dispuesta a morirse y yo creo que eso es muy estimable, muy estimable. Todos nosotros estábamos dispuestos a morir". "Pero morir ¿por qué?", grito casi. "La inmensa mayoría de los que participan en la guerrilla es gente con una gran carga de idealismo. Está convencida, de verdad, que va a derrocar al Estado burgués y a instaurar el socialismo". "Entonces, fundamentalmente ¿lo que define al guerrillero es su gran idealismo?" Sí, sí. "Pero ¿de qué sirve el idealismo si no hay método político ni método de lucha?" Paquita me mira con sus ojos confiados: "La guerrilla, independientemente de sus errores, el nivel poco elevado de algunos de sus integrantes es de hombres y de mujeres que actúan por un convencimiento ideológico. Están convencidos de que el socialismo es el sistema por el que hay que luchar y creen también ¿verdad?, por lo menos lo creen emotivamente, que lo van a lograr con las armas en la mano y, allí sí, entra toda la influencia de la guerrilla latinoamericana".

Veo el rostro redondo, abierto de Paquita Calvo Zapata y me cuesta trabajo imaginarla empuñando una metralleta. Hace rato, a una pregunta contestó no sin un chispazo coqueto en los ojos color de azúcar quemada, en los dientes muy blancos: "Pues no creo tener tan mala puntería". Como nunca he tomado un arma, ni siquiera para sopesarla y todo lo juzgo a través de mi nula experiencia, no cabe en mi entendimiento que otros sepan disparar, que los tiros no sean de salva como en las películas, que lo que tiene que ver con la muerte y la guerra no sea sino un pretexto cinematográfico.

Bajita, morena, el pelo lacio y largo recogido en la nuca, todo en Paquita es acogedor. Aguarda, los ojos atentos tras de sus anteojos, la voz es suave, alegre, cálida, nunca enfatiza nada, parece como si preguntara, su figura proyecta incluso una imagen de timidez. Nada hay sectario en sus propósitos, ni una frase dogmática, al contrario, cordial sonríe, aguarda. Cuando le pregunto si se siente heroína del pueblo, ríe de plano y sin embargo es el único momento en que parece tomarse en serio: "No, no, qué me iba yo a sentir heroína de nada, pero sí me sentí, y sinceramente te lo digo, bien conmigo misma, con mi conciencia. Siempre me dio una enorme tranquilidad el haber sido consecuente con una posición política. Ha de ser muy triste, ¿no crees?, gente que en un momento dado está convencida y no se decide. Eso debe ser tremendo. No es que yo conozca casos, te lo digo así, como un dato".

En *Proceso*, número 17 del 26 de febrero de 1977, Paquita le dijo a Vicente Leñero: "La mayoría de los que participamos en las guerrillas estamos conscientes de que la guerrilla no es la forma de lucha que se debe desarrollar, que constituyó una desviación política ultraizquierdista, que actuó al margen de las luchas de las clases trabajadoras, que no tomó en cuenta la experiencia ni la organización política de las masas ni sus necesidades".

Entonces Paquita estaba en la cárcel de mujeres de Santa Marta Acatitla, condenada a una pena de treinta años. Había fracasado su grupo, el FUZ (algunos grupúsculos como el Frente Urbano Zapatista contaban sólo con siete miembros, ocho, nunca más, entre los cuales en muchas ocasiones había un "oreja", un infiltrado a sueldo de Gobernación), estaba separada de su hijo Tomás de cinco años (a quien unos meses más tarde ella y su marido Julio Pliego mandarían a Cuba), de su madre, de su hermano, de sus familiares y de sus compañeros. Pero Paquita no se sentía triste, al contrario, incluso ahora, dice que extraña la gran capacidad de concentración para el estudio que alcanzó en la cárcel: "Pocas veces, realmente, más bien nunca he podido estudiar como lo hice porque mi horario era de tiempo completo ¿me entiendes?, sin una sola distracción, y llegaba a la noche, eufórica porque me había concentrado padrísimo, entendía cosas que antes no captaba, y como afortunadamente nos dejaban pasar libros y revistas mis posibilidades de estudio eran óptimas. Al principio, intentaron ponernos a trabajar a las cuarenta presas políticas 'para reducirnos una parte de la sentencia', hacernos participar en los talleres de carpintería, de artesanías, hacer fajina, pero sostuvimos siempre: 'Nosotras somos presas políticas. Si nos quieren quitar parte de nuestra sentencia, ése es problema de ustedes, pero trabajar en los talleres de costura de ninguna manera, necesitamos prepararnos políticamente porque seguimos siendo revolucionarias, así es que vamos a dedicarnos a leer y a estudiar'. Claro, teníamos actividades como el resto de la gente y vieras cómo extraño el deporte. Nunca había experimentado el deleite del deportista, es más, tenía cierto desprecio por las cuestiones deportivas pero jugábamos volibol la hora que teníamos 'de campo', a veces hasta hora y media, poníamos una red en la cancha dentro del espacio verde y hacíamos unos equipos pero buenísimos, buenísimos, y esto nos daba una salud mental que nos duraba todo el día, nos equilibraba. Al terminar nos tirábamos sobre el pasto a tomar el sol así como lagartijas, porque eso sí, la cárcel es muy fría y padecí mucho de la garganta y más de dolor en las piernas por la frialdad tremenda y aunque me ponía todo lo que podía, tú sabes que cuando el frío cala, cuando el frío está en los muros, te penetra todo el tiempo, te llega a los huesos y yo sentía que el frío salía de adentro para afuera".

De su entrenamiento como guerrillera, Paquita cuenta de la nauyaca, una víbora muy venenosa que si te pica, caes muerto al minuto, ahí te quedas engarruñado y no hay quien te pueda enderezar. A la nauyaca la fueron a conocer en unos pantanos en Chiapas cuando hacían las cosas sin ninguna preparación, así a las carcajadas, después de unas cuantas subidas al Ajusco. "Caminar y correr, caminar y correr, correr y caminar, subir, subir, subir, subir corriendo, y entonces allá arriba tirarle a cualquier cosa, a unas botellas o algo así para luego bajar hechos la mocha porque pues nos daba miedo que nos fueran a oír. Por eso nos fuimos una semana a Chiapas, sólo una semanita de entrenamiento, pero sin la menor precaución, con las manos vacías de medicamentos, y entonces sí, nuestro entrenamiento fue un poquito más acabado y allí sí disparamos en la jungla con metralleta. Eso sí, nunca supe exactamente cómo se conseguían las armas, pero en esa época era fácil porque había mercado negro".

NUNCA JAMÁS LOGRÓ EL FUZ LIGARSE AL PUEBLO

El primer acto guerrillero del FUZ fue el asalto al Banco de México (Sucursal Valle) en la esquina de la avenida Coyoacán y Torres Adalid, en octubre de 1970. El segundo, en septiembre de 1971, fue el secuestro de Julio Hirschfield Almada, de quien Paquita se expresa bien: "Nunca trató de congraciarse con nosotros, al contrario siempre defendió el capitalismo, aunque reconoció que había injusticias sociales. Lo que sí, no comía lo que nosotros, es decir, cualquier cosa y cuando vimos que no probaba bocado le preguntamos si quería pizza o pollo rostizado y nos dijo que pizza de anchoas y salami por favor, y se la fuimos a traer".

A los cuantos días les cayó la policía. Paquita lo vislumbraba: "Sinceramente, ya desde un poco antes de que nos detuvieran, yo estaba consciente de los muchos errores que habíamos cometido, me asaltaban dudas, cuestionaba nuestra línea política y veía el sectarismo tremendo que se había desarrollado en nuestro foco guerrillero como consecuencia de que no lográbamos infiltrarnos en las masas trabajadoras, penetrar en el pueblo, porque nosotros nunca pudimos ligarnos al pueblo, NUNCA JAMÁS, y claro, lógicamente este fracaso hizo que fueran cerrándose los compañeros cada vez más, sectarizándose hasta darse casos verdaderamente patéticos o patológicos, como quieras llamarles, de sectarismo. Sin embargo, yo estaba decidida a seguir adelante porque veía la perspectiva de la guerrilla rural y pensaba: 'Si logramos ligarnos a la guerrilla rural de Genaro, podremos funcionar aunque sea como apoyo logístico; es decir, dinero, refugios, ¿verdad? Si la guerrilla urbana no tenía mayor perspectiva y sólo nos había producido frustración, quizas la tuviera la guerrilla rural, que esa sí era un movimiento de masas, aunque tampoco estaba yo muy clara en eso, porque veía que la realidad de Guerrero era sólo la de Guerrero y no la del país. ¿Cómo podríamos llegarle, nosotros los citadinos, al campesinado, a aquel campesinado amenazado, refundido, atrasado, golpeado, muerto de hambre? ¿De qué manera? Tal vez podríamos llegarle a la clase obrera, eso sí, la clase obrera era el sujeto histórico, la gran masa de proletarios

156

urbanos. Yo me pasé muchas noches cavilando acerca de estos temas, pensando en cuál era nuestra función. Como tú sabes, terminé la carrera de leyes, y no me recibí porque escogí la clandestinidad, creí en la guerrilla.

"Por eso cuando nos agarraron fue terrible, tremendo porque yo sí pensé que nos iban a matar. A mí me detuvieron en casa de mi mamá, porque fíjate, ¡qué errores más absurdos!, pensé que en ningún lugar estaría más seguro el dinero que en su casa. Del asalto al Banco de México, Sucursal Valle, obtuvimos cuatrocientos mil pesos, parte de lo cual gastamos en preparar el secuestro de Hirschfield, del cual sacamos tres millones de pesos y decidimos repartírnoslo entre varios para que cada uno se hiciera responsable de una determinada cantidad y no concentrarla toda. Subí el dinero y lo metí debajo de un tinaco en la azotea sin que nadie se diera cuenta. Exactamente el día en que nos agarraron pensábamos salir porque se había publicado en la prensa que unos compañeros conectados con nosotros habían sido detenidos en Chiapas y dedujimos: 'Pues la policía viene para acá ¿no?' Por eso fui a casa de mamá a recoger el dinero y los agentes dieron conmigo aunque no tenían por qué conocer la casa familiar porque yo ya tenía tiempo viviendo en la clandestinidad. Fue tremendo porque subí a ver a Tomás a su recámara para decirle adiós —estaba jugando y viendo tele— y en el momento en que estaba despidiéndome volteé porque sentí algo y ¡no te miento, diez hombres se habían recargado en el pasillo, para que veas qué desproporcionada era la cosa, con unas armas increíbles que yo nunca había visto antes, verdaderamente de película, apuntándonos, todos los cañones dirigidos hacia el cuarto! Seguramente llamaron a la muchacha, le preguntaron dónde estaba yo y ella dijo: 'Pues está arriba en la recámara con el niño' y subieron llevándola a ella para que les enseñara dónde, y ante el peligro que les significábamos, se colocaron a lo largo del pasillo. Cuando vi eso, evalué inmediatamente la situación y le dije al primero de ellos:

—No hay problema señor, por favor, está mi familia aquí, no hay ningún problema.

Entonces entraron a la pieza y Tomás, claro, se asustó porque vio las armas. Se dio cuenta, captó ¿no? y me preguntó:

—¿A dónde vas?

Ah, porque dijeron:

—Vámonos.

Y me preguntó Tomás:

—¿A dónde vas?

Yo siempre le manejé la verdad a mi hijo y le respondí:

—Mira Tomás, yo te he platicado a ti de Fidel, del Che, de Camilo, ¿verdad?

—Sí.

—Bueno mira, pues ellos son revolucionarios, ya te lo he dicho; bueno mira, yo he intentado por lo menos ser una revolucionaria y estos señores son policías y me van a llevar a la cárcel pero tú me vas a poder ir a ver después.

Bueno, pues ¿crees que el policía se enojó? ¡Ah, porque a Tomás empezaron a rodársele las lágrimas, no, no, a gritar no, eso no, pero se le salían unos lagrimones! Entonces, dice el policía:

—¿Por qué le dice eso al niño?

—Porque es la verdad y a mi hijo siempre le digo la verdad.

Y el policía, fíjate qué cosas chistosas tiene la vida aunque sean detalles, el policía le dijo al niño:

—No, no es cierto, no le creas, no le creas, no llores ya.

"Entonces me llevaron junto con dos compañeros y nos metieron a los tres a una camioneta, bocabajo, amarrados completamente los brazos y las piernas y aunque nunca logré ubicarme, me imagino que nos tuvieron en el Campo Militar número Uno. Allí empezó lo terrible porque en mi caso sobre todo, para torturarme manejaron la presión moral: 'Tenemos a tu hijo en nuestras manos y si no hablas lo vamos a traer para que veas como está.' Yo estaba vendada, amordazada, atada a una silla. Querían saber del último refugio, al que no le habían caído todavía. Los refugios eran unos departamentos que rentábamos y en los cuales guardábamos las armas y el dinero. Me mantuvieron vendada como cinco días, creo, aunque perdí la noción del tiempo porque como te tienen vendada todo el tiempo y sentada, fíjate no te dejan parar ni acostarte, sentada y cuando no te interrogan, amordazada, llega un momento en que no sabes si es de día o de noche, qué horas son, pierdes el sentido de la realidad, hasta de tu cansancio porque en un momento dado, sientes el cansancio tremendamente, imagínate, tre-men-da-mente, porque además no puedes dormir, cómo vas a poder dormir en esas condiciones, yo no pegué el ojo nunca, sólo fui al baño dos o tres veces, muy poco, así vendada, ellos te llevan y te esperan, siempre vendada. Pero como casi no tomé nada, pues no tuvieron que acompañarme, o muy poco, nos tuvieron al principio, durante como dos días sin probar nada, dos días sentados en la silla sin agua ni comida ni nada, después nos sirvieron en un plato algo, no sé qué sería, carne o algo, una hamburguesa y nos dieron de tomar refresco, pero te aseguro que no quería comerlo, no quería nada de ellos, y entonces se enojaron y me amenazaron y ya desde ese momento fue muy duro, desde que me obligaron a comer porque estaba yo en medio de todo; las amenazas a la integridad física de mi hijo, los golpes, el pocito en el que te sientan al borde de un tanque de agua y te sumergen hasta que casi no puedes respirar, y aunque parezca tremendo muchos aprenden a respirar el agua como si fuera aire, y aguantan, aguantan también los toques eléctricos, los golpes con la cacha de la pistola, las bofetadas, la desnudez, porque es muy bárbara la policía, muy brutal sí, sí, definitivamente salvaje, ellos no se miden, si quieren conseguir una información no se miden y en un momento dado usan todos los recursos a su alcance, los morales y los físicos."

EN SANTA MARTA, LAS RECLUSAS DE DELITO DEL ORDEN COMÚN SIENTEN RESPETO POR LAS PRESAS POLÍTICAS

"Por eso, Santa Marta resultó mucho mejor de lo que había pensado. Creí que iba a ser tétrico pero realmente no lo era tanto. Al contrario, sentí alivio porque el edificio, aunque feo, sucio y oscuro, no era como me lo imaginaba y sobre todo la gente, fíjate, la gente se porta bien contigo, no importan sus niveles de delincuencia, las presas de delitos de orden común tienen hacia el preso político cierto respeto, te consultan, te piden alguna orientación incluso de orden legal. A mí, además, me recibieron "las políticas", me llevaron al dormitorio, me acompañaron, me dieron las cosas más elementales como una toalla, un jabón, una muda de ropa, me propusieron bañarme, cambiarme de ropa, imagínate cómo llegaría yo después de una semana, y eso me dio otro panorama de la cárcel y de la vida, me hizo sentirme diferente y después, con las nuevas que entraban, hacíamos nosotras lo mismo. Llegaron a ser muchas "las políticas", más de cuarenta, porque en esos meses de 1972, 1973, la policía desmanteló casi prácticamente la guerrilla urbana."

FILOSOFÍA LIVERPULIANA

Como Paquita, ahora libre, vive cerca del Palacio de Hierro, pensé: "Qué bueno, porque así al salir, pasaré a la tienda a ver qué encuentro, una blusita, un fondito, unos calzoncitos, quizás una falda". Todavía frente a su ventana rodeada de hiedra oscura y polvosa, reafirmé mi propósito: "Voy a preguntarle todo rápido

159

—muy rápida que va a salir esta entrevista—, para luego ir a surtirme".

Recuerdo que hace siete años, al escuchar a alguna amiga hablar de Liverpool, creí que era el de los Beatles, el puerto de aguas mercuriales y densas, repletas de desechos de todas las industrias que proyectan su grisalla, sus metales sombríos. No dejó de sorprenderme que tan grande entusiasmo lo suscitara una tienda. Ahora yo misma soy parte de la multitud que galopa hacia el Palacio de Hierro, de toda esta sociedad uniforme y fácilmente reconocible que piafa y cascabelea sobre los pisos de madera, empujándose entre los mostradores, bufando, hurgando, buscando ¿qué?; soy el gran público que responde al anuncio Liquidación por inventario, Venta General, Ofertas Válidas del 22 al 26 de julio, rebaja de más de 30% en estos vestidos camiseros, tallas 12 a 22, modelos muy propios para la temporada de verano, en telas de fácil cuidado, Poliéster 100%, vienen con manga corta, cuello sport y originales estampados en los colores de moda. La turba pasa frente a los espejos casi sin mirarse; una demostradora riega por aspersión los pescuezos y los hombros, los lomos y algunas crines: "Amazone" de Hermes, otra se jala a una señora más bien aplaudidona para que la maquille el representante de Dorothy Gray y restañe su fachada descarapelada. ¿Es ésta la sociedad que se opone a la guerrilla? ¿Es ésta la que los guerrilleros quisieran secuestrar, la que abre su bolsa para sacar su tarjeta de crédito, la que arrebata las playeras y las mascadas de oferta amontonadas en un cajón pintado de blanco? Barata. Barata.

—Calma joven.

—Procure siempre traerlas todas consigo, recuerde lo de las M-16.

—Me cae de madre que al que no sabe quedarse quieto, se lo chingan.

—Como en todo, ñero, la cosa es calmada.

La muchedumbre que acudió al llamado parece satisfecha, toma parte en el juego y lo hace a conciencia, no vaya a equivocarse de talla, de calidad, de marca. Puede uno errar su destino pero no la talla de las pantimedias. Aunque hay unitallas claro, y también unisex. Si Paquita Calvo Zapata entrara aquí, ¿saldría con sus bolsas de papel verde pálido salpicadas de mariposas de colores o sus envoltorios rosas a rayitas de caramelo que crujen bonito al abrazarlos?

—El arma siempre tienes que traerla amartillada.

—La metralleta la cierras y la abres, o sea, la apagas.

160

¿Cuáles serán los signos vitales de las mujeres y los hombres que ahora preguntan: "¿Los probadores, señorita, por favor? Quisiera medirme esta bata, ¿no puedo hacerlo aquí nomás, así encima de mi saco? Esta escafandra ¿tiene devolución? Yo soy talla 32, copa A, copa B, copa C, copa doble A, se me subieron las copas, necesito saber el número exacto, sólo así no ando pasado de copas, ¿no se encoge? No me hace el favor de subirme el zípper, yo nunca me alcanzo, y si me acomoda el cuello, se lo voy a agradecer". ¿Y el balazo que pudiera yo meterte ¿de qué calibre sería? ¿Y la trayectoria de la bala? ¿Seguiría el proyectil un trayecto de adelante hacia atrás, de derecha a izquierda perforando el abdomen? ¿Pasaría por la faja Lycra extra-ligera con una dirección de abajo hacia arriba para luego quemar con la fuerza de su impacto la copa doble A del brasier Peter Pan recién estrenado? ¿Desgarraría tu camisa Puritan, tu blusa Vanity, tu trusa (qué fea palabra: trusa) Rinbros, tu camiseta Kiwi, tus calcetines Donelli, tu traje Roberts, tus zapatos Florsheim? ¿Dictaminaría el doctor Drácula del Servicio Médico Forense que los impactos son de bala calibre 38 y ejercen una presión de 400 libras por pulgada cuadrada lo cual significa que el sujeto queda instantáneamente paralizado y por lo tanto caerías cadáver? Calma. Los policías disfrazados de compradores, galantería de la casa, coparían los elevadores, subirían piso por piso, su Colt en la mano, persiguiendo al asesino: "¡Pecho a tierra, señora, pecho a tierra! ¿qué no ve que puede alcanzarla un balazo?", los clientes la cara contra el suelo, la nariz en el polvo y sin su Electrolux, y el asesino allá arriba, su pasamontañas negro destacándose sobre la nitidez del techo, el guerrillero que todavía alcanza a gritar antes de desplomarse acribillado por la policía:

—¡Bola de culeeeeeeeeeros!

DETENTE, GUERRILLERO

El guerrillero Benjamín Pérez Aragón jamás ha entrado a una tienda como Liverpool o el Palacio, jamás ha subido por las escaleras automáticas, jamás ha visto los prismas de un candelabro repetirse en miles de espejos, aunque sí ha contemplado el vidrio constelado de luces de los vitrales de la iglesia porque fue monaguillo. En vez de metralleta, bien podría ahora estar meciendo el incensario, pero a Benjamín no lo arrullaron con la canción de "La felicidad es un arma caliente". Con los rayos del sol, la luz sobre el altar se volvía rojo sangre, azul cobalto, dorada, centelleaba con el oro líquido de la veladora que Benjamín Pérez Aragón prendía todas las noches para que Dios lo ayudara, la Virgen lo protegiera, el Arcángel San Gabriel no lo abandonara. Los tres lo dejaron solo a la buena de Dios, ya no tiñeron sus atardeceres, la vibración de la luz ya no hirió tan agudamente el nervio de sus ojos, al contrario, la vida en el cielo adquirió una lejanía de plomo para este niño de anchas cejas y cabello chino, este niño solitario a pesar de sus seis hermanos, su padre y su madre. Fue el señor cura, en Chihuahua, el que le costeó su primaria. "Yo te educo, pero tú me ayudas aquí en la iglesia." Benjamín vivió en la casa del cura de los doce a los dieciséis años y éste le hizo ver que la carrera que más le convenía por rápida y bien remunerada era la de contador público. "A mi madre le gustó mucho que yo rezara de niño, bendito seas m'hijo, bendito seas, repetía y yo tenía intenciones de ejercer el sacerdocio, durante años creí que ésa era mi vocación, por mi madre más que nada y porque me atraía lo de la iglesia, hablarle a la gente, aconsejarla, pero el golpe al cuartel Madera sacudió a Chihuahua y me sacudió a mí en lo particular. Entré en crisis."

—Aprovecha hijo, ya que el señor cura te hace el favor.

Trabajé mucho, en todo le ayudé al cura, en todo. Empecé a ver muchas desigualdades porque entre los dieciséis y los veinte estuve en la ACJM y fui socorrista voluntario de la Cruz Roja: vi mucha enfermedad, mucha pobreza. Recogíamos siempre a los abandonados, a los tristes, a los infelices, puros infelices que además se accidentaban. Muchos morían, nadie venía a reclamarlos. Pero lo que me hizo decidirme fue el asalto al cuartel Madera, la muerte de esos cuates, y entonces empecé a interesarme por la política a tal grado que no vi más alternativa que la clandestinidad y las armas. Me ligué a un grupo en Chihuahua, me probaron y cuando vieron que estaba yo con ellos, que jalaba yo parejo, me enviaron al Distrito Federal y en 1970 asalté junto con mi comando, el de los Lacandones, una armería en la calle de Argentina a un lado del Zócalo. Muchos recuerdan ese asalto, pregúntele a quien quiera. Sacamos todas las armas de grueso calibre, ciento cincuenta fusiles y otro tanto de armas cortas, con sus balas claro. Íbamos a tirar a las Fuentes Brotantes, por allá por Tlalpan Sur. donde está la Villa Olímpica, nos metíamos al monte adentrándonos lo suficiente para que los balazos no fueran escuchados. Así como este campo de entrenamiento tuvimos varios. ¿Sabe usted cómo es una escuadra?

—No, pero ni me lo diga porque lo que no me gusta, no me

lo aprendo.

—Es más difícil tirar con escuadra —sentencia.

—¿Ah sí?

Ante mi obvia falta de interés, el guerrillero desiste, se mira las uñas con detenimiento y continúa:

—A partir de agosto de 1971 y en los meses que siguieron empezamos una serie de operativos como el asalto a la Renault para el cual no necesitamos más de seis gentes. Después de la Dina-Renault vino el asalto al Metro. Para la investigación previa a cada asalto teníamos un presupuesto; estudiábamos durante meses hasta saber con exactitud cronométrica donde convenía más dar el golpe. Primero, por ejemplo, teníamos el propósito de asaltar la planta de la Pepsi Cola...

—¿Con seis gentes?

—Sí, con seis gentes.

PARA UN ASALTO NO SE NECESITAN MÁS DE SEIS GENTES BIEN ENTRENADAS

—¿Sí?

—Sí —se pone rígido Benjamín.

—¿Como de película gringa?

(Benjamín me echa la primera mirada hostil de la entrevista; es una mirada larga, desconfiada; no sólo percibo el recelo en sus ojos sino en sus manos. Debo tranquilizarlo, esta entrevista tiene que proseguir, para eso estoy aquí, ¡qué diablos! y la cinta en la grabadora gira en blanco; sólo capta nuestras respiraciones, el rencor que se ahueca entre nosotros, tengo que esforzarme, qué falta de profesionalismo.)

—¿Otro café, Benjamín?

—No gracias. (¡Qué duro puede sonar un "no gracias"!)

—Algunos otros guerrilleros con quienes he hablado —no es cierto, no he hablado con tantos, con dos a lo sumo—, dicen que resulta más eficaz asaltar una camioneta que sólo lleva dos o tres cuicos a bordo que un establecimiento.

—Así nos pasó a nosotros cuando vimos que la camioneta que recogía el depósito se iba a otras partes a recoger más dinero, era lógico entonces asaltar la camioneta al terminar su recorrido.

—Claro, resulta obvio. (Como si yo fuera perita en *hold-ups*.)

—De hecho así lo hicimos en el asalto al Metro, pero necesitamos muchos días de observación, escoger la fecha precisa, un puente, un día feriado, y en enero de 1972 tuvimos éxito al inter-

163

ceptar la camioneta y sacamos medio millón, no fue mucho porque teníamos gastos muy grandes: alquiler de casas, compra de armas. Las armas cuestan muy caro porque tienen que adquirirse a través de un coyote que exige tres, cuatro, cinco, seis veces su valor. Seguir una camioneta no es cualquier cosa, en primer lugar hay que cambiar de coche, en segundo no puedes andar siguiéndola así nomás porque obviamente los policías que van adentro se enteran de que llevan un carro detrás y lo fichan. Así es de que la sigues durante un periodo corto y te zafas y al día siguiente la sigues a partir de allí, sólo unos cuantos minutos y vuelves a zafarte, usando un coche distinto naturalmente, y así vas memorizándote todo su recorrido. Empiezas allí mismo donde dejaste la jornada del día anterior. ¿Jornada? Sí, claro que jornada. Los policías a la suya le dicen "fatiga".

—¿Y luego?

—En la noche, leíamos a Marx, a Engels, a Lenin, pero yo nunca he estudiado tanto como en la cárcel. Allí sí, adelanté muchísimo, rompí récords. ¿Que cómo nos agarraron? Estacionamos el coche en una calle poco frecuentada cercana al mercado de Jamaica, y no sabíamos que la policía andaba precisamente persiguiendo a unos rateros y a uno de los compas se le ocurrió agarrar algo de un puesto. Nos confundieron con ellos y como estábamos armados y habíamos conservado todo el boletaje del anterior asalto al Metro en la cajuela del coche, pues nos pescaron. Sí, lo sé, se cometen errores terribles y ésas son las contradicciones de la lucha.

—Pero ¿qué es eso del boletaje?

—Asaltamos al Metro y a raíz de nuestro operativo cambiaron los boletos del Metro, pero nosotros no nos deshicimos de los anteriores.

—¿Se les olvidó?

—¿Usted nunca ha cometido un error? —me dice Benjamín con un tono intencionalmente pausado.

—No uno, Benjamín, muchos, siga usted, no se fije.

—Todos estamos conscientes de las desviaciones, de los errores imbéciles, la falta de preparación, la impericia. Por ejemplo, a un compa de la Liga 23 de Septiembre que, por cierto, todavía no sale lo agarraron también en un mercado sobre ruedas. Cuando tú andas en un mercado tienes chance de robarte lo que quieres y aunque no había necesidad el compa agarró cosas, se las echó a la bolsa y lo pillaron; un policía lo siguió: "Tú te robaste tantas cosas", y la inmadurez lo hizo empujar al policía y correr, lo cual provocó más atención sobre su persona, otros policías que observaban también, lo siguieron, él traía pistola, se sintió acorralado, empezó a balacearse con ellos, lo coparon y lo agarraron. Después de muchos meses lo presentaron con un grupo de compas que tenían tiempo de desaparecidos. Un guerrillero no debe caer en esas provocaciones ni agarrar nada en ninguna parte porque tiene con qué pagar, pero pues éste es el resultado de la mala selección de la gente, son malas mañas que hay que extirpar de raíz y tal parece que el adoctrinamiento no basta; todo el estudio político, porque algunos compas que de a tiro no están preparados, sólo actúan impulsivamente, vienen muy acelerados y no hay quien los calme.

A LO LARGO DE SEIS AÑOS EN LA CÁRCEL, HICE MUCHOS AMIGOS

Benjamín Pérez Aragón es un hombre delgado de rostro moreno, huesudo, sarmentoso. Sus manos, casi la pura piel en la que resaltan las venas, son nerviosas, sarmentosas también, pero no hay en él dureza, al menos por el momento. Ni rechazo. Su cuerpo desmedrado es todo lo que tiene, su chamarra deslavada, ¡ah! y su morral repleto de panfletos enroscados, mordidos por el uso, que citan a Lenin y a Marx, creo (porque no los leí). Ni modo que sean volantes así tan maltratados. Cuando sonríe, me agarra por sorpresa, todo en él rejuvenece y me le quedo mirando desde la tranquilidad de mi casota bien burguesota a la cual no le falta nada (más bien le sobra) y mis preocupaciones llamadas sociales que vienen de quién sabe dónde a querer probar quién sabe qué, demostrar ¿qué? hacer ¿qué? Porque ¿qué diablos quiero yo en la vida salvo escribir? Benjamín Pérez Aragón no se preocupa de dónde amanecerá mañana (ahora, por lo pronto duerme en un cuarto de azotea), no sabe si habrá leche en su café (ah el desayuno burguesito bien apapachadorcito con su huevo tibio y su pan dorado, la certeza de que al apurar el jugo de naranja se abre la compuerta de otros privilegios, el café casero que confiere el sentimiento de pertenecer, pertenecer ¿a qué?). ¿A qué quisiera pertenecer Benjamín Pérez Aragón? Por lo pronto habla de la dictadura del proletariado (¿qué es eso?, ¿cómo puede dictar el proletariado? Y además por qué "dictadura" si precisamente es eso lo que se combate: la dictadura), relata sus brigadas médicas en los barrios pobres, los sitios de miseria que visitó cuando fue socorrista, sus ideales, su repulsa al aventurerismo (precisamente de lo que se culpa a la guerrilla), la violencia institucionalizada que ejerce el gobierno frente a la violencia eventual (¿eventual, Benjamín?) de los que se meten a la guerrilla.

¿Cuáles son los antecedentes de Benjamín? La religión católica. ¿Cuáles los de Paquita Calvo Zapata? El "izquierdismo nacionalista" de una familia como la de los Zapata Vela quienes representan, como ella lo estipula entre dos sonrisas, "la izquierda dentro de la revolución mexicana". En el programa de Radio Educación "Zona Franca" en el que hablaron Mario Leyva, el defensor de presos políticos Guillermo Andrade Gressler y el diputado Carlos Ortiz Tejeda, Rosario Ibarra de Piedra relató: "Cuando fui a ver al entonces procurador Pedro Ojeda Paullada le pregunté cómo se explicaba que cientos de jóvenes, muchachos brillantes que no eran vagos ni malvivientes, ni vividores, ni borrachos, ni nada sino estudiantes honestos, de medicina, de leyes, de economía, de química, obreros, campesinos, padres de familia, fueron arrancados de sus hogares por cuerpos represivos de la policía por supuestos delitos de oposición gubernamental. Le preguntaba yo al licenciado Pedro Ojeda Paullada ¿que si sería aventurerismo? ¿Que cómo era posible que estos muchachos abandonaran un hogar lleno de ternura y de cariño sin una motivación muy fuerte, una razón muy precisa y poderosa, tanto como para cumplir con sus aspiraciones, sus ideales, su convicción?" Y proseguía Rosario su encendida, su conmovedora alegata: "No estoy capacitada ni puedo opinar —esto lo dirá la posteridad— si estos jóvenes estaban equivocados o no. Lo que sí puedo decir, y lo puedo decir por mi hijo y por muchos otros —porque soy amiga de las madres de esos jóvenes encarcelados—, es que fueron honestos, que son dignos de respeto por el hecho de probar, arriesgando su vida, una convicción. Eso vale para cualquiera, me imagino que hasta para el enemigo".

NO, YO NO QUIERO UNA CASA

—Benjamín, entonces ¿usted no quiere una casa ni nada de lo que quieren los hombres?

—No, siempre he sentido que vivo en la ilegalidad, que estoy al margen, desde que soy niño. Viví solo, con el cura. Nunca he tenido nada que sea mío y nunca me ha hecho falta.

—Sin embargo, este pueblo por el cual usted lucha sí quiere una casa, un techo.

—¿Está usted segura de que eso es lo que quiere?

—Bueno, sí. Es una aspiración legítima ¿no? Un techo, unos

muros que protejan. . .

—Nunca he deseado nada en lo personal.

—Bueno, eso usted, pero Marx escribió que mientras las casas en torno a una casa, ya sea grande o pequeña, tienen las mismas dimensiones, ésta satisface perfectamente a todos los requerimientos de una habitación. Pero si un palacio se levanta a su lado, entonces la casita se encoge hasta no ser más que un jacal, una chocita miserable. No son palabras textuales pero más o menos por ahí va la cosa.

Benjamín se lanza entonces a una larga disertación pero no entiendo sus términos ni los términos de otros guerrilleros y quisiera sustituirlos, canjear de una vez por todas esta jerga casi eclesiástica con la que tropiezo a cada instante: "el pueblo como sujeto histórico", "el proyecto transformador de la sociedad", "el advenimiento del socialismo", "la lucha de clases", "los retrocesos significativos", "el análisis coyuntural", "la coyuntura", "la correlación de fuerzas y la actual coyuntura", "la contradicción principal", "la esencial concatenación", "la enajenación", "la desenajenación", "el consenso de las grandes mayorías", "la legitimación de las causas revolucionarias", "el poder manipulador del enemigo", "el foquismo", "los focos", "el ascenso inigualable de la lucha de masas", "el factor objetivo y el factor subjetivo", "la represalia masiva". He escuchado estos términos en muchos rollos y nunca logro acostumbrarme, sobre todo a eso de la coyuntura. Inmediatamente pienso en coyunda. "El que es buey, hasta la coyunda lambe." ¿Cómo puede uno vincularse a las masas hablando de la coyuntura y de la esencial concatenación? ¿A quién diablos le importa la instrumentación de la línea política de masas? ¿Es ése el latín guerrillero ante el cual hay que inclinarse con reverencia? Los granaderos en 1968 descargaban su macana en la cabeza, en los hombros y en las costillas de los muchachos diciéndoles: "¡Ahí les va su diálogo, hijos de la chingada!" ¿Con quiénes dialogan ahora los guerrilleros, a quiénes se dirigen? Si un guerrillero entrara a una choza en un cinturón de miseria, apagara la tele familiar y les hablara del socialismo a las ocho personas sentadas sobre la cama, ¿lo escucharían? ¿Considerarían el cambio como un bien? ¿La libertad como un bien? ¿Cuáles son para ellos los bienes de la vida? ¿Acaso no son los bienes de consumo? Sólo tengo preguntas. ¿Será el viento el que trae las respuestas?

"En la cárcel —especifica Benjamín Pérez Aragón— sí hice muchos amigos a lo largo de los seis años de reclusión. Antes no, porque soy del norte y aquí en el Distrito Federal viví en la clandestinidad. Nunca tuve visita porque dije que no tenía familia para no involucrar a mis padres y a mis hermanos, pero me hice de amigos y eso fue algo nuevo para mí. En los talleres, fabricamos monitos de peluche, chalinas, chales, bolsas, morrales, cinturones, llaveros, medallas, todo lo que podíamos, para vender a 'las visitas'. Nos organizamos para obtener mejores costos y por lo tanto dar mejores precios.

"Después de la tortura la cárcel resultó un descanso porque a los Lacandones nos torturaron mucho. En vez de introducirnos la cabeza en el pocito que es un tanque de agua, lo hicieron en los excusados. Lo mismo, pero en los excusados. A un compañero lo tuvieron colgado mucho tiempo y estuvo a punto de perder una mano por tumoración. Nos hicieron lo del 'pollo rostizado', tú estás hincado y amarrado de los brazos y de las piernas encima de un palo; tú mismo tienes que guardar el equilibrio porque te amarran de los genitales de tal modo que si pierdes el equilibrio pierdes otra parte. Después de eso, los golpes y hasta los toques eléctricos en los oídos, en la lengua —a mí donde más me molestaba era en la lengua— en cualquier herida o cicatriz, eran poca cosa. Lo peor es el 'pollo rostizado'."

—Calma.

—Cálmate chavo.

—Cámara, la onda va cambiando.

—Que la onda es otra, te digo.

—Para esto se necesitan nervios fuertes, así es de que si tú no te calmas, voy a tener que hacerlo yo de un descontón...

—Así es de que ya sabes, tú tranquilazo...

—Te lo advertí, pinche buey.

La hora del Observatorio misma de Haste, la hora de México, la una y treinta y cuatro horas. Seis años en la cárcel son tres millones 153 600 minutos de la hora del Observatorio misma de Haste, la hora de México, mugre hora tan ojete que vacía al mundo de sentido, que agujera tu vida, la perfora de arriba abajo en una trayectoria larga y sin fin; la tortura se prolonga durante dos, tres, cuatro, ocho horas, lo que el cuerpo aguante. Los torturadores, ellos, se turnan; hay unos más sádicos que otros. A los jóvenes se les va en pegar trancazos en el estómago, en el tórax, en los hombros, patadas, en ello desfogan su energía. Los policías más viejos escogen la picana. Si la respiración se entrecorta, si uno llora, entonces golpean más fuerte para acabar pronto.

—Oiga, Benjamín, y a usted ¿nunca se le ha antojado un reloj extraplano?

(Me mira azorado.)

—Sí, un Omega, un Girard-Perregaux... ¿O un suéter de cachemira? ¿Nunca se ha parado en el Museo de San Carlos a ver un cuadro de Velasco?

Benjamín se ensimisma, atornilla la vista en sus pies, en sus zapatos y de pronto hace una cosa totalmente inesperada, se para como resorte de su silla y se pone a bailar tongoneándose para acá y para allá, los párpados bajos, los brazos cruzados sobre su pecho abrazándose a sí mismo. Descruza los brazos y parece ahora abrazar a una mujer, la inventa, la echa para atrás, le acaricia el pelo. Escucho la música inexistente y soy yo la azorada. Abre los ojos, me mira y sonríe su sonrisa blanca dentro de su rostro moreno. Yo estoy boquiabierta. Por fin, acierto a preguntar, de lo más cohibida:

—¿Le gusta a usted el baile?

—No. Lo hice por usted, para entretenerla.

—¿Para mí?

—Sí, para usted, para ti, para ti, para quitarte esa cara de enojada.

(Es cierto, a medida que Benjamín avanzaba en su relato, mi indignación subía. Y ahora, Benjamín me está tuteando.)

—¿Ya no estás enojada?

—No —digo como una muchacha de escuela.

—¿Vamos a ser amigos?

—No puedo, Benjamín, soy burguesa.

—Pero si me encuentras algún día ¿me saludarás?

—Si traes un arma, no.

—Ahora estoy armado y ya me saludaste, nunca entonces (sonríe) volveré a traer un arma.

—¿De veras? —le digo anhelante.

(Rosario Ibarra de Piedra, que ha permanecido al margen, interviene, nostálgica.)

—Yo sí hubiera querido ser bailarina, bailarina o actriz, o si no recitadora. Recito, Elena, en voz alta, y lo hago bien. He dicho poemas en público en muchas ocasiones, y me gusta, me emociona. Hasta tuve una escuelita de declamación: "Gabriela Mistral".

¿De qué se hace la vida de la gente? ¿De todo lo que quiso hacer y no pudo? ¿De sus actos fallidos, sus deseos sin cumplir? Miro a Benjamín Pérez Aragón. Todos tenemos algo por lo cual vivir, una cara a la que podemos tomar entre las manos, alguien a quien decirle: "Me siento mal", un canario, un gato, un perro

169

como el de Camus o de perdida una planta. (Una planta es buena compañía.) Benjamín no tiene nada, sigue siendo un despojado, en cierta forma ejerce la guerrilla como el sacerdocio. ¿No me dijo hace un momento en lo más álgido de la discusión: "Y qué otra cosa nos queda a nosotros los pobres sino ser terroristas?"

Al despedirme, le pregunto retándolo de nuevo:

—¿Qué hace usted por su país?

—Lo mismo que usted, vivirlo.

DETENTE GUERRILLERO

Así como los guerrilleros tienen sus refugios: departamentos o casas que alquilan en los alrededores del Aeropuerto y de los cinturones de miseria, la policía no sólo lleva a los presuntos disidentes al Campo Militar número Uno, a los separos de la DIPD, Dirección de Investigación para la Prevención de la Delincuencia, a los de la Dirección Federal de Seguridad, sino a casas, incluso a suites enteras de hoteles que han sido abandonados como en el caso del Hotel Papagayo en Acapulco. La improvisación, la falta de pericia y hasta la ingenuidad guerrillera (no por ello menos peligrosa) se topan de golpe y porrazo con la saña, la preparación técnica policiaca que nada deja al azar, ni el lugar exacto en que deben darse los puñetazos ni el sadismo personal: los conflictos que encuentran su cauce en los golpes a otro, cobrarse de una sola vez de todo lo que la vida le ha negado, desquitarse, el "ahora voy a resarcirme de todos estos días sin acción". En nuestro país hay más de cien cuerpos policiacos, las 33 policías judiciales y las de los 2 300 municipios. La Policía Judicial Federal depende de la Procuraduría. A la Brigada Blanca se le identifica como una organización paramilitar especialmente formada por una élite de agentes de la Judicial Federal, de la DIPD, de la Dirección Federal de Seguridad y de la Policía Militar. En cada dependencia, un grupo especial es el que integra la Brigada Blanca. Actúan conjuntamente los agentes. En los estados, actúan la Dirección Federal de Seguridad, la Dirección de la Policía Militar, la Policía Judicial Federal y la Judicial del Estado y en muchos casos también la Municipal, que se adhiere a ellos. El tema de la Brigada Blanca apenas se toca en la gran prensa ya que forma parte de los cuerpos represivos y secretos a los que recurre el gobierno para su seguridad política. Existe, asimismo, un grupo antiguerrillas integrado por elementos de todas las corporaciones que funciona muy activamente. En innumerables conferencias, Rosario Ibarra de Piedra ha comparado a la Brigada Blanca con el "Escuadrón de la Muerte" de Brasil, la "Triple A" de Argentina y "La Mano Blanca" de Guatemala. La Brigada Blanca la dirige Miguel Nassar Haro, subjefe de la Dirección Federal de Seguridad; sus segundos, Salomón Tanús y Jorge Obregón Lima, fueron consignados penalmente en agosto de 1976 por extorsionar a industriales evasores de impuestos (*Proceso,* número 166, 7 de enero de 1980). Muchas de sus víctimas son jóvenes estudiantes cuyas ideas políticas consideran una amenaza para el gobierno y por lo tanto parecen sospechosos de subversión como el joven Jesús Piedra Ibarra, secuestrado en Monterrey, el 18 de abril de 1975, a la edad de 21 años. *Proceso* da asimismo pruebas de la existencia de la Brigada Blanca y proporciona cartas dirigidas a los jefes de la misma remitiéndoles nuevos agentes de la policía para su servicio. Cuando el reportero de la revista *Proceso* (número 167, 14 de enero de 1980) le preguntó al Magistrado de la Suprema Corte de Justicia, juez Téllez Cruces, si el Estado debía responder a la violencia con violencia y éste le contestó: "Y ¿quién nos va a defender entonces... quién lo va a defender a usted de esa gente?", aceptaba así la existencia de un cuerpo policiaco ilegal (y de guerrilleros también ilegales. Porque los hay legales, todos los guerrilleros de otros países de América Latina han sido vistos con beneplácito por el gobierno de México). El ex-gobernador de Nuevo León, Pedro Zorrilla Martínez, fue aún más lejos al declarar a la revista *Siempre!* que había "policías ilegales pero necesarias". En su estado, Nuevo León, se encuentra la mayor cantidad de policías entre guaruras de particulares y cuerpos defensivos de empresas privadas; no han sido cuantificadas pero llegan a ser más númerosos y temibles que la policía del Estado mismo porque actúan por iniciativa propia, no se sienten obligados a informarle a nadie y son verdaderos pistoleros y organismos gangsteriles al servicio de un solo jefe. Desde el asesinato de Eugenio Garza Sada, poderoso industrial, cada vez es mayor el número de guardias particulares de los grupos de poder económico y político. Estas brigadas —casi siempre entrenadas en el extranjero: véase Estados Unidos, véase Corea— se enfrentan a lo que ellos llaman "el terror rojo", o sea a los jovencitos que se atreven o se desesperan y a los campesinos que invaden tierras. Las guardias personales y paramilitares actúan con la mayor impunidad y se constituyen en torturadores y verdugos de los presuntos guerrilleros. Incluso cuando los guerrilleros han cumplido su condena no los dejan vivir, se acaban a familias enteras. A las hermanas Violeta y Artemisa Tecla Parra, que salieron en libertad después de haber cumplido una sentencia de seis años acusadas de guerrilleras, las detuvieron en Ciudad Juárez, Chihuahua, junto con su hermano Adolfo de dieciséis años; la última vez que se vio al menor fue en los separos de la DIPD en un estado lamentable y ha quedado como "desaparecido" porque jamás se ha vuelto a saber de él ni de sus hermanas. Su madre Ana María Parra de Tecla, del MAR, desapareció desde 1976, después de cumplir una condena de seis años. Su hijo Alfredo Tecla es el único que vive. Acusado de ser miembro de la Liga 23 de Septiembre y condenado a cuarenta años de cárcel salió amnistiado y hasta la fecha no ha vuelto a molestarlo la policía. Macrina Cárdenas, guerrillera urbana, miembra del CAP (Comando Armado del Pueblo), purgó una sentencia de seis años y no ha vuelto a saberse de ella. La policía la tiene fichada entre los guerrilleros clandestinos.

Salomón Tanús, procesado por la extorsión a los industriales junto con Obregón Lima, fue jefe de la policía judicial. Ninguno de ellos estuvo en la cárcel sino en el Campo Militar número Uno como detenidos, lo cual está fuera del orden constitucional: tenían que haberlos recluido en la cárcel preventiva, no en la cárcel militar, porque su delito no fue en tanto que militares sino en tanto que particulares. No eran militares en el momento de extorsionar; sino dos jefes de policía procesados por extorsión. Rosario Ibarra de Piedra afirma que el comandante Salomón Tanús es jefe de una brigada antiguerrillera y opera en cárceles clandestinas donde se lleva a los muchachos sin notificar a superior alguno. Dicen que siente un especial odio por los greñudos (que a partir de 1968, los soldados empezaron a pelar a bayonetazos). Todavía hoy, Tanús no puede ver a un muchacho de pelo largo sin medio matarlo a moquetes. Salomón Tanús visitó en el Reclusorio Oriente a Carlos Jiménez Sarmiento, cuyo hermano David murió en el intento de secuestro a Margarita López Portillo, y le advirtió:

—Ya vas a salir pero te me largas porque los dos no cabemos aquí.

Tan no cabían que Carlos Jiménez Sarmiento murió al salir de la cárcel, el padre de los Jiménez Sarmiento murió en la tortura y la compañera de David Jiménez Sarmiento fue asesinada de once balazos en la espalda, en julio de 1975, en una exposición canina en la Ciudad Universitaria. Ya muerta, se le aplicó el tiro de gracia frente a muchos espectadores que vieron asombrados, en la explanada de CU, cómo por un lado se exhibían perros de raza y por el otro se abatía como perro rabioso a una muchacha que ya había caído.

Así, la policía o fuerzas paramilitares matan o desaparecen a todos los que se le enfrentan, algunos incluso después de haber purgado legalmente su condena o, sin siquiera formularles cargos. Por "sospechosos" suicidaron en los separos de la DIPD al profesor Hilario Moreno; al abogado obrero Efraín Calderón Lara lo asesinaron jefes policiacos en Mérida. El guerrillero, Diego Lucero, de Chihuahua, murió torturado pocas horas después de su detención. La policía entregó el cuerpo a su padre diciéndole que no abriera el ataúd. Naturalmente lo abrió, encontrándose con que le habían arrancado las uñas de la manos y de los pies. Salvador Corral García fue hallado en un baldío de la colonia Fuentes del Valle de Monterrey, con múltiples fracturas y vendado. Según los médicos legistas del Servicio Médico Forense, se le dio a Salvador Corral el tiro de gracia después de muerto porque murió en la tortura. Ignacio Olivares Torres fue encontrado en una calle de Guadalajara totalmente desfigurado, destrozado a golpes y a torturas. Dení Prieto Stock, acribillada por nueve balazos en una casa de Nepantla (la casa fue rodeada por el ejército) el 14 de febrero de 1974, muere al mismo tiempo que el catalán Salvador Puig Antich, muerto a garrote vil en Barcelona. Raúl Prieto escribe entonces en *Excélsior*:

Dení Prieto Stock, mexicana, antes de ser declarada activista y tenida por presunta participante del asalto al tren de Puebla —asalto que la propia gerencia de los Ferrocarriles Nacionales de México se apresura a desmentir— sin ser juzgada ni menos aún sentenciada de acuerdo con las leyes de la revolución mexicana, es muerta el 14 de febrero en Nepantla, estado de México.

El cadáver de Dení Prieto Stock nunca fue entregado a sus padres (junto con otros cinco cadáveres, dos de mujeres, que presentan cada uno nueve orificios de bala), el dramaturgo Carlos Prieto y la señora Evelyn Stock de Prieto, ni tampoco sus pertenencias. Se les mostró el acta de defunción de su hija, en la cual aparece como "adulta desconocida", se les indicó el número de la fosa del Panteón Civil de Dolores, donde al día siguiente de ser muerta y luego de practicársele la autopsia, fue sepultada.

Varias organizaciones políticas españolas han desfilado por las calles de la ciudad de México, para condenar el asesinato de Salvador Puig.

Ninguna organización política mexicana podría manifestar

173

públicamente su dolor por la desaparición de Dení Prieto. Salvador murió a los 26 años. Dení murió a los 19.

Y Raúl Prieto, concluye:
"Llanto por Salvador Puig Antich. Una lágrima, siquiera, por Dení Prieto Stock."

NO ES HIPOTÉTICO HABLAR DE DOS GOBIERNOS EN MÉXICO: EL CIVIL Y EL MILITAR

Sucede que en muchos estados, en Guerrero, en Sinaloa, hay jurisdicciones en que el gobierno civil no entra; los militares actúan al margen de la Procuraduría General de la República, o sea que dentro del ejército funciona una policía militar que se ocupa de todos aquellos que han incurrido en acciones guerrilleras y esta jurisdicción se ejerce al margen de la Constitución y al margen del presidente de la República. Todavía en 1979 desaparecieron quince presuntos guerrilleros y siguen desapareciendo hoy a manos de la Brigada Blanca. El sábado 25 de marzo de 1978, el dirigente del Partido Mexicano de los Trabajadores ingeniero Heberto Castillo declaró que había "cientos de cárceles militares y clandestinas en la mayor parte del país donde están secuestradas por la llamada Brigada Blanca por lo menos seiscientas personas acusadas de 'delitos políticos' ". Aseveró que en el Campo Militar número Uno "están detenidas ilegalmente cerca de 150 personas, las cuales, además, son torturadas. Otras se encuentran en prisiones militares en los estados de Guerrero, Oaxaca, Veracruz y Sonora".

"Hablar de dos Méxicos, de dos gobiernos en México: el civil y el militar, no es hipotético." Y esto resulta muy grave aunque sólo se encuentre en una etapa inicial. En nuestro país hay cárceles clandestinas. Cada estado de la República tiene su cárcel, su policía y su ejército. Rubén Figueroa declaró en varias ocasiones que en su estado mandaba él y no intervenía ni tenía por qué intervenir la Procuraduría General de la Nación. Fue explícito al decirle al diario francés *Liberation* (reproducido por *Proceso,* número 24, 21 de agosto de 1978) que él tenía autonomía para proceder en cuanto a dar órdenes al ejército. Cuando se le preguntó por los desaparecidos, el folklórico (para decirlo en forma benévola) Figueroa fue contundente: "¡Qué presos ni qué desaparecidos! Aquí hay cadáveres".

El periodista Carlos Marín añade a su propia y excelente inves-

174

tigación un *Informe sobre México* de Amnistía Internacional que
señala:

Abundan las denuncias de aprehensiones y subsecuentes detenciones practicadas por autoridades administrativas, policías
o militares en violación de las garantías constitucionales. De
hecho la prensa mexicana publica con frecuencia informes o
anuncios pagados referentes a personas que han desaparecido
por largo tiempo después de ser aprehendidas (según afirman la
prensa y los anuncios pagados) por las autoridades. Algunas de
esas personas jamás reaparecen. En otros casos se descubren
sus cadáveres, a veces mutilados al borde de una carretera o
camino vecinal. Varios han aparecido muertos en establecimientos policiacos y las autoridades lo explican en términos de suicidio. Sus parientes se muestran escépticos, si no incrédulos,
respecto a tales "suicidios" y declaran su convencimiento de
que estas muertes se deben a torturas o brutalización a manos
de los agentes. Aquí se debe hacer énfasis en que hay fuertes
indicios de que agentes del poder público practican detenciones extralegales que las víctimas y sus familiares comparan, no
injustificadamente, a "secuestros".

Es importante señalar lo peligroso que resulta tener cuerpos
policiacos y paramilitares actuando al margen del gobierno o encu-
biertos por el gobierno. Sucede que los que temen ser agredidos se
parapetan tras de cuerpos que provienen en gran parte del hampa
del país o que de plano son enfermos mentales, como lo indica
el abogado defensor Guillermo Andrade Gressler, que se ocupa
desde hace mucho de los "políticos". En el número 96 de *Proceso*
del 4 de septiembre de 1978, Emilio Viale consignó que desde
diciembre de 1976, por cada día de labores, el jefe de policía
Arturo Durazo Moreno ha cesado, obligado a renunciar o detenido y consignado penalmente a diez agentes, jefes y empleados de
la Dirección General de Policía y Tránsito, y ha logrado completar
así la cifra de 4 300 inspectores, extorsionadores y empleados ladrones. (Hace mucho que pasó el tiempo en que todos éramos felices y Abel Quezada pintaba al plácido gendarme en torno a
quien revoloteaban las moscas.) El propio Durazo Moreno llamó
a la Dirección General de Policía y Tránsito (DGPT) "un nido
de ladrones". Estos policías cesados se han reincorporado a las
bandas de las que por lo visto provenían. O la DGPT es una buena
escuela para la delincuencia. El caso es que ahora, son abierta-

175

mente malhechores cuando antes lo fueron con credencial y resultan difíciles de combatir porque conocen a fondo todas las mañas y movidas que podrían utilizarse para capturarlos. La hija secuestrada y liberada del más poderoso vinicultor en México declaró que las cuatro horas pasadas entre los agentes que la rescataron habían sido peores que los once días vividos a manos de sus captores.

El 22 de abril de 1979, el comandante de policía de Ornelas, Michoacán, participó en el robo de un banco y el 6 de julio de 1979 se estableció la identidad de Alfredo Ríos Galeana, oficial del temible Batallón de Patrullas del estado de México, como jefe de una sanguinaria banda de asaltantes. Fue capturado en septiembre, tras una balacera en la que hubo cuatro muertos y dos heridos. Incluso, muchos policías, según lo ha consignado, proporcionando datos exactos, el periodista Manuel Buendía en su columna "Red privada", aprovechan el día en que andan francos para cometer sus fechorías. Sin embargo, sus atentados contra la integridad de los demás no son simples fechorías. Si los guerrilleros en la mayoría de sus actos parecen actuar ilusoriamente y moverse dentro del reino de la ineficacia y del absurdo, nada más atentatorio a los derechos del hombre que la actuación de una policía artera y cruel que conoce bien el mecanismo de la tortura.

Porque en nuestro país, la tortura está a la orden del día. Esta práctica además no se inaugura en el siglo XX. Morelos, en sus *Sentimientos de la Nación,* estipula en su artículo 18: "Que en la nueva legislación no se admita la tortura". Pero la tortura va desde Cuauhtémoc hasta las tinajas de San Juan de Ulúa, desde los separos de la DIPD hasta el Campo Militar número Uno. Heberto Castillo consigna el caso, sin dar su nombre por razones humanitarias, de un joven guerrillero de la Liga 23 de Septiembre que fue presentado a la prensa castrado y seminconsciente como muestra de la impunidad que han logrado las fuerzas represivas para torturar. Muchos de los que han sido encarcelados salen deshechos y sólo quieren que los tape la tierra, pero se sabe de su encierro y de sus torturas porque los mismos soldados avisan a las familias, pasan recados y papelitos y hasta hacen llamadas telefónicas. Su misma extracción social los hace solidarizarse con tanto pateado, y además siempre están las propinitas que ofrecen los familiares.

ES INFAMANTE LO QUE LES SUCEDE A LOS DESAPARECIDOS SI ES QUE LES SUCEDE ALGO MÁS QUE LA MUERTE

México es aún el refugio de todos los perseguidos y exiliados políticos de América Latina. Vienen a nuestro país porque aquí se sienten libres. Pero aquí también hay desaparecidos No se parecen a los del resto de América Latina porque no tienen nombre. En su mayoría son campesinos y son analfabetas. ¿Qué sucede con la familia, con la esposa, con los hijos? Casi no lo sabemos. Al menos, en el caso de las familias mexicanas más pobres. ¿En qué tormento viven los familiares del desaparecido? ¿Cómo viven? ¿Qué es lo que viven? Habría que preguntárselo a la doctora Laura Bonaparte, sicóloga, madre de hijos asesinados por la Junta, en Argentina, con horas, días, años-luz de sufrimiento. Ella mejor que nadie sabe que la vida normal se hace prácticamente imposible, sabe que todos los remedios no llegan ni siquiera a paliativos porque en el caso de una desaparición el dolor es permanente. "Quizás esté vivo", "quizás lo estén torturando". Los certificados de defunción que pretenden extender las juntas militares agravan aún más este desgarrante proceso. Si son desaparecidos, ¿cómo saben que están muertos? Y si no lo saben ¿por qué los certificados de defunción? Laura Bonaparte conoce a fondo —porque lo ha vivido— todo el desgaste sicológico y sus efectos, "que minan la resistencia y alteran diversas áreas de actividad: trabajo, estudio, sexualidad". En el caso de los mexicanos, se alega que no hay presos "políticos", que se trata de delincuentes, de reos del orden común. Si así es ¿por qué no se les procesa? ¿Por qué no hay juicio? ¿Por qué no se les presenta en juzgado alguno? Si son delincuentes los guerrilleros, como lo dijo el presidente López Portillo (aunque en 1978 los llamó: "extremistas con vocación de justicia"), ¿por qué no purgan una sentencia al lado de los presos que en los penales tienen derecho a visita conyugal y a que los vean sus familiares? ¿Por qué se les esconde? ¿Por qué se les recluye —siendo civiles— en el Campo Militar? Si son delincuentes y asaltantes de camino real, ¿por qué no reciben el mismo trato que los demás infractores del orden social? ¿Por qué, Dios mío, se les desaparece?

¿ESTÁ PERDIDA LA CAUSA DE LOS DESAPARECIDOS?

A pesar de que el término "desaparecido" se emplea en todo el continente latinoamericano, debería cambiarse por el de secuestrado. El desaparecido se esfuma, no existe, y al cabo de un tiempo nadie vuelve a pensar en él. Un objeto que desaparece es simplemente un objeto perdido. También la causa de los desaparecidos parece una causa perdida. Pienso en tantos campesinos encarcelados y desaparecidos por invadir tierras enfrentándose a los caciques, en tantos jóvenes que mueren en la tortura. No deberían llamarse desaparecidos, es malo ese nombre: lo que desaparece ya no vive, no tiene fuerza. Podrían definirse como secuestrados porque eso es lo que son, secuestrados por un gobierno del cual son enemigos y que los considera peligrosos. Por lo tanto los borra del mapa, desapareciéndolos. Los desaparecidos del continente —está ya demostrado— han sido secuestrados por un gobierno concreto que se empeña ahora en negar su existencia. Los desaparecidos no están en ninguna parte ni vivos ni muertos. El silencio que guardan las autoridades es su principal acusación. Si no podemos romperlo, al menos podemos divulgar el secuestro y la desaparición de cientos de latinoamericanos. Así como América Latina inaugura esta práctica infamante, puede inaugurarse otra forma de lucha que la mine en sus cimientos: la de la inmediata divulgación a nivel internacional. Los militares tuvieron la suficiente imaginación para desaparecer a los que consideran sus enemigos políticos y convertir a América Latina en el continente de los desaparecidos. Los familiares atónitos aún no se reponen del golpe, apenas inician su lucha, tan al margen de toda posibilidad jurídica institucional, tan desprovista de ciudadanía, de membrecía de una comunidad humana, tan abandonados y sospechosos como sus propios hijos, maridos y hermanos desaparecidos. Hasta ahora se incorporan. Pero si se lo proponen lograrán hacer surgir de las mazmorras al desaparecido. Incluso si Rosario Ibarra de Piedra, si Marta Conti, si Lilia Walsh, no recuperan el despojo de su desaparecido, éstos seguirán viviendo, su memoria respetada por los hombres y las mujeres que saben que nada cuesta tanto como la libertad de opinar, disentir y actuar conforme a las propias convicciones, y que "por la libertad y por la honra se puede aventar la vida" como decía el Quijote y que ellos, ahora libres, serán honrados siempre mientras nuestro continente —si nos dejamos envilecer— seguirá debatiéndose como lo advierte Ariel Dorfman en su poema "Esperanza":

Mi hijo se encuentra
desaparecido
desde el 8 de mayo
del año pasado.

Lo vinieron a buscar,
sólo por unas horas,
dijeron,
sólo para algunas preguntas
de rutina.
Desde que el auto partió
ese auto sin patente
no hemos podido
                    saber
nada más
acerca de él.

Ahora cambiaron las cosas.
Hemos sabido por un joven compañero
al que acaban de soltar,
que cinco meses más tarde
lo estaban torturando
en Villa Grimaldi,
que a fines de septiembre
lo seguían interrogando
en la casa colorada
que fue de los Grimaldi.

Dicen que lo reconocieron
por la voz, por los gritos,
dicen.

Quiero que me respondan con franqueza.
Qué época es ésta,
en qué siglo habitamos,
cuál es el nombre
de este país?
Cómo puede ser,
eso les pregunto,
que la alegría de un
padre,
que la felicidad de una
madre,
consista en saber
que a su hijo
lo están
que lo están torturando?

Y presumir por lo tanto
que se encontraba vivo
cinco meses después,
que nuestra máxima
esperanza
sea averiguar
el año entrante
que ocho meses más tarde
seguían con las torturas

y puede, podría, pudiera,
qué esté todavía vivo?

☞ La colonia Rubén Jaramillo

A Margarita García Flores

La invasión se hizo a las siete de la noche. Para la madrugada del 31 de marzo de 1973, habían tomado la tierra. En la libreta del Güero Medrano aparecían setecientas familias —él mismo las apuntó—, pero a la hora de la cita sólo se presentaron seis mudanzas. A las nueve, dos horas más tarde, llegaron algunas gentes con sus triques a cuestas. Se acercaron tímidamente, caminaban arrastrando los pies. El Güero Medrano gritó irritado:

—¿Qué pasó con los demás?

Aquileo Mederos Vásquez, alias el Full, su segundo, aventuró:

—Parece que les dio miedo. ¡Tanta patrulla que anda por aquí!

—Pero si habían quedado.

—Pues sí, pero luego la gente es rete rajona —filosofó el Sin Fronteras.

Al darse cuenta que los hombres no le respondían como lo pensaba, el Güero Medrano tomó una motocicleta y esa misma noche se dio a la tarea de recorrer todos los tugurios de la ciudad de Cuernavaca. En cada cuarto de vecindad pegaba el grito: "¡Recuerden el compromiso que tienen conmigo, ahora vamos a cumplir!" Las familias se miraban entre sí asustadas (después de todo, la invasión de tierras es una acción ilícita, delictiva) y eran las mismas que seis días antes lo habían vitoreado en la asamblea de la ANOCE (Asociación Nacional Obrero Campesina Estudiantil) en la que decidieron invadir el sábado 31 de marzo. Fue la última reunión y todos se comprometieron formalmente a estar en Villa de las Flores a las siete de la noche con sus pertenencias. Durante esa semana el Güero Medrano hizo reuniones de tres, cuatro hombres y mujeres instándolos a la acción: "Si nos tardamos, vamos a perder la tierra". Hacía días que el Güero había repartido volantes en los cinturones de miseria de Cuernavaca anunciando la invasión de Villa de làs Flores y que a los que llegaran primero se les darían los mejores lotes.

El domingo hasta el amanecer siguieron llegando más colonos;

181

se quedaban de pie sobre la tierra, entumidos por el miedo, ni siquiera depositaban sus cachivaches como para no aquerenciarse, para no decir este pedazo es mío, permanecían parados abrazando su gallina, asiendo la bolsa del mandado: "Vamos semblanteándolo todo, no vaya a ser que la de malas", hasta que regresó el Güero sobre el ruido ensordecedor de su motocicleta:

—No hay que perder un momento ¿qué están esperando?

—Es que nomás vinimos a echar una ojeada...

—Qué ojeada ni qué ojeada, si vienen de mirones, lárguense, si quieren tierra, agárrenla.

—Pero Güero.

—No sean ojetes.

El Güero Medrano gritaba por encima del fragor de su máquina:

—Píquenle, pónganse a fincar, ahorita regreso.

Y así, sacudiéndolos, les repartió a las treinta primeras familias cuatrocientos metros a cada una, con la única condición de que fincaran más que de prisa, en 72 horas, las mismas que son de plazo precautorio en la cárcel. Con todo y sus gritos, sus "apúrenle" y su poder de convicción, los paracaidistas no lograban perder el miedo. Ningún aprendizaje más duro que el de la libertad. Se habían traído lo más indispensable, sus cazuelas, tiliches, una que otra macetita, sus perros y sus gatos.

—Aguárdame tantito, Güero, que tengo pendientes en Cuernavaca ¿Qué, no puedes apartarme mi lotecito?

—La casa se tiene que fincar, Bartolomé, y yo no puedo hacerlo, no tengo tiempo. Si no levantas casa, no voy a darte la tierra.

—Y ¿no puedes arrendarla unos diítas, Güero, como cuates?

—Eso no se vale, Bartolomé, aunque seas mi compadre. Si no la tomas, déjasela a otro.

—Pero Güero.

No había peros con el Güero, ningún pero que valiera. En el primer árbol —en la colonia hay muchos huamúchiles que en Guerrero llaman pinzones— la gente amarró su plástico a manera de techo, arrimó piedras y palos, huizaches o lo que encontrara, y levantó su tecorral, delimitó su propiedad. A la hora del café, Buenaventura, que se había sentado en una piedra, dijo pausadamente:

—Está bonito aquí.

Y Micaela también, soltando por fin a su cachorro:

—Aquí sí va a poder correr el Amarillo.

182

—¿Y mis hojas de toronjil?

—Estése sosiega, abuela, hace rato vi su maceta, por allá debe andar.

—¿Y el dinero que tenía yo en la maceta del pasillo, lo sacaste?

—¿Cuál abuela?

—El dinero de la maceta, allí tenía yo lo del gasto. Me traje abrazada la maceta de yerbabuena y ahora no la veo, tampoco veo mis ladrillitos.

—Mañana regreso a Cuernavaca y le traigo la maceta de sus centavos, abuela.

Así, en la madrugada del 31 de marzo, tomaron la tierra. Treinta familias aterrorizadas por su propia acción se instalaron en una colonia llamada Villa de las Flores, casi frente al balneario de Temixco, en la carretera que sale de Cuernavaca rumbo a Taxco.

¿QUÉ ES UN PUÑADO DE HOMBRES FRENTE A LOS PATRULLEROS?

Las mañanas en Morelos son claras, muy pronto el cielo es azul, muy pronto empieza a calentarse el día bajo un sol macizo, fuerte, paternal. Allí también la naturaleza es solidaria; las flores se entregan en masa, sin el menor recato, cubren cualquier borde de rojo, de lila y de morado, a todos abrazan, con todos se meten, muros, esquinas, cruceros, árboles, arbustos, allí vienen con sus brazos abiertos y voraces, sus labios de colores y sus cabelleras verdes destrenzadas; flores locas, inconscientes de lo que son y de lo que hacen. Los arrozales también cubren la tierra mojada y la caña despunta erecta y se yergue redonda y segura, un campo de berenjenas, otro de rosales, cuyas rosas envueltas en papel periódico mojado se venden en Cuernavaca y aun en el Distrito Federal. Ya en lo alto de la colonia, el verde se convierte en café y la tierra negra y lubricada se vuelve tepetatosa y seca y sólo le sirve a las tolvaneras que la hacen girar y esparcirse sobre los toldos de cartón. Toda la hierba que allá abajo invade los surcos y hay que arrancar por avorazada, en la loma se va haciendo opaca y polvosa para luego quedarse en los puros rabitos y venir a morir exhausta a los pies de los miserables.

Entonces resulta que no es tan bonito como lo dice Buenaventura sentado en su piedra, aunque la vista allá abajo siga siendo florida.

—Mira, allá está un tabachín.

—Eso dices tú.

—Allá, allá mero juntito a la carretera, allá tras lomita, allá voltea pa' ese lado, allá detrasito...

—No lo veo.

—Allá te digo, en el crucero donde empieza el camino de terracería. ¿Ves aquella como claridad? Voltea p'allá... pues aquel clarito es del verde del tabachín.

—¿El tabachín?

—¡Uy qué la canción! Pues ¿qué estás malo de la vista?

El Güero Medrano, ése sí no podía andarse con contemplaciones, para él nada de paisajes, si acaso oteaba el horizonte era para ver a qué horas se apersonaría la tira, cómo hacerle frente, con qué gente, con qué armas. Claro, allí estaban el Full y el Sin Fronteras, el Taxco, el Chivas Rigal y los estudiantes del Comité de Lucha de la ANOCE, pero ¿qué era un puñado de hombres en contra de los patrulleros? Su mayor enemigo era el tiempo, su mayor aliado también el tiempo, la rapidez con que los colonos levantaran su casa; y cuando pasaba frente a los que estaban fincando sentía una rabia sorda: "Píquenle", les espetaba y le respondían, lentos:

—Es que estamos muy desmañanados.

Allí andaban de pachorrudos deteniéndose a tomar café, ¡háganme el favor!, amarrando sus toldos con toda calma, viendo a ver qué, pasándose el hacha y las escasas herramientas de una mano a otra, extraviándolas.

—¿Y la escoba?

—Anda por a'i...

—Es que me la prestaron.

—Voy, voy, carajo, por a'i la recargó el Chente en el palo aquél. Yo no puedo entretenerme en buscarla. Ando escombrando.

Soplaba un aire caliente y desde abajo subía el hedor de las flores podridas y enlamadas, las ya cortadas que no se embarcan a México.

DAME MI TERRENO SOBRADITO, GÜERO...

El Güero Medrano formó una comisión con el Chivas Rigal, el Juárez, Chava, Mateo y Serafín, todos miembros del Comité de Lucha de la ANOCE, para que trazaran las calles y cavaran las zanjas mientras él repartía las tierras. Cuatrocientos metros a cada quien, un muy buen lote.

—La única condición es que levanten la casa en tres días.

—'Ta bueno.

—Con esta tierrita yo me quito de apuraciones, así es de que voy a pedir fiado un carro de la mudanza para traerme mis chivas.

—Pero entre tanto, muévete, Bartolomé, te digo.

—Sí Güero, yo la quiero pegadita al huamúchil pa' que se me facilite.

—Ándale pues.

—¿Ahorita me vienes a medir mis metritos?

—Sí, ahora mismo.

—¿Qué no puedes seguirte de filo y darme cincuenta más? Es que somos muchos...

—Ya cuatrocientos metros es un espacio grande, y esto es lo que acordamos en la asamblea.

—Pero somos doce.

—Y antes ¿cómo le hacían? ¿No compartían el mismo cuarto?

—Dame mi terreno sobradito, si me lo das así la cosa quedará entre nosotros.

—¿Cómo voy a dártelo sobradito, Ezequiel, habiendo tanta necesidad?

—Como que yo no encuentro mi lugar, como que no me hallo.

—No se apure Ceferinita, al ratito se halla, nomás que vea sus cosas acomodadas...

—Ahora sí ¿ya no nos vamos a cambiar? Es que ya mis huesos no me ayudan.

—Ahora sí, Ceferinita, ahora sí no se apure. Ahora, ya lo encontramos: un lugar para toda la vida.

—¿Sempiternamente?

—Sempiternamente.

"Hasta aquí mi casa." Los primeros en llegar pudieron escoger su pedacito, ver que el Güero les midiera personalmente su lote, platicarle, porque él platicaba bonito, bonito, se sabía muchas razones, pero ya a la mañana siguiente arribaron más colonos jalando sus carritos que crujían haciendo rechinar también la tierra, y a los tres días, el martes 2 de abril de 1973, eran trescientas las familias, y ésas sí, ya no parecían venir dormidas.

DORMÍAMOS MI MAMACITA, MI SEÑORA Y YO, MIS DOS CHAVITOS,
MIS DOS HERMANOS Y MI HERMANA LA SOLTERA; TOTAL OCHO
PERSONAS EN UN CUARTO DE DOS POR TRES

"Vivíamos con mi mamá y empezamos a tener muchas dificultades porque en la noche para dormir ocho en un cuarto de dos por tres de ancho, teníamos que sacar todo para afuera, amontonarlo y levantar la cama contra la pared, de suerte que jamás dormíamos en cama, la cama era para sentarse y nos acostábamos todos en el suelo. Así, sí cabíamos. Nada más llegaba yo del trabajo y era recibir quejas. Pues claro, estábamos muy forzados, y la que pagaba el pato era mi señora. Entonces renté otro cuartito chiquitito, así un cuartucho sin azotehuela ni nada y el sol pegaba en la mera puerta todo el santo día y como era muy chiquitito pues ardía el cuarto y los niños se salían a jugar para no achicharrarse, pero como estaban muy chavos pues era mucho pendiente para mi señora. Una señora vecina nos vio como estábamos y nos tuvo lástima, yo creo que nos estimaba, bueno se condolía de nosotros y me avisó: 'Están repartiendo en Villa de las Flores, habían de ir para ver si les dan un cachito', y tanto insistió que yo le respondí, porque pues uno tiene su orgullo:

—No, mejor a ver si consigo dinero para comprar uno.

"Como los estaban dando regalado, ¡caray! pues yo tenía desconfianza. 'Después a lo mejor nos lo quitan, a lo mejor nos sacan y ya pagamos la mudanza, no, mejor no.' Es peligroso para los pobres meterse en esos asuntos porque después se lleva uno sus buenos chascos, pero algo se me quedó zumbando porque ese mismo día al salir del trabajo fui camino a la Civac a informarme de un fraccionamiento y daban bien caro, a ciento veinticinco el metro, bien caro, allí en La Alegría, pero un compañero albañil como yo, Tebas, me hizo el favor de decirme que donde él vivía, en la Azteca, una lomita ejidal, vendían lotes con facilidades, nada más tenía uno que dar quinientos pesos de enganche y el resto, pues a ver cómo, y eso sí me convenció y el domingo me salí bien temprano de la casa, a las cinco de la mañana, para esperar al de los enganches en la Azteca, pero como no llegó, y dijeron que a ver si a las once, bajé a Temixco y allí oí a unas personas conversar que en Villa de las Flores estaban dando lotes y como no sabía qué hacer y estaba yo nervioso, nada más allí parado de oquis, que pasa un carro que decía *Villa de las Flores* y que me subo y el autobús se metió por Panocheras, un ranchito que es ahora una de las entradas de la colonia, y vi mu-

186

cha gente corte y corte nopales y acarree y acarree en un carro de redilas y me entusiasmo verla así tan corriendo y me encuentro yo allí con otro cuate albañil y que le digo:

—Oye ¿qué todavía habrá lotes?

—No, ya no hay, nomás hay puras esquinitas que sobraron. Ya repartieron todo. Ya nomás son puras esquinitas.

—Bueno, pues voy a ver.

"Crucé la barranca y llegué hasta las oficinas, que antes, creo, eran la casa del gobernador y al primero que veo es a un hombre que estaba de guardia en la puerta que después supe le decían El Cacarizo porque estaba todo picado de viruela y le digo:

—¿No sabes si están repartiendo lotes?

—No, creo que ya no.

"Encontré a otro, un alto él, medio chino, moreno así, que después vi siempre con su arma, trepado en la azotea. A él, le pregunté:

—¿No sabes si todavía andan repartiendo lotes?

—Sí, pásale, ahorita están vendiendo los boletitos.

—¿Qué boletitos?

—Unas fichas de veinticinco pesos que te dan derecho a la tierra.

"Para eso ya se estaba haciendo hora de ir a lo del otro terreno pero me quedé formado porque vi que de todos modos había desacompletado los quinientos pesos del enganche de la Azteca. Estaba yo bien inquieto, ya me quería regresar, todavía me faltaban como unos tres o cuatro que estaban delante de mí y que digo, no pues voy a pedir prestados los veinticinco pesos al cuate ése Tebas, el albañil que me había dicho lo del lote en la Azteca, y así anduve, espere y espere bien nervioso porque ya con la ficha en la mano había que esperar el turno del lote. Repartían los domingos para que el lunes o el martes a más tardar se apersonara uno con sus cosas. En la tarde del martes pasaba el Güero con su gente a ver qué lotes habían quedado vacíos porque si uno no ocupaba la tierra luego luego, le daban la ficha a otros.

"Nos fuimos caminando tras de la comisión repartidora todos los que teníamos ficha, calle por calle. Tras de nosotros venía un perro grandote y bigotón a quien después le pusieron Seco porque ya estaba viejo. Nos tocó de repartidor Tacho García, un güerillo él, aunque no estaba tan chavito, allá andábamos siguiéndolo calle por calle y él medía los lotes y los separaba según las fichas, pegaba duro el sol y el chavillo mide y mide. Ya estábamos por el rumbo de La Joya cuando llega su papá también Tacho García y le dice al chavo:

—Ya párale de repartir.

—Nomás faltan poquitos, ya mero voy a acabar.

—No —dice—, si ya toda la mañana anduviste repartiendo, ya vámonos a comer, ya es tarde.

"Yo me quedé bien desanimado porque todavía faltaban muchos, iban creo en la ficha 180 y yo tenía la 212, todavía faltaba un buen tramito de la cola y como se tardaban, me sentí yo rete decepcionado:

—Uy, pues ni allá ni aquí me van a dar.

"Me acordé de esa señora Carlota que ahora es mi vecina y siempre trae una criatura en brazos y me encargó su ficha. Tenía el número 213 y entonces fui con el muchacho ése Tacho y le dije:

—No la amuele, esa señora anduvo todo el día con su chavito bajo el sol.

"Yo lo que quería era que repartiera nada más hasta el 213 para que alcanzara yo.

—No la amuele, cuando menos reparta hasta donde le toca a la señora.

"Él se compadeció:

—Bueno pues, a ver señora, usted anduvo aquí desde en la mañana, pues entonces ya nomás a la señora le vamos a dar.

"Y que le dan luego luego, allí mismo. Sólo quedamos unos poquitos, porque ya nomás íbamos hasta el 210, éramos un grupo así pequeño y nos le encimamos al chavillo:

—No, pues repártanos de una vez.

—Hasta el otro domingo, cuando vuelva a repartir.

"Pero a nosotros nos gustaba allí porque estaba parejito, y además llegaban los "chocolates" [autobuses urbanos] y no queríamos regresar al domingo siguiente porque de repartir así en orden, nos tocaría hasta por allá por La Nopalera o quién sabe por dónde. Y de eso ya no estábamos muy conformes. Entonces el güerillo ése nos dice:

—Bueno, yo les reparto pero si me ayudan a medir.

"Uy, pues todos empezamos a hacer mojoneras de terrones, porque había puro barbecho allí, y nos midió y nos tocó a cada uno un lotecito menor de lo que habían dicho, pero pues ya teníamos nuestro lote y entonces cuando sentí que ya tenía mi tierrita, pues ahora sí, háganse bolas, háganse pa'trás, ya empecé, luego luego me fui volado para arriba donde estaba el que ahora conozco como Epifanio, vendiendo madera, y compré horcones, compré polines. Me gasté casi los quinientos pesos del terreno de la Azteca y le hablé a un chavo que tenía barreta, el único que se dedicaba a hacer hoyos en la colonia, uno de los Chitas, así les decíamos a él y a su hermano porque parecen changuitos. Cobraba por hacer hoyos con su barreta y ya era noche cuando me fui para la casa y llegué allá y le dije a mi señora:

—Ya tenemos casa.

—Pues ¿'onde?

"Ella nada más sabía que yo había ido a la Azteca a lo de un enganche.

—¿A 'onde?

—No pues la tenemos en Villa de las Flores.

—Pues ¿cómo? —dice ella.

—Pues sí —le digo—, y mañana nos vamos.

—¡Ah! ¿así tan rápido?

—Sí —le digo—, porque no me dieron mucho tiempo. Mañana pagamos una mudanza.

—¿Una mudanza? Y ¿con qué?

—Con lo que me queda de los quinientos pesos. Si no le pido prestado a Tebas. Vamos a comprar cartón y cintas.

"Y sí, luego luego cargamos el carro y nos fuimos y como tenía yo que trabajar el lunes, pues en llegandito descargué, puse una sábana a manera de techo y le dije a mi señora:

—Allí te quedas, yo luego regreso para seguir.

"Nomás puse todos los muebles, el ropero, en fin las cosas grandes que teníamos, la mesa, las tres sillas la una al lado de la otra a que formaran como una cerquita, y me fui a chambear. Así duré como un mes porque tardé más de treinta días en hacer la casa. En las mañanas me levantaba temprano y ponía unas dos o tres láminas y en la tarde, de vuelta, mientras se hacía oscurito, volvía a poner otras, porque se tarda uno para hacer la casa bien hecha. Soy albañil y sé lo que es una casa en forma. Pero pues ya, por primera vez, mi familia tenía casa."

ENTRE MENOS BURROS MÁS OLOTES

El 2 de abril de 1973, a las siete de la noche, el Güero Medrano llamó a la primera asamblea en la colonia. Habían llegado más paracaidistas, se oían radios por donde quiera, y el Güero, en vez de decir: "No, ya no, ya no hay tierra" ordenó que ésta se dividiera en medio de las protestas porque se les quitaba la mitad de su lote. Hasta ese perro grandote Seco aulló como si le es-

189

tuvieran sacando una espina de la pata. Más tarde llegaron de Acatlipa, de Tetlama, de Temixco otros perros hambrientos (México está lleno de perros), pero el primero fue el Seco, por eso lo tenían muy presente. Los colonos se habían hecho su lugarcito, lo redondeaban a vueltas como los perros. A los tres días, las gallinas, que andaban sueltas, picoteaban de prisa, desenfrenadas, como si las fueran a alzar en brazos al instante. Ni resollaban siquiera, a puro pique y pique y pique entre la tierra a ver si alcanzaban lombriz. Acostumbradas a no tener casa, a que las encerraran cada vez que se iban a otro lado, el hecho de por fin asentarse sobre la tierra les resultaba insólito. Las conversaciones entre los miembros de la familia parecían entrar en un molde dulce que los esperara.

—¿Dónde crees que se me dé mejor la yerbabuena, en esta esquina o más allasito?

—El espejo roto lo voy a colgar de una vez.

—Mira qué bonita luz está entrando por la rendija.

—Quisiera traerme mis cuatro conejeras.

—Pues el sábado vamos por ellas.

Se oían diálogos esperanzados.

—Oye tú, dame más frijolitos caldosos.

—Ya se acabaron.

—Voy, voy, pues pon más a cocer, caray, no se te vaya a ampollar el codo, y con su ramita de epazote.

Ahora resultaba que el Güero Medrano estrellaba su tranquilidad, la partía en dos. De todos los lotes, las voces se alzaban vehementes. "A la chingada, yo no me voy a dejar, lo dado, dado." Por eso el Comité de Lucha se reunió con el Güero:

—Yo creo que mejor les hablas tú para darles su de aplaque —le sugirió Aquileo.

—Si tú no lo haces, no van a quedar conformes —lo secundó el Sin Fronteras.

—Se van a liar a golpes —intervino el Juárez.

¿QUIÉN NECESITA MÁS DE DOSCIENTOS METROS PARA VIVIR?

"Compañeros —dijo el Güero Medrano—, compañeros, atiendan bien lo que les voy a decir. El Comité de Lucha (¿qué es eso? preguntó Buenaventura en voz apagada como si hablara consigo mismo) los ha llamado a una asamblea con el fin de organizarnos y dar a conocer el nombre que llevará la colonia. El nombre que tenía el fraccionamiento Villa de las Flores es muy bonito, muy

190

bonito, pero ése lo escogieron los ricos porque pensaban hacer grandes residencias. De hecho, casi todas las tierras de Morelos son para las casas de los ricos que vienen los fines de semana. Pero aquí, nunca más vendrán los ricos cabrones a construir sus casas placenteras, nunca más se dividirá este fraccionamiento en tierras de mil metros, de dos mil metros que para la alberca, la terraza y el cabrón desayunador. Yo les propongo, compañeros que se le cambie de nombre a Villa de las Flores y se le ponga: Colonia Proletaria Rubén Jaramillo.

Ante el silencio de la asamblea, el Güero Medrano explicó: "Es proletaria porque va a ser una colonia de pobres, o sea de gente desposeída que nunca ha tenido el dinero suficiente para comprar un terreno y hacer su casa. Rubén Jaramillo fue un líder agrarista, un campesino como nosotros, asesinado en el año de 1962 por mandato de Adolfo López Mateos. Es un héroe que el gobierno nunca ha reconocido. Pero el pueblo lo respeta como héroe revolucionario. Él fue capitán zapatista (entonces sí hubo entre los rostros cansados y las miradas torpes un relámpago de interés, algunos alzaron la vista que habían tenido baja, otros canjearon su expresión ausente por una mirada más alerta, porque en los mítines los campesinos siempre tienen cara de estar escuchando algún rumor lejano, como que ladean la cabeza, cuando no de plano cierran los ojos, atentos sólo a un viento interno, a algo que no tiene que ver con los presentes). Rubén Jaramillo, compañeros, luchó al lado de Emiliano Zapata y fue un hombre de confiar..."

—Que viva mi general Zapata —gritó un viejo.

—Que viva Rubén Jaramillo —lo secundó el Güero.

—Órale Matildita —susurró Jeremías—, no se duerma, pues ¿qué no le oye los gritos?

—Si no estoy dormida, nomás estaba descansando de la vista.

"Ahora en lo que toca a la tierra —la voz del Güero se hizo grave— yo les pregunto: ¿quién necesita más de doscientos metros para vivir? Ustedes no están ocupando más de doscientos, nadie ha fincado los cuatrocientos, nadie, el resto prácticamente no lo usan. Comprendan que lo que importa es que más gente tenga dónde vivir y que nos tratemos como iguales. Pónganse en el lugar de los recién llegados. Entre más seamos mejor podremos defendernos de cualquier intento del exterior para sacarnos de aquí. Las agresiones van a venir, ténganlo por seguro, y si no estamos unidos, nos van a chingar.

Casi todos estaban de pie. Matilde y otros viejos se habían sentado en la única banca. Los perros abrían los ojos para volver a cerrarlos. Habían encontrado en el piso los lugares más frescos y de vez en cuando se estiraban, cuan largos eran, o cambiaban de postura. Sólo el Amarillo hubiera querido deambular entre las piernas de los colonos, sus orejas de cachorro sensibles a todas las ondas en el aire, pero Micaela lo alzó en brazos, no fueran a llamarle la atención. Casildo tomó la palabra:

—Pues yo me vine porque me dijeron que el lote iba a ser bueno; a mí me midieron mis cuatrocientos metros y no me parece que me quiten la mitad.

Caritino también se enojó:

—Ya ni la amuelas Güero, yo soy tu cuate. Cómo le haces eso a un cuate.

—¿Prefieres que los otros se mueran de hambre, Caritino, que los otros no tengan nada?

—A mí qué me importan, yo ni los conozco.

—Son gente, gente como tú y como yo, gente pobre...

—A mí me vale.

—Nada de que a mí me vale. Aquí eso no se va a usar nunca. Hace dos meses formaban parte de la muchedumbre de los "sin techo". Ahora todos se oponían a la división de su lote.

—A mí esto no me costea.

—A mí tampoco.

—Ahora va a resultar que tú también nos engañaste.

Los paracaidistas más viejos sacudían la cabeza:

—De haberlo sabido, no pago la mudanza.

Finalmente el Güero les dijo:

—Ustedes están portándose como allá afuera. En la colonia Rubén Jaramillo tenemos que actuar distinto. ¿Qué no se han dado cuenta cómo llegan todos con sus estómagos engarruñados por el hambre?

El Güero perdía el control, muchas voces se alzaban por encima de la suya, hombres y mujeres enardecidos discutían entre sí. A nadie le importa la miseria del otro, el hambre del otro. El Güero gritó:

—Mientras ustedes pelean, acecha un enemigo mucho más peligroso, más definitivo que sus pinches chicanas, uno que en cualquier momento puede venir a sacarnos.

Ahora sí todos se miraban desconcertados.

—¿Quién es el enemigo, Güero, pa'que sepamos de quién vamos a defendernos, contra quién vamos a pelear? ¿Qué trazas tiene pa' reconocerlo?

Nadie sabía realmente quién era el dueño del fraccionamiento, qué era lo que podía pasar. Una viejita alzó su voz temblorosa.

—Una vez, en la Cuautitlán-Izcalli, vinieron los bomberos a sacarnos a manguerazos.

El Güero Medrano quiso tranquilizarlos, les dijo que esta tierra la habían tomado muy a tiempo, sí, sí, en muy buen tiempo, ni antes, ni después, que estaba clara su posición y que seguramente al día siguiente, por lógica tendría que aparecer el dueño y desde ese momento, confirmarían contra quién era la lucha, quién el patrón, quién el acaparador.

—¿A poco ahora que nos hemos avecindado nos pueden sacar? —preguntó Fulgencio.

—Pues claro, qué te pasa. ¿Qué no has visto las patrullas estacionadas en Temixco? Y yo ni un rifle tengo.

—Yo tengo una chimía, una matahuilotas por ahí. . .

—Yo sí traigo mi escopeta, pero no está cargada.

—'Tamos jodidos.

—¿Y los machetes? ¿Ya se les olvidó su machete? ¿O no saben pelear con él?

LOS CAMPESINOS SIEMPRE TIENEN ARMAS, SI NO A LA VISTA, A LA MANO

Los campesinos siempre tienen armas, mosquetones, viejas carabinas, escopetas. Lo que pasa es que no están a la vista. Después de esta primera asamblea sacaron las que tenían guardadas. "Ahora sí mi 30-30 está muy a la mano." Algunas ni cargador tenían, pero aun así se las pusieron al hombro. Esa misma noche el Güero organizó la comisión de vigilancia: campesinos con machete, otros con rifle dispuestos a defender a su familia, su tierra. Al finalizar la asamblea, una nueva unión se había creado entre los colonos: "yo no me voy a dejar, mano", "yo también traigo mucho vuelo", "¿a poco no soy un ser humano digno de consideración, carajo?" "ya estuvo suave", "no toda la vida voy a ser gato de los ricos". El Güero había sembrado la inquietud, de ahora en adelante andarían pendientes en las calles principales, en cualquier momento podía aparecerse el ejército. "A mí nadie me agarra de su puerquito." "Ya estuvo bueno de agachar la cabeza frente al patrón, vamos a exigir lo nuestro." Inconscientemente repetían las palabras del Güero, su entonación. En muchos casos salieron abrazados, la gran mayoría se veía satisfecha. Sólo Buenaventura murmuró entre dientes:

—A mí esto me sabe a desdicha.

DE LA CARRETERA SUBIERON RUMORES DE QUE EN ACATLIPA HABÍAN ACUARTELADO A LOS SOLDADOS

A la noche siguiente, mientras las sombras crecían, el número de vigilantes fue mayor. De la carretera subieron los rumores; que en Temixco habían acuartelado a los soldados, también en Acatlipa, que las patrullas aguardaban, el motor andando. Desde la asamblea con el Güero, el enemigo estaba en todas partes. En varias ocasiones se oyeron disparos. El Güero amonestó personalmente a Simón Nepomuceno por disparar así y le dijo que a la próxima le quitaba el arma. De ahora en adelante se tirarían al aire tres cohetones, ésa sería la señal para que todo el pueblo se reuniera frente a la oficina, dispuestos a lo que fuera. Los rumores sólo calentaban a los colonos, les enderezaban la fiereza, de suerte que ya para la segunda noche su machete relumbraba y se oía como un martillear de fragua cercano a cada una de las covachas. Dormían cinco, seis, siete, hasta diez cristianos, sus perros y sus gallinas. Los de la guardia les cuidaban el sueño. Podían subir los que fueran, al fin que para morir nacimos, allí se lo haigan, si la sangre tenía que correr, mojaría primero el filo de su machete, eso ténganlo por seguro, porque esta tierrita, esa sí, la iban a defender con su vida, no faltaba más.

—Estamos decididos, decididos a todo.

A LAS TUNAS XOCONOCHTLES SE LES QUITAN LAS SEMILLAS

A pesar de que se venía el tiempo de lluvias y de la precariedad de sus condiciones, la gente no retrocedía en su afán de asentarse en la Jaramillo. Seguía construyendo sus jacales y los que aún no lo tenían se acomodaban bajo los pinzones tapados por dos mantas amarradas a las ramas. Dejaban sus cosas recargadas en los muros de la oficina, cubriéndolas con bolsas de plástico, costales o periódicos mientras les daban su terreno. Los niños podían dormirse en el piso. Ahora sí, los recién llegados eran bienvenidos, significaban mano de obra, soldados para el ejército de los pobres; las señoras hasta les regalaban café del mismo que hacían para los de la guardia. Pánfilo Narváez, el albañil, se fue a apuntar a la ronda nocturna y lo hizo con gusto porque en esos primeros meses, casi todos andaban entusiasmados participando en las tareas comunes. Meter los tubos de drenaje, levantar la iglesia, bardear el cementerio, el campo deportivo y el jardín de niños era la obra de todos. A Camilo hasta se le ocurrió:

—Voy a proponerle al Güero en asamblea que les hagamos un puente a los de La Nopalera. Todos los días veo a las madres de familia atravesar la barranca por subidas y bajadas para traer su mandado a la Jaramillo y no es justo.

El Güero secundó la propuesta:

—Sí, vamos a hacerles un puente y lo llamaremos "El Puente de la Unidad".

—¿Y con qué lo construimos?

—Con el coraje que traemos dentro.

Así, cada quien dio costales de cemento, varilla, picos, palas, y terminando el puente se siguieron con los locales para el molino de nixtamal.

—El domingo que entra vamos a sembrar un campo de frijol de soya.

—Nos tenemos que acomedir todos a lo de todos.

Arriba en las lomas de La Nopalera crecían solas y muy tupidas, a la buena de Dios, las verdolagas.

—Tanta verdolaga que hay por allí —se alborotaba el Güero— recójanla y lávenla bien. Tiene hierro como la espinaca y eso le hace falta a la salud de sus hijos. Háganla con un hueso aunque sea. Guarden los huesos, siempre les sale algún juguito, un poquito de tuétano, tantita carne para el caldo. Yo de niño recogía muchas tunas xoconochtles y mi mamá las hacía en revoltijo con nopalitos y papas, su ramita de cilantro, un tantito de chicharrón, su cebollita y sus tomates de hoja. A las tunas xoconochtles se les quita la semilla...

—Uy Güerito, ¿quién les va a andar quitando la semilla a las tunas? ¿Cómo? ¿A qué horas?

—Mi mamá limpiaba muy bien los nopalitos, les agregaba la sal hasta que estuvieran blanditos...

Un día hasta el obispo Sergio Méndez Arceo vino a cortar verdolagas y después de decir misa en el jacalón, puso el espinazo, no el suyo sino otro que mandó traer a Acatlipa, y así comieron con él verdolagas con espinazo.

Además de las frenéticas gallinas iniciales ya había puercos, chivos y borregos. Y los perros, claro, y los gatos que andaban desperezándose encima de los tejados. Y uno que otro canario enjaulado. Micaela, la del Amarillo, fue la que más se alborotó con lo del café para los de la ronda nocturna:

—Pues yo voy a ir a Cuernavaca a traer harto café, harto café

195

y yo creo que Catita que está medio riquilla podría poner el pan.

—¿Pan?

—Pues ¿qué no se lo merecen si van a estar toda la noche desvelándose por nosotros?

—Pero ¿pan todas las noches? No va a encontrar quien lo compre.

—Va usted a ver como sí, Susana, yo me conchabo a Catita.

Tenía razón, había mucho ambiente en la Jaramillo, mucho contento, y en esos primeros meses todos le entraron a la talacha. El mismo Güero era el primero en tomar parte en las fatigas; allí podía vérsele, delgado, sin sombrero, con su pelo claro al sol, emparejando la calle. Les ayudaba a los nuevos a acomodar sus triques, les indicaba dónde comprar los horcones, los morillos, el alambre, cómo encontrar al Chita de la barreta. Los materiales utilizados por los colonos eran los más baratos: la lámina de cartón y los troncos de morillo de tres por cuatro de largo que la gente de Tetlama trae en burros o en caballos a vender. Se plantan cuatro morillos que sirven de base, se atraviesan otros cuatro para formar un caballete, así se arma el techo y ya levantado se clava la lámina de cartón; una lámina negra enchapopotada que se completa con pedazos de náilon, madera, tela de alambre, papel, lo primero que se encuentra a mano. El Güero acarreaba piedras, las picaba, limpiaba la loma, hacia la mezcla. En la madrugada, allí estaba tumbe y tumbe madrojos y también los tumbaban Aquileo Mederos Vásquez, que era alto y flaco, el Sin Fronteras y el Cacarizo porque allí donde andaba el Güero, andaban los delegados.

Y SOBRE TODO LO QUERÍAN MUCHO LAS MUJERES...

A los 28 años, el campesino Florencio Medrano Mederos, llamado el Güero por su tez clara y sus ojos verdecitos risueños, era muy bien amado. "Tenía unos ojos como de mielecita", recuerda Micaela llorosa, "unos ojos muy dulces" afirma Susana, "unos ojos que lo miraban a uno con mucha compasión, mucha ternura" dice Sara, "unos ojos piadosos" lo secunda Marta, "unos ojos parecidos a los de Aquileo" interviene María Gloria, "sus ojos no eran humildes como los de la gente humilde, eran fuertes, por eso me gustaban porque los endureció" asevera Jerónima, "ojos medio amarillos", "yo se los vi medio grises", "que va, si los tenía un tantito azules", "pero si eran del color de la alfalfa", "eran como la miel cuando se derrama", "eran ojos de hombre bueno" finaliza Rufina. El rostro sensible bajo una piel delgada, las manos nerviosas, la mirada a veces de una gran profundidad y una gran desolación, de estatura más bien baja, la figura del Güero se aislaba en medio de los otros. Aquileo era más alto, el Juárez también, el Sin Fronteras mucho más fuerte aunque a la hora de la verdad era el Güero el que se imponía. Un hombre fino, fino en sus reacciones y en sus actitudes, sin ningún asomo de vulgaridad aunque le salían muy bien las leperadas cuando había razón para ellas y las decía con furia, contantes y sonantes. A él, todo le salía natural, fácil, el mando le brotaba desde adentro y se imponía solo. A nadie se le hubiera ocurrido chistar nada, él era el de la autoridad. Además era desinteresado y lo eran también los miembros del Comité de Lucha que muchas veces se quedaron sin comer con tal de seguir deslindando lotes y dar el ejemplo en las tareas comunitarias. Muchos de los del Comité de Lucha fincaron su casa hasta el último o no se adjudicaron lote alguno. Todavía hoy, la gente se conduele de la miseria en la que viven los hijos del Güero en la mismita colonia que él fundó, en la que no tiene tierra a su nombre. "Tanto sufrir para que sus hijos anden a ráiz."

EN MENOS QUE CANTA UN GALLO Y ANTES DE QUE
EL GOBIERNO PUDIERA IMPEDIRLO

El objetivo final del Güero al invadir la tierra no era asentarse en ella. Más que una posesión, el Güero veía en la Jaramillo un detonador para iniciar la lucha armada. Pensaba sentar su primera base de apoyo en la Jaramillo, convertirla en territorio libre dentro del estado de Morelos y buscar después otra base, un pueblo aquí, otro allá, desde el cual partir para levantarse en armas siguiendo el esquema chino. Concebía los territorios conquistados como "zonas libres" en las que no pudieran entrar la policía ni el ejército porque lo impedirían los campesinos armados.

El Güero repartió los mil quinientos lotes de la Jaramillo con la idea de fundar una comuna china, la primera en América Latina. Así como le había impuesto a la ANOCE las doctrinas maoístas, se las enseñaría a los colonos de la Jaramillo. Muchos de los miembros del Comité de Lucha estudiaban maoísmo, el Cacarizo hasta sabía palabras en chino. El Juárez también.

Las tierras eran para los demás, para él seguiría la lucha. Al-

197

gún día tendrían que abandonar la colonia y en varias ocasiones se lo avisó a las mujeres. Dentro de la guerra prolongada china, nadie echa raíces, los guerrilleros buscan siempre un nuevo campamento y una vez conquistado se lanzan a otra batalla. El Güero no iba a establecerse nunca, ténganlo por seguro, su vida era otra, pero los iba a dejar bien afianzados, a la colonia no entraría ningún policía, nadie ajeno a la Jaramillo se atrevería a traspasar la puerta de Los Pinos, para eso tenía experiencia. Había visto nacer otras colonias de paracaidistas, la Lázaro Cárdenas, la Antonio Barona. Don Enedino Montiel, otro experto invasor, le enseñó mucho de lo que sabía. Los hombres más cercanos al Güero, "sus cuadros" como él los llamaba, sabían que el Güero había dirigido la invasión de las tierras del Palmar Grande. A Primo Medrano, su hermano, le gustaba relatarlo. No era la primera vez. El Güero empezó a organizar la colonia en una forma tan eficaz que muy pronto el autogobierno resultó superior al que el propio gobierno pudiera imponer. Fueron llegando más y más paracaidistas y en menos que canta un gallo y antes de que el gobierno pudiera impedirlo empezó a desparramarse desde lo alto un caserío de hojas de lámina, cartón, palos y pedazos de plástico que apenas si se levantaban del suelo, pegado a la tierra como la miseria sobre el mundo. Muy pronto las treinta familias iniciales se convirtieron en cinco mil, hasta que el número de los paracaidistas llegó a diez mil; cada día arribaban más hombres, mujeres y niños alertados por algún compadre, trayendo en la mano un volante que pregonaba que en Villa de las Flores habría tierra, o un ejemplar de la revista *Lucha de Clases* que el Güero dirigió con Aquileo y algunos de los "intelectuales" de la ANOCE.

Los "Domingos Rojos" de la Jaramillo, dedicados íntegramente a la "fatiga" colectiva, empezaron a llamar la atención en el Distrito Federal, y se presentaron brigadas de estudiantes de la Universidad, del Politécnico, de los CCH y de las Prepas Populares, sobre todo la de Liverpool, deseosos de ver el llamado primer experimento socialista de México. No habían traspuesto la entrada de Los Pinos cuando los colonos les cerraban el paso:

—¿Ustedes qué son? Identifíquense.

—Somos estudiantes.

—Ah, pues eso no nos sirve para lo que estamos haciendo.

—Queremos ayudar, palabra.

—Eso es lo que vamos a ver. ¿A qué vienen ustedes, a trabajar o a quitarnos el tiempo?

De 1968 a 1973, no se dieron en el campo invasiones y levantamientos, si los hubo no trascendieron o pudieron ser silenciados. La consigna del régimen de Echeverría fue restañar el 68, y a continuación, cerrar la herida del 10 de junio, aunque fuera con saliva. De pronto, en el estado de Morelos, unos llamados "marginados" invaden tierras, y no sólo eso, sino que desde su colonia plantean la revolución. ¿Y ahora? Todos los que vivieron el mito del territorio libre en la Universidad en el 68, se asombraron de encontrar otro territorio libre de América en Morelos. El visitante pedía un pico y una pala y se ponía a limpiar el terreno. Al rato andaba en mangas de camisa y horas más tarde, sin camisa, exaltado, cavando zanjas bajo los rayos del sol. Muchos sólo participaban en las jornadas por ver al Güero en acción, presenciar al atardecer una asamblea en la que él se dirigiera a la gente. "¡Es a todo dar, palabra, qué cuate más a todo dar!" Hablaba en forma envolvente, como que los tapaba con una manta calientita, sus palabras eran sencillas, deseaba una buena vida para todos, pero ellos deberían ayudarse. La justicia se la harían ellos mismos, el orden, el abastecimiento de comestibles. Almacenarían en la colonia los alimentos básicos: el maíz, el frijol, el azúcar. "Lo que quiero hacer de la Jaramillo es la primera comuna popular de la República Mexicana."

—¿Y eso qué es, Güerito? —preguntó Micaela.

—Un pueblo que es capaz de cultivar su propio maíz, su propio arroz, sus verduras, y luego venderlos en tiendas populares en donde todo es más barato. ¿Qué no has visto los puestos nuevos en el mercado, Micaela? Aquí les vamos a dar mucho trabajo a todos porque vamos a elaborar nuestros propios productos; vamos a consumir lo que nos da la tierra...

—Pero ¿con qué ojos, Güerito de mi vida, si no tenemos ni en qué caernos muertos, si no sabemos...

—Vamos a traer técnicos que nos enseñen a trabajar. Desde la semana que entra, aquí va a funcionar un rastro, vamos a criar conejos, pues ¿qué no has visto las conejeras, Micaela? Y mojarras, y codornices. Nos han traído las crías y nos van a ayudar los chicanos de la Raza Unida.

—¿Quiénes son ésos?

—Unos carnales...

—¿Gringos?

—Chicanos: hijos de mexicanos que se pasaron para el otro

199

lado.

—Dichosos ellos. ¡Pero qué raro que les quedaran ganas de regresar si dicen que allá tienen reteharto de todo!

A los quince días, los estudiantes se encontraron con que ya funcionaba el rastro y que no sólo estaba bien surtido sino que muchos "cristianos" de otros poblados subían a comprar a la Jaramillo porque el precio era más bajo que en los alrededores. Empezaron a construir también un hospital que llevaría el nombre de Norman Bethune, en memoria del médico comunista que se fue a curar chinos; ya estaban amontonadas las camas en un anexo de la oficina. "Nosotros vamos a conseguir el equipo", se entusiasmaron los estudiantes, "material de curación, medicinas que pueden obtener a través de los laboratorios, instrumentos"; los delegados querían moderar sus impulsos, pero también los 57 delegados de las 57 manzanas se habían apasionado por la causa. No recibían paga; les era suficiente tener por fin un pedazo de tierra y representar a otros, hacer oír su voz. Los estudiantes boquiabiertos "no daban crédito". Los más acelerados comentaban: "Si esto sigue así, mano, yo no me voy a Guatemala". Son muchos los jóvenes que tienen noticia de los ejércitos libertadores en Guatemala, en El Salvador, en Nicaragua, y están dispuestos a vivir la experiencia de la revolución. O a morirla. Pero hete aquí que en su propio país surgía también un experimento revolucionario. Cada fin de semana —atraídos por el carisma del Güero— se presentaban nuevos grupos de muchachos que de la mejor buena fe querían prestar algún servicio pero no tenían más relación con los campesinos que la de su buena voluntad. Llegaban con sus *sleeping bags*, sus botas, sus gorras y sus piolets, a ver en qué ayudaban "muy a lo cristiano". Habían canjeado el Popo por la Jaramillo.

EL PRT, EL PC, EL PMT, LAS PREPAS POPULARES,
LA REVISTA "PUNTO CRITICO"

El Güero aceptó que entraran los estudiantes a pesar de que el Chivas Rigal protestó:

—Ese desfiladero de muchachos empieza desde la madrugada. No se puede, Lencho, no se puede con ellos, luego luego quieren echar rollo con su materialismo y su marxismo... La gente no les entiende.

—Son buenos muchachos, no les corten las alas.

—Quitan mucho tiempo.

200

—¿Qué daño nos hacen? Vienen a ayudar. . .

—Traen mucho vuelo, algunos son medio chapuceros, parecen comerciantes. Dicen que van a organizar colectas, que van a imprimir volantes, que van a hacer propaganda.

—Bueno ¿y qué? ¿En qué nos perjudican?

—No son de los nuestros, Lencho.

—¿Quién es el que fue a China, quién es el que recibió el curso, Chivas?

—Tú, Lencho, tú, pero éstos parecen loquitos, sé lo que te digo, esos chavos no nos convienen, que del PC, que del PRT, que de uno nuevo que se llama el PMT, que de la revista *Punto Crítico,* que de las prepas, que de colegios católicos. Los de la Prepa Liverpool están más que acelerados, dizque les van a enseñar a los de La Nopalera a hacer bombas porque de aquí va a salir la revolución.

Los estudiantes de economía y de ciencias políticas de la UNAM ofrecían traer un mimeógrafo, picar esténciles, secuestrar camiones. Hablaban de apoyo ideológico, de Allende, de revisionismo, del populismo echeverrista al que había que sacarle raja; estaban verdaderamente eufóricos, no podían decir una sola palabra sin meter la palabra revolución. El maestro Pedro Tomás García tuvo que pedirles que le bajaran un poco al volumen:

—Dentro de la universidad se puede hablar de hacer la revolución y de todas las revoluciones que se quieran, las sexuales, las feministas, las de costumbres o de lo que ustedes quieran, pero en el campo no porque allí sí va en serio. Los campesinos sacan sus armas, entra el ejército, allí sí es de a de veras, y ¿a quiénes reprime? A ellos.

—A nosotros también. O ¿ya se le olvidó a usted el 68, maestro?

—Ya para todo sacan el 68. ¡Ya es hora de desmitificar el 68! Ahorita están ustedes tratando con campesinos, con gente humilde, recuérdenlo.

"EL CHINGADAZO"

Un grupo de estudiantes, asesorados por la revista *Punto Crítico,* ideó el periódico *El Chingadazo,* mimeografiado, del tamaño de un paquín, en doce hojas, con un dibujo en la portada y una historieta en la contra, "La Cocona", caricaturas en su interior y artículos ilustrados sobre el alza de los precios, la invasión de tierras, cómo acabar con las chinches, cómo hacer una hortaliza, etcétera. Se dirigía a la Jaramillo y a otras colonias proletarias del país: la Francisco Villa en Chihuahua, la Tláhuac, la Nezahualcóyotl y la Héroes de Padierna en el Distrito Federal; reseñaba con júbilo otras invasiones de tierras (una en las minas de arena de Palo Alto, Distrito Federal), elecciones de mesas directivas, apoyos a huelgas de sindicatos independientes. El periódico se vendía en las calles: "Compre su chingadazo, a treinta centavos el chingadazo, si no trae cambio deje el peso" y aunque la gente de la Jaramillo sonreía al oír al voceador, comentaban entre sí: "Tanto que cuesta la educación para que luego nos salgan con eso. No porque nosotros hablemos así, hay que gritarlo en las esquinas". Las groserías eran parte de su vida diaria y casi no destacaban dentro de la conversación pero *El Chingadazo* impreso y voceado los destanteaba, los devolvía a su situación de chingados.

—Ése es un periódico de desplante, pretendidamente popular, simplista. Una cosa —asentaba el maestro García— es decir las cosas con sencillez y otra que sean simplistas por consigna.

—Lencho, cualquier colono puede hacer ese periodiquito mejor que los estudiantes.

Para el Güero, todo lo que fuera de oposición al gobierno servía, aunque al Chivas Rigal le diera coraje.

—¿En qué se meten éstos?

—Todo sirve, todo sirve. Hasta los traidores.

—No Lencho, estás equivocado. La tinta es perversa.

Era cada vez más difícil contradecir al Güero. El Chivas Rigal se iba entonces a buscar al maestro Pedro Tomás García, alto y excesivamente delgado, cuyos ojos graves inspiraban confianza. También su voz. Más joven que el Güero, parecía más viejo, sobre todo cuando hablaba. Sus palabras eran prudentes, meditadas; no respondía de inmediato y cuando lo hacía su voz era pareja, tranquila.

—Yo tampoco estoy de acuerdo en que entre toda esa gente, Lencho, el Chivas tiene razón.

Para el Güero, la avalancha que caía sobre la Jaramillo no era un impedimento; al contrario, consideraba que todo ese ruido en torno a la colonia le daba la oportunidad de crearse un prestigio antes de iniciar la acción armada.

—¿No sabes que Margarito el nuevo es un oreja? —preguntó el Chivas con su voz campanuda.

—Lo sé, lo sé.

—¿Y que Facundo es agente de la policía?

—¡Caray! ¿qué se traen ustedes?

—¿Qué te traes tú, Lencho? ¿Cómo lo admites sí sabes que es de la tira?

—Porque me sirve.

—Toda esa gente te está mareando. El maestro Pedro dijo en la escuela la otra noche, en la reunión de padres de familia, que en el socialismo no son los individuos los que importan sino la colectividad.

—¿Ah sí? ¿Y quién le permitió al maestro hacer una junta sin avisarle al Comité?

—Le avisó. Lo que pasa es que desde hace tiempo, crees que el Comité eres tú.

EL GÜERO UTILIZÓ NO SÓLO A OPORTUNISTAS SINO A POLICÍAS INFILTRADOS

Al Güero se le agitaba la respiración, en cambio el maestro García parecía de piedra.

—Medrano, están entrando rateros.

Al Güero le disgustaba que se le enfrentaran, sobre todo ese maestrito impávido:

—Félix Varela es contrabandista; tiene fama de vividor. Es un pésimo elemento para la colonia.

—Pero también tiene derecho a reivindicarse, ¿o no Pedro?

—Vinalay se hace pasar por periodista para chantajear a la gente. ¡Tú que estás en contra del alcoholismo y Vinalay que vive de él! Organiza fiestas y bailes y hasta siete banquetes al día.

—Deja en paz a Vinalay, tiene lo suyo.

—No te metas a redentor. Te estás jugando a la colonia, no sólo es tu vida, es la de diez mil gentes.

—Y ¿cómo crees que vivían antes? Ahora siquiera tienen en donde caerse muertos.

—Entonces ¿vas a aceptar a sabiendas la infiltración policiaca? ¿Quieres que la policía esté adentro?

—Sí, porque les voy a dar en la madre, a su debido tiempo.

—Estás encaminándote hacia tu propia destrucción.

—Sé lo que hago. Tomé las tierras para hacer una guerrilla, no para...

—Y ¿los que van a quedarse cuando tú te largues a la sierra?

—Tendrán la mejor parte, eso tenlo por seguro.

El Güero pensaba que todo lo podía resolver con audacia, triunfaría por el solo hecho de ser Florencio Medrano Mederos; el maestro empezó a dudar de él: "Este cuate es tan listo, tan listo, que ya está transando. Piensa utilizar el movimiento popular —por eso quiere que hablen de él— para luego pasarse al Estado como lo han hecho tantos".

Antes se ejercía un control; se llenaban formularios, los colonos se comprometían en el momento de recibir su lote a una serie de obligaciones comunitarias. Ahora que el Güero había abierto las puertas, entraron agentes disfrazados de civil, malhechores, lumpen. El Güero gritaba en las asambleas: "Queremos gente, mucha gente, la necesitamos".

EL CARNICERO QUE LE MENTÓ LA MADRE...

"Cuando había fatigas —cuenta el albañil Pánfilo Narváez— el Güero Medrano andaba entre nosotros y aunque le hablé muy poco se veía una buena persona, eso sí, tenía su genio y en partes era duro. La gente de la colonia decía: 'Cuando se le trata bien es a todo dar, pero si lo contradicen ¡ay mamacita, entonces sí que ves para que naciste!'. En una de mis primeras rondas nocturnas me tocó verlo enojado porque lo agredió un carnicero y el Güero nos dijo que decidiéramos si lo echábamos o se quedaba porque desde luego gente como ésa no nos convenía. Prácticamente nos estaba ordenando que lo sacáramos aunque parecía dejarnos la decisión. Nicasio era el delegado de la manzana 33 y yo le dije:

—No, pues no hay que ser, vamos a hablar con el carnicero.

—No ¿pa' qué? Si ya dijo el Güero, vamos a echarlo.

A mí me dio tristeza o no sé qué sentimiento porque de repente la señora se agarró gritando en lo oscuro que la íbamos a matar, que la íbamos a hacer chilaquil, y se oían sus gritos bien fuertes en la noche, pedía auxilio, pero pues nadie le hacía caso: pasaba la gente y se nos quedaba viendo. Le hablé a mi señora que la viniera a agarrar, que le dijera que no le iban a hacer nada, que en otra colonia de pobres fincaría de nuevo, pero ella lloraba zangoloteándose, y cada vez que le quitábamos un pedazo a la casa le salía un "aaaaay" como si la estuviéramos golpeando. Cuando la casa quedó en los puros cascarones empezó a llorar quedito, como que ya no tenía remedio. Fuimos a aventarla a la entrada de los Pinos, y así como esos carniceritos también me tocó echar a otro colono que le pidió cuentas al Güero. Sumó todas las cuotas voluntarias de tres pesos semanales por familia y como ya éramos ochocientas las familias, eran dos mil cuatro-

cientos o sean diez mil pesos al mes, y al cuate ése se le ocurrió
ir a reclamarle al Güero que qué le hacía a la lana y el Güero lo
mandó sacar. Cuando alguien le reclamaba al Güero, el pueblo
encabronado lo defendía: 'Pues si no te gusta, pa'fuera'. Y era
fácil hacerlo, las casas se desmoronaban como ... bueno, bastaba una sacudida y quedaba el montoncito de hojas. Unos aga-
rraban un morillo, otros una lámina y en una santiguada se acababa todo. La del licenciado Miguel Buendía fue de a tiro sencillo porque no tenía más que una mesa y dos cajas de refrescos."

A LOS COLONOS LES GUSTABA QUE EL GÜERO ANDUVIERA EN MOTO

En los primeros meses era fácil ver al Güero por las calles de
la colonia, y la gente lo llamaba desde su casa: "Pasa a sentarte
tantito Güero", "Es bueno que te orees", "Pásale a tu humilde
casa" o de plano: "Güero, ven a darnos una manita". Les gustaba que anduviera en moto, la reconocían y se asomaban a la
calle. La moto era parte de él. El Güero se mostraba amable, todos estaban de acuerdo en decir que era muy tratable, sumamente tratable:
—Quihubo Jerónimo, ¿cómo sigues de la tos?
—Pos a'i.
El Güero apagaba el motor, se bajaba de la moto y la llevaba
con las dos manos.
—Pues ¿qué no se te ha amainado la tos?
Jerónimo entonces tosía como descosido.
—¿Por qué no vas al doctor?
—No si el doctor ya me dijo que es la bronquetes la que no
me deja, la bronquetes que me trae a mal traer.
—Tómate un té de zorrillo, úntate grasa de zorrillo aquí mero.
Hasta de remedios sabía el Güero.

EL FRACCIONAMIENTO VILLA DE LAS FLORES TENÍA DIECIOCHO AÑOS DE ABANDONO Y NO ERA DEL TODO UN PARAÍSO

Según los planos de 1941, Villa de las Flores pertenecía al ejido
de Acatlipa. Durante muchos años las tierras fueron objeto de
varios fraudes, tierras comunales a las que después se les dio
la forma de terreno cerril o ejidal donde la gente iba a traer su
leña o llevaba a pastar su ganado. Un comisario ejidal de Te-

mixco vendió el terreno abandonado dieciocho años a un italiano que fraccionó la mitad en lotes que ofrecía a noventa y a doscientos pesos y el resto lo convirtió en pasteurizadora, pero no pagó sus impuestos y el gobernador embargó el terreno e hizo quebrar al lechero italiano. Debido a los adeudos fiscales, los terrenos fueron puestos a remate conforme a la ley; al no haber postores, el gobierno del estado se los adjudicó.

UN FRACCIONAMIENTO PARA M'HIJITO

Cuando tomó el poder como gobernador Felipe Rivera Crespo, el fraccionamiento de 64 hectáreas pasó a manos de su hijo Luis Felipe Rivera, llamado el Chacho, arquitecto de profesión, quien empezó a hacer unas cuantas obras que pronto abandonó. Quedaron como botón de muestra postes en la entrada del fraccionamiento, guarniciones, unas cuantas banquetitas, algunos tubos de drenaje para aguas negras, el inicio del campo de golf y una alberca. La maqueta que se proyectaba enseñar a los futuros compradores se arrumbó en una caseta bajo el letrero de "Ventas, informes aquí". Comprendía un lago artificial y un tiro al pichón. La torre de la pasteurizadora permaneció como vigía y cuando la gente humilde empezó a llegar en busca de un cachito de tierra, el lugar de reparto fue la torre.

Un día, al pasar por Temixco, Luis Felipe Rivera, el Chacho, vio su loma cuadriculada, oyó ladridos de perro, una que otra radio prendida a todo volumen y se dio cuenta que allá arriba había movimiento. Al entrar a *Las buenas amistades,* Urbano el cantinero le confirmó que las tierras habían sido tomadas por una bola de muertos de hambre:

—Mire usted nada más, parece una costra.

El Chacho dio órdenes a sus peones de trasladarse a Villa de las Flores a hacer banquetas, poner postes, fraccionar para que esos miserables vieran quién era el dueño.

Los cincuenta peones metieron la maquinaria y empezaron a cavar. A la hora del almuerzo los llamaron los colonos:

—Vénganse a echar aunque sea un taco.

Sorprendidos, comieron con los paracaidistas. Al segundo día lo mismo, al tercero también y al cuarto, Genaro, el chaparrito del Comité de Lucha se puso a platicar mientras volteaba las tortillas:

—¿Cuánto les paga el gobierno por aplanar estas calles? ¿Si-

quiera el salario mínimo? A ver ¿por qué en vez de estarle trabajando al gobierno no levantan su propia casa?

—Nos paga la constructora.

—Y la constructora ¿no es del gobernador o del hijo del gobernador o del compadre del gobernador, jejé?

—Pues quién sabe.

También el Güero con ese tono persuasivo que dejaba las cosas lisitas, lisitas, les hizo plática:

—Somos hermanos de clase, todos igualmente explotados por
el gobierno. La cosa está cabrona, los ricos, los enemigos, son
todavía muy poderosos. La única manera de impedir que nos quiten la comida es que estemos bien unidos.

Les aseguró que si dejaban de cavar para el Chacho les darían
su lote. Después de hablar entre ellos fueron a decirle al Güero:

—Comprendemos que lo que nos dices es verdad.

Pusieron maquinaria, picos y palas al servicio de la Jaramillo.
De suerte que cuando se asomó el Chacho, ya todos sus peones
estaban construyendo pero su propia casa. El Chacho, entonces,
mandó sacar máquinas y todo lo que tenía de construcción, pero
los colonos ya no le permitieron las carretillas, las palas y los
picos.

Cuando el Chacho le dio la noticia a su padre, éste le reprochó el no haberse ocupado del fraccionamiento: "Si hubieras
construido, otro gallo nos cantara". Pero más se preocupó cuando
supo que el líder era el Güero Medrano, el que tantos problemas
le había dado cuando fue presidente municipal. ¿Cómo no recor-
darlo si de piedrita en el zapato se le convirtió en un continuo
dolor de cabeza? Ese chaparro retobón y alegador se apersonaba
en la presidencia a exigir ¡con un carajo! que a los artesanos se
les prestara la explanada del centro comercial de Cuernavaca para
levantar sus puestos y exhibir allí sus artesanías. Había entrado
a su despacho retándolo y todavía después de que le concedió la
explanada pidió material para hacer los locales: "Como usted es
el dueño de la Maderería Moctezuma, podría ser el aval de la
madera". Y cuando Rivera Crespo se negó, respondiendo a su
impertinencia que la Presidencia Municipal no podía satisfacer a
limosneros, el Güero le espetó: "Las oficinas de la Presidencia
Municipal no son de usted sino del pueblo y usted es un servidor
público". Ahora ese mismo chaparro, ¡vaya hueso duro de roer!,
le estaba creando un problema a escasos doce kilómetros de Cuernavaca.

Tres patrullas con cuatro judiciales en cada una se acercaron a investigar. Sin el menor miedo, los colonos respondieron que habían tomado la tierra porque era de ellos, del pueblo; que estaban muy decididos a no salirse porque estas tierras siempre habían sido suyas, del pueblo, y que ya era tiempo de que dejaran de arrebatárselas al pueblo. "Por eso las agarramos nosotros y las vamos a defender con esto" y blandieron su machete. "Ustedes ¿para qué están, a ver para qué, para defender al pueblo o para chingarlo? ¿Con quiénes están, con el pueblo o con el gobierno?" Por las calles recién trazadas se veía pasar la cuadrilla de vigilancia; algunos traían al hombro su viejo mosquetón: "Mira Jesús, estos cuates están armados", los colonos salieron de sus chozas y sin consultarse avanzaron hacia las patrullas. Los policías jamás habían visto que una muchedumbre se les viniera encima; las mujeres levantaban piedras a su paso y las empuñaban en alto. Las tres patrullas arrancaron y regresaron de inmediato al Palacio de Gobierno.

—¿Qué pasó? ¿Ya los desalojaron?

—Ese asunto va para largo, licenciado.

—Qué es lo que sucede teniente, dígamelo.

—Son muchos, más de diez mil y están armados.

—Hay que arreglar esto, pero sin escándalo.

—Va a estar difícil, muy difícil.

—No quiero escándalo, se lo advierto, no podemos permitir que trascienda. Deben infiltrarse, ustedes saben cómo. Avísenle al capitán Galindo, está desayunando en *Las Mañanitas* con los diputados que vinieron de México.

NO SÓLO HAN TOMADO LA TIERRA; SINO QUE ANDAN ALEBRESTANDO A OTROS

Entonces se le apareció el diablo al gobernador porque el 10 de abril, aniversario de la muerte de Zapata, la Jaramillo mandó a mil colonos a manifestarse a Chinameca y a difundir su lucha por la tierra. "¡No sólo han tomado la tierra sino que andan alebrestando a otros!" Ya era demasiado, iban a ver quién era él, era hora de ponerles un hasta aquí a esos pelados. Lleno de coraje, el gobernador decidió meter a policías de civil a la Jaramillo.

—Córrele a avisar a los del Comité de Lucha que hay gente

extraña en el local destinado por los colonos a la escuela de sus hijos, le ordenó Pedro Tomás García a Mateo, un muchacho de trece años que parecía una hebrita y lo seguía a todas partes.

Inmediatamente el Comité integró a una comisión: Aquileo, Genaro, Pánfilo Narváez, Jerónimo, Camilo y la hebrita de Mateo, quienes fueron al Palacio de Gobierno a pedir que retiraran a los policías del lugar, porque de lo contrario tomarían la finca por la fuerza.

—Los policías han sido asignados para cuidar la seguridad de la colonia.

—Nosotros nos cuidamos solos, los vamos a sacar.

LAS TARUGADITAS

Los colonos avanzaron sobre la finca. Cuando los vieron venir, los policías corrieron empavorecidos hacia las bardas de salida. Uno de ellos, el más gordo, no pudo brincar y se atemorizó al grado de enfermarse, con justa razón porque el pueblo quería lincharlo y si no interviene el Güero, lo matan a pedradas.

—Si éste trabaja de policía es porque no encontró algo mejor. Háganle ver al tarugo que nuestra lucha no es en contra de los pobres sino de los ricos que nos dan tan mala vida.

Los campesinos los desarmaron y confiscaron sus 45 súper y una metralleta.

—Díganle a su jefe que si quiere estas tarugaditas que venga por ellas.

Al miércoles siguiente se presentó el capitán Galindo, secretario particular del gobernador del estado, acompañado de ocho agentes de la Judicial, para avisarle al Güero que Rivera Crespo quería verlo.

—Como no hay nada oficial que tratar —repuso el Güero— no tengo por qué ir.

—El gobernador quiere hablar solo con usted.

—Así no acostumbramos las cosas. Voy a llevar a asamblea la proposición del gobernador y si los colonos aceptan irá una comisión a dialogar con él.

El capitán Galindo perdió los estribos:

—El gobernador espera en el Palacio de Gobierno y yo les aconsejo ir si es que no quieren pasar un mal rato. Esta toma de tierras es ilegal como lo son todas y ustedes han cometido un delito.

El capitán Galindo regresó al Palacio de Cortés sumamente molesto. Además de muertos de hambre, éstos eran unos alzados llenos de soberbia y de odio. No sería fácil llegar a algún acuerdo, habría que sacarlos con las armas.

LA DULZURA DE PRIMO MEDRANO, HERMANO DEL GÜERO

Se decidió en asamblea que Primo Medrano encabezaría la comisión y que irían los treinta miembros del Comité de Lucha. Sólo el Sin Fronteras, el Chivas Rigal, el Sabelotodo y Camilo permanecerían con el Güero. Primo Medrano Mederos, hermano del Güero, era un buen ser humano, un hombre sencillo, complaciente, dulce y amable. La gente lo estimaba. Durante muchos años trabajó en *El atorón,* una cantina de pueblo, por lo tanto sabía lidiar a todos, tenía muy buen modo. Se vino a formar parte del Comité de Lucha cuando el Güero tomó las tierras y como era el hermano del Güero (así como Raúl Castro es el de Fidel) en unos cuantos días adquirió prestigio. Se encargó de las guardias y de la vigilancia de la Jaramillo en su totalidad, y como estaba acostumbrado a tratar a la gente con paciencia y además tenía la autoridad del hermano, su aureola creció. El Güero lo nombró Comandante de las Fuerzas Supremas de la Jaramillo, su hombre de confianza, y para él fueron las misiones más delicadas, como ésta de ir a hablar con el gobernador. Primo para todo decía con suavidad: "¿Mande usted?" e interrogaba con los ojos. De no ser hermano del Güero lo hubieran apodado el Mande Usted. Más tarde, el Comité de Lucha lo responsabilizaría de la adquisición de las armas.

El gobernador les dijo de inmediato:

—Las tierras que ustedes han invadido son propiedad privada, representan sesenta millones de pesos, estamos viviendo bajo un régimen de derecho y mi obligación como gobernador del estado es hacerles respetar la propiedad civil. A pesar de la ilegalidad de su acción, tengo un ofrecimiento que hacerles. A cambio de su salida, les prometo 88 hectáreas, treintacuatro más de las que han invadido, para que hagan allí sus casas e incluso pequeñas granjas porque tienen que darse cuenta que después de esta invasión ninguna de las fábricas de Cuernavaca va a darles trabajo.

Con su natural bonhomía, la sonrisa que le brotaba fácilmente y que en la colonia le había granjeado tantas simpatías, Primo respondió:

—Nosotros no podemos decidir, tenemos que consultar en asamblea a los demás compañeros.

(Y este hombre tan melosito, ¿qué?, pensó el gobernador.)

—¿No es usted el hermano del Güero Medrano?

—Lo soy, pero esto no me faculta para decidir. Las resoluciones se toman en común después de oír la voz de todos.

Al llegar a la colonia, Primo dio a conocer la propuesta de Rivera Crespo, nadie la aceptó, el Comité ordenó al maestro Pedro una investigación acerca de las tierras ofrecidas y resultó que pertenecían al poblado de Tetlama. El Güero, Aquileo (a) el Full, el Juárez, el Cacarizo, Gregorio, el Sin Fronteras y los maestros de escuela encabezados por Pedro Tomás García, que siempre asesoraban al Güero en estas cuestiones, dedujeron que por lo tanto lo único que quería el gobernador era enfrentarlos a Tetlama.

VER CON LOS PROPIOS OJOS

Rivera Crespo se desvivía entre conjeturas y vaticinios. "¿Cómo es posible que nadie sepa lo que está sucediendo allá adentro? Otra vez el Partido Comunista." "Esto va a llegar al centro y entonces va a estallar." "Tanto que me preocupé porque no trascendiera el ámbito estatal." La Jaramillo le estaba quitando el sueño. "Otra vez este tipo que desde que fui presidente municipal no me metió más que en líos." Por fin, decidió ir personalmente a la Jaramillo y ver con sus propios ojos qué estaban haciendo los alzados.

El 12 de mayo, a las diez de la mañana, Buenaventura avisó que un coche desconocido, sin placas, merodeaba en la colonia. Inmediatamente, el Güero mandó soltar los tres cohetones, otros echaron a andar el equipo de sonido ordenando a los colonos que detuvieran el coche y bajaran a sus ocupantes para traerlos a la oficina. Rápidamente se corrió la voz. Las mujeres encabezadas por Micaela se concentraron en la entrada principal de Los Pinos y cerraron la carretera con piedras. El Full, el Juárez, Gregorio, el Sin Fronteras, el Cacarizo, Buenaventura, Camilo, El Canario, Ciro, Genovevo, Nicasio y el Chivas Rigal levantaron el coche en vilo y lo depositaron con todo y ocupantes frente a la oficina. Resultó ser Rivera Crespo, disfrazado de campesino: guayabera, lentes negros y sombrero de palma, su chofer guardaespaldas (que era un orangután dueño de una casa de materiales de construcción en Acatlipa) y dos pistoleros. Entre tanto, otra comisión de colonos atravesó todos los carros que había en la Jaramillo para que no entrara nadie. Patria o muerte, venceremos.

—Ése es el gobernador.

—¿A poco? ¿Tan viejo?

—Sí, es el gobernador que se coló para ver qué...

—Todavía tiene la esperanza de recuperar algo...

—¿Estás segura de que ese viejo tan feo es el gobernador?

—Sí, te digo, es él.

Estaba bonita la mañana, recién barrida por la lluvia nocturna que había aplanado las calles, algunas aún sin estrenar. Por ninguna parte se veía el polvo, gran azote de la colonia.

—Yo creí que era más temible el gobernador.

—Es de la policía.

—¡Que hable el gobernador, que hable el gobernador!

—Un momento compañeros, vamos a seguir la orden del día; estamos acordando como lo hacemos cotidianamente y aquí hay un asunto pendiente con los maestros de escuela. A cada quien su lugar. Después de que solucionemos estos problemas le tocará su turno al gobernador.

Rivera Crespo solicitó:

—¿Por qué no mejor concentran a la gente el próximo domingo?

—No, aquí espérenos a que acabemos.

—Mira, es lampiño el gobernador.

—Y tiene barriga...

Con cara de susto, el gobernador se dirigió a los miembros del Comité de Lucha:

—Yo sólo vine a echar un vistazo. El domingo que entra podría hacerles una proposición en forma pa...

—Usted aquí se queda, gobernador; vamos a escucharlo nada más que le toque.

—Podría hacerles un ofrecimiento interesante, sobre todo a ustedes los dirigentes, si comprendieran que ahora no traigo nada preparado, nada, y que...

—Momento, gobernador, momento —lo interrumpieron— ya va usted a pasar...

Felipe Rivera Crespo miraba desde su tarima a todos estos hombres mal comidos y mal bebidos en cuyas tripas navegaban sustancias casi venenosas. Las cataratas de bilis le subían al rostro amarillándoselo. Estaba en manos de esta muchedumbre, la de los miserables, la de los que comen vísceras. Lo miraban desde abajo, sus manchas blanquecitas de jiotes cubriéndoles la piel. Junto a ellos sus perros flacos, roñosos, de pelambre y orejas gachas, husmeaban. Una mujer llamó: "Golondrina" y Rivera

Crespo pensó: "¿Cómo puede ponérsele Golondrina a una perra negra y escurrida? Así, se ven a sí mismos como lo que no son". Estos hombres eructaban acedo y se empanzonaban y se les aflojaban los músculos de aquí y de allá, los del vientre primero, y se les abultaba el cuello, se les encorvaban los hombros, porque la vida les pesaba muy pronto, sin embargo les ponían a sus perros pelones y feos: "Golondrina". El gobernador se supo en sus manos. "Me tienen agarrado." Entre las piernas, la piel se les iba escurriendo o de plano se les apretaba la carne contra el esqueleto hasta que los huesos parecían salírseles fuera del pellejo como a los perros flacos y sudaban al menor esfuerzo pero eso sí, a la hora del mitote luchaban y alborotaban, ajenos —bueno, no tanto— a su miseria, a la pestilencia de sus entrañas, al abandono en que los tenían y se tenían a sí mismos. "Estoy entre sus manos", manos, pechos y vientres, se repitió Rivera Crespo por enésima vez, no podía pensar en otra cosa, nada lo distraía de esa multitud de rostros envejecidos frente a la cual estaba parado. Nadie para saludarlo, decirle obsequiosamente: "Señor gobernador", nadie para palmearlo antes del discurso, nadie de su clase política, ninguno iba a respaldarlo, al contrario los guaruras habían quedado afuera. No era éste su mundo de saludos, sonrientes y serviciales, nadie se inclinaría buscando su mirada: "Señor gobernador..." Hasta él no llegaría ninguna ovación larga, cerrada, de pie. Estaba solo ante ellos y el rancio olor que emanaba de sus cuerpos. "Es el olor del pueblo", se dijo. Hasta el día de hoy estos hombres no tenían más pasado que sus dos meses en la Jaramillo, construyendo temerosamente sus mil quinientas barracas en terrenos que habían limpiado juntos de piedras y huizaches. Su comunidad era insólita. Juntos marcharían, de ser posible sobre Cuernavaca, la tomarían como las tierras, tomarían el Palacio de Gobierno, había que ganarles la partida, ser taimado. "Mira, se ve bien apurado el gobernador", escuchó Rivera Crespo; "tranquilo", se dijo a sí mismo.

Comenzó tímidamente a explicar que las tierras de Villa de las Flores eran propiedad privada y ante el murmullo de descontento perdió pie, lo asediaban, sabía de antemano, desde que vio este mar de carne morena, ajada y sucia, que perdería, y firmó el acta sagrada en que se comprometía a respetar la superficie de terreno de cada colonia y a recibir doscientos pesos por familia, a diez pesos el metro cuadrado, mismos que se destinarían al alumbrado público, el agua, los postes, el drenaje, en fin, los servicios. Lo demás pasaría a formar parte del fondo común de la

Jaramillo. El documento quedó en manos de la asamblea de los colonos. Seis meses más tarde, cuando el ejército entró a la Jaramillo, la maestra Evita que lo tenía y tuvo que salir huyendo, pasó a dejárselo a la mujer de Camilo que lo enterró en el patio de su casa junto a la mata del chayote hasta que vinieran días mejores, y todavía hoy, cuando ya nada significa, se conserva en una caja fuerte. Rivera Crespo declaró que su firma había sido obtenida bajo coacción y se desdijo de todo, pero los viejos colonos consideran el documento uno de los primeros triunfos de la Jaramillo.

¿DIOS PROVEE?

A partir de esa victoria, divulgada en Acatlipa, en Tetlama, en Temixco, los colonos recibieron apoyo de otras agrupaciones. Campesinos y obreros vinieron en comisión a la Jaramillo en busca de directivas o de dinero. Porque los colonos eran generosos; nunca faltó quien diera un peso, un tostón, para los huelguistas de sindicatos libres, para la unión de costureras, para la Antonio Barona. Traían sus mantas grandes, sus pancartas de letras rojas y se apostaban frente a la torre de la Pasteurizadora. "Queremos que el Güero nos dé una aconsejadita." La Unión Sindical de Panaderos (USP) repartió volantes mimeografiados hasta en las barrancas donde se hacinan miles de pobres. La Jaramillo estaba polarizando descontentos. Todos los días subían delegaciones de campesinos a la oficina, el Comité de Lucha no se daba abasto y en varias ocasiones se invocó el recuerdo de don Enedino Montiel que decía que tal o cual asunto debía resolverlo el DAAC (Departamento de Asuntos Agrarios y Colonización) en el Distrito Federal. Al enterarse del movimiento en la Jaramillo, de las marchas y manifestaciones, los políticos se agitaron.

—Es ésta la glorificación del delito, la toma de las tierras es ilegal, la organización social que se están dando a sí mismos es comunista y ahora salen a apoyar a otros. ¿No fueron a pararse a la Datsun? ¿No le están creando problemas al presidente municipal de Tlaltizapán?

Un ejidatario del poblado de San Antón se presentó a la oficina para hacer entrega de ocho hectáreas de tierra que formaban su parcela para que las repartieran.

—Prefiero dárselas a ustedes y no a esos bandidos del DAAC.

Dos días antes de iniciarse el reparto llegó el jefe de Policía y Tránsito con seis patrullas. Fue recibido a pedradas por la multitud.

214

—Güero, nos van a invadir —advirtió Micaela.

—Yo tengo noticias de que piensan asaltarnos por la noche.

—Ahora sí, quieren desalojarnos, ahora sí.

Un oreja soltó la sopa, y a ése el Güero lo tomó en cuenta. Antes, eran rumores. A las once de la noche del 4 de junio sesenta policías penetrarían en la colonia. "Asalto a Villa de las Flores." Lejos de amedrentarse, el líder mandó triplicar la vigilancia, no sólo en la entrada de Los Pinos, sino en Panocheras, en la frontera con la Lomas del Carril, con la Lázaro Cárdenas. Mil quinientos hombres armados de escopetas y machetes cercaron el predio. Los sesenta policías dieron marcha atrás.

Rivera Crespo no tuvo más remedio que hacer de tripas corazón y recibir al Güero y a su gente en el Palacio de Gobierno.

A VER CUÁNDO LES ARREBATAN ALGO LOS JODIDOS A LOS PINCHES RICOS

Tantos quisieron asistir que a las diez de la mañana arrancaron de la Jaramillo dieciocho urbanos llenos a reventar. Esto era lo más asombroso, la participación de los colonos. Si en otras colonias de paracaidistas (muchos de la Jaramillo provenían de ellas) la actitud había sido de indiferencia y dejadez y por ello mismo morían o simplemente eran asimiladas por el gobierno, ahora, la gente se interesaba por la colonia, a tal grado que en Cuernavaca la Jaramillo se estaba convirtiendo en un clavo ardiendo. Habían venido del Distrito Federal a hacer reportajes, se hablaba de un foco de subversión, los políticos comentaban con temor la fuerza de esta masa de indigentes: "Nos va a estallar en las manos como lo de Tlatelolco".

Los dieciocho urbanos se estacionaron frente al Palacio de Gobierno y el Güero y su gente subieron en tropel. Aquileo, Genaro, el Sin Fronteras, el Cacarizo, el Juárez, le cuidaban la espalda, no se le despegaron hasta llegar a la antesala donde los recibió el capitán Galindo, secretario particular del gobernador.

Afuera las terrazas estaban llenas de curiosos porque una masa tan grande de gente no se veía hacía mucho en el Palacio de Gobierno. Los policías judiciales y federales hubieran querido acallar a la multitud y sacarla en la forma en que saben hacerlo pero como era tanta y más la que iba subiendo a ver qué, no tuvieron más remedio que callarse.

El capitán Galindo salió a la antesala:

—¿Qué es esto? ¿No estipulaba la invitación que se presentara solo?

—Sí, pero le dije que en la Jaramillo todo se discute democráticamente. Los camaradas quisieron acompañarme.

—¡Qué cosas! Y ¿cómo se vinieron?

—Unos en autobús, otros a pie.

—Pues sólo puede pasar el dirigente.

—O pasamos todos o nadie —gritó enojado Buenaventura.

—Eso no podemos permitirlo.

—Entonces, vámonos de retache.

—Un momento, voy a consultar.

Al ver que no podía hacer otra cosa, Rivera Crespo ordenó que entrara la gente, al menos la que cupiera en su sala, y el resto se quedó en las terrazas.

No sólo llevaba el Güero los problemas de la colonia, sino los de otros poblados. Como el gobernador nunca los recibía, los ejidatarios aprovecharon para hacerse oír.

Por esa misma actitud solidaria, el Comité de Lucha de la Jaramillo había cobrado una gran fuerza entre los campesinos. Buscaban sobre todo los ojos tranquilos del maestro Pedro Tomás García, pero el de la decisión final era el Güero. El Güero se trajo a los delegados de Xoxocotla, Ahuatepec, Jojutla, Zacatepec, Tetlama, y cuando tomaron la palabra, los judiciales intentaron silenciarlos.

—No, no nos vamos a callar. No venimos solos, venimos con el Güero y por él nos tienen que hacer caso.

—¿Así es de que ahora es el Güero Medrano quien decide las audiencias del señor gobernador? —preguntó Galindo airado.

El Güero amenazó:

—Si la policía sigue provocando, lo hago a usted responsable, gobernador, de lo que le suceda a cualquiera, colono o no de la Jaramillo.

De no haber sido por el Güero, los campesinos se hubieran sentido atemorizados, el salón era tan grande, tan altos sus plafones, tan largas sus cortinas, y habían visto allá afuera unas pinturas tan apretadas de gente como ellos lo estaban ahora aquí adentro, pero el Güero empezó a hablar en voz clara, imperiosa. Cada colono debería tener sus escrituras, cada uno también tenía derecho a los servicios que jamás se dan en los cinturones de miseria; necesitaban agua, luz, drenaje, a la mayor brevedad; el gobierno respetaría las garantías individuales, no se tomarían represalias en contra de uno solo de los colonos de la Jaramillo, bastaba ya de emboscadas y de asaltos. Fin a la represión. Si no, ellos, los pobres, marcharían sobre el Distrito Federal.

Al gobernador se le habían encendido las mejillas lampiñas y en varias ocasiones abrió la boca, pero el Güero se la cerró:

—Queremos su respuesta, pero va usted a dárnosla en la colonia.

A la salida aguardaban periodistas, fotógrafos, reporteros, camarógrafos y secretarias que abrían muy grandes los ojos. Algunas batieron palmas, pero Galindo las amonestó. Los reporteros de *El Correo del Sur, El Insurgente, La Voz,* el *Diario Matutino* de Morelos, intentaron entrevistar a ese nuevo líder o a algún miembro del Comité de Lucha, pero los colonos se habían acostumbrado a proteger a su líder, a no dejar que se le acercaran; sabían confundir entre bromas a los curiosos.

—Yo mero, yo mero soy el Güero Medrano.

Estallaban las carcajadas pero también hubieran podido restallar las balas, y eso los cuadros del Güero lo sabían. Entre tanto el Güero bajaba rápidamente la escalinata entre sus hombrones que lo cubrían desde que se inició la primera salida. Entonces la consigna quedó establecida: "El dirigente ante todo". Se había forjado en torno al líder un enorme fervor; querían salvaguardarlo, que les durara siempre. No sólo sentían por él un inmenso agradecimiento, sino que lo escuchaban con fe. El Güero hablaba mucho en la colonia y cualquiera de sus palabras podía convertirse en una orden.

En el autobús urbano 7, de regreso a la colonia, Micaela cantó "Cuatro milpas tan sólo han quedado", el Güero entonó "La cama de piedra" y Buenaventura se lanzó con "Popotitos". Todos le entraron a "Agujetas de color de rosa, un sombrero grande y feo...". Felipe Sánchez Lima de *Punto Crítico,* pasante de economía, les enseñó la "Santa Catarina", que les gustó mucho por lo del pinpirirín ponpón, y la repitieron hasta marearse: "La Santa Catarina, pinpirirín ponpón era hija de un rey, pinpirirín ponpón, su padre era pagano, pinpirirín ponpón, pero su madre no. Un día cuando rezaba, pinpirirín ponpón"... Después supieron que en otros camiones cantaron también y que en el número 18 hasta se echaron el himno nacional. Eso sí, todos absolutamente todos, al llegar a la Jaramillo rodearon a Felipe Sánchez Lima para el "Canto de Lucha de la Rubén Jaramillo" compuesto por El Sabelotodo y tres estudiantes de la Prepa Liverpool en el año de las batallas proletarias: 1973.

LA TIERRA NO ES DE LADRONES
SINO DE NUESTROS HERMANOS

El treinta y uno de marzo
que el setenta y tres encierra
seis hombres con firme paso
fueron a tomar la tierra.
Lencho Medrano Mederos
de los seis fue dirigente
porque él no teme a las fieras
y a todos les hace frente.

El Güero Lencho Medrano
lo dijo frente a su mesa:
no me tiembla a mí la mano
aunque quieran mi cabeza.
El mismo Güero contó:
me vi con la soga al cuello
y el pueblo me la quitó
por eso aún resuello.

Y no estoy arrepentido
de luchar firme y constante,
los pobres son mi partido
y no hay nadie que me espante.
Y dice con voz sonora:
yo al pueblo le hago confianza
porque ha llegado la hora
con unión todo se alcanza.

Era "Villa de las Flores"
ora es "Rubén Jaramillo"
y causó muchos dolores
al que quiso hacer topillo.
Rivera Crespo, el señor
que pensó hacernos chantaje
aunque era gobernador
perdió y sufrió gran coraje.

Perdió sesenta millones,
se le fueron de las manos:
la tierra no es de ladrones

sino de nuestros hermanos.
Y el "gober" cambió de mañas:
manda polis disfrazados
llegaron "monos" y "arañas",
polis torpes y pesados.

Pero todos los colonos
están vigilando alerta,
y las "arañas" y "monos"
están que no hallan la puerta.
Profesores y estudiantes,
obreros y campesinos
dan fatigas importantes
en nuestra colonia unidos.

Porque aquí el trabajador
sin ambición monetaria
vive libre y con amor
a la lucha proletaria.
Dormido estaba el gigante
grandioso sector obrero
despertó y dijo ¡adelante!
yo tengo puños de acero.

Sellamos nuestro tratado
el colono y el obrero
y con ello se ha ganado
la batalla contra la fiera.
De clase somos hermanos
y con sentidos cabales,
y con nuestra unión ganamos
muchos derechos iguales.

Con el comité de lucha
todos luchamos mejor
para la gente que es mucha
por una vida mejor.
Por nuestra liberación
que brilla bajo estos cielos,
ya termina esta canción
del colono de Morelos.

Todavía estaban en bola y muy dispuestos al vacile cuando el Güero ordenó que les repartieran aguas frescas, refrescos embotellados y que fueran a descansar un rato porque en esa misma noche rendiría su informe. Se veía muy contento. En la asamblea habló de la segunda gran victoria de la Jaramillo —la primera era la posesión del documento con la firma del gobernador— y los colonos se sintieron bien por el triunfo. Le habían demostrado al gobernador quiénes eran, Rivera Crespo y su gabinete tenían miedo, este primer round era de ellos, de los jodidos que les habían arrebatado la tierra a los pinches ricos. En medio de la exaltación general, Micaela hizo una moción de orden:

—Pido la palabra, todo eso está muy bien, a mí también me da hartísimo gusto, pero ¿cómo vamos a hacerle para eliminar las cucarachas?

Unos empezaron a chiflar —pinche vieja loca— pero el Güero los calló:

—No es justa esa rechifla, compañeros, Micaela tiene razón. Y les voy a dar una receta para hacerle la guerra a las cucarachas. Si les di la receta para luchar contra los ricos cabrones, bien puedo enseñarles a matar cucarachas. ¿No conocen el bórax? El bórax es el mejor exterminador de cucarachas por la repulsión que estos asquerosos animales le tienen, hasta el punto de no volver jamás al sitio donde han sido recibidos con él.

—Pero ¿qué es? —gritó Susana.

—Es una sal blanca compuesta de ácido, sosa y agua y se mezcla de la siguiente manera: 8 partes de bórax con 5 partes de almidón; harina de maíz, 240 gramos, azúcar en polvo, 480 gramos; cal viva en polvo, 120 gramos; bórax en polvo, 120 gramos. Se mezclan estos polvos y se conserva la mezcla en una caja bien tapada. Se espolvorea en los sitios frecuentados por las cucarachas.

JORNALEROS AGRÍCOLAS DE TIERRAS DE TEMPORAL

El setenta por ciento de los hombres y de las mujeres de la Jaramillo viven de trabajos agrícolas, pero como su característica es la temporalidad, en época de secas emigran como pájaros a la ciudad de Cuernavaca y allí andan de vendedores ambulantes al igual que los golondrinos y las marías que llegan al Distrito Federal.

Como en Cuernavaca siempre se construyen casas, el mayor porcentaje de subempleados y desempleados encuentra trabajo en la construcción, son peones o cuando mejor les va, albañiles. Muy pocos pueden entrar a las fábricas de Morelos, la IACSA, la Nissan, los Cementos Portland Moctezuma, la Pond's de México, la Hulera El Centenario, la Upjohn, los laboratorios Lepetit, porque no tienen certificados de primaria. Tampoco pueden servir en los grandes hoteles, Las Mañanitas, Las Quintas, La Casa de Piedra, las Suites El Paraíso y algunos de menor categoría pero que requieren de mucha gente como el Casino de la Selva con sus 238 habitaciones, porque los hoteleros desconfían: "La gente de Morelos, la de Guerrero es muy difícil, muy bronca". Desde la invasión de la Jaramillo, se les exige acta de nacimiento, certificado médico y sobre todo en el hotel mismo se les levanta una ficha policiaca. Un agente los interroga acerca de su religión, costumbres, ingresos, trabajo anterior, recomendación y credenciales, y muy pocos llenan el requisito. El salario mínimo general en 1977 era de 89 pesos, 100 en 1978 y 115 en 1979, y aunque la CIVAC (Ciudad Industrial del Valle de Cuernavaca) podría emplear a una gran cantidad de trabajadores, prefieren a los que vienen de fuera y el porcentaje de morelenses en la industria es bajo.

La gente, por lo tanto, se considera a sí misma campesina pero no siempre puede trabajar la tierra. Como no posee una parcela, participa en tanto que trabajador eventual en el corte de la caña, el levantamiento del arroz, el corte de las flores, el recogimiento de los higos (Morelos es el primer productor de higos del país), pero sólo durante unos meses al año. El resto del tiempo va de una ocupación a otra, a la buena de Dios, sin saber si mañana tendrá qué comer.

CALABACITAS TIERNAS, ¡AY QUÉ BONITAS PIERNAS!

El Güero Medrano contaba cómo, en las buenas épocas, él y su padre se iban a chaponear al campo y en la madrugada antes de que llegaran los terratenientes recogían calabazas cuando era temporada de calabazas y elotes cuando estaban tiernos. Era bien bonito ponerlos a cocer allí mismo, picarles tantito chile, saborearlos calientes en la frescura de la mañana, antes de que calara el sol. Todo sucede en el mundo en un abrir y cerrar de ojos, y en una pestañita se acababan. Tenían hambre. Entonces por lo menos comían algo nutritivo, pero cuando no era tiempo de calabazas ni de elotes solo encontraban bonetes, capires, huamúchiles y nanches, y en invierno pasaban de las hierbas silvestres a las raíces

acompañadas de tesitos de yerbabuena o de hinojo para recoger-
les la bilis. Desde luego no era la familia Medrano la única que
sentía hambre, eran muchos los que escarbaban la tierra como
gallinas. Para hacerse de frutas, camotes y raíces tenían que
desmañanarse, y si era cosa de treparse a los árboles, el padre se
subía a sacudir las ramas mientras los hijos y la esposa recogían. Tenían que hacerlo al amanecer y a toda velocidad, antes
de que entraran los pistoleros del terrateniente que los perseguían
a balazos cuando no los sacaban a golpes. Un día, a la salida
del sol, el Güero le detuvo la mano a Cenobio Navarro, un pis-
tolero barrigón:

—Te va a secar la mano el señor Jesucristo.

—Pero antes a ustedes los va a secar el hambre, desgraciados,
porque no vuelven a poner un pie en esta parcela.

Y les apuntó a las piernas.

LA QUEBRADORA DE CACAHUATE

Muchos campesinos se emplean, Dios mediante, en la quebrado-
ra de cacahuate, otros en el viejo cultivo tradicional de la cebolla y el de la alfalfa, pero todos son de temporal, vitales para el
estado por el dinero que le producen a él y no a la mano de
obra que va de un lado a otro fantasmal y desocupada. Es de
todos los días escuchar a los morelenses dividir su año: "Ya me
voy para Yautepec a ver si se me hace en el aguacate", "El año
pasado me lo eché en Coatlán del Río", "Me fui a la zona del
volcán a recoger membrillo. Se dio muy perfumado. En Tetela
también se dio bonito", "A ver qué cae en Ahuatepec". Y así
se barajan los nombres de Tetecala, Cuautla, Yautepec, Puente
de Ixtla, Ocuituco y San Gabriel, Jiutepec y los municipios de
Emiliano Zapata, productores de rosales, nardos y gladiolos ana-
ranjaditos. Cada vez son menos los hombres que se emplean en
los cultivos y tienen que ver con la tierra. Prefieren el ruido del
agua de la llave sobre el cinc al de la lluvia sobre las hojas. verdes. Escogen ser criados en las casas porque es más seguro y
aunque los gringos son rete delicados, que hierva el agua, que
lave la fruta con electropura, que escurra el tocino, que no fría
tanto los huevos, pagan bien. Y en la noche cuando salen, es
fácil prender el televisor y ver "Los ricos también lloran". También ellos tienen sus exigencias: cartas de recomendación, certificados, en el estado de Morelos nadie puede estar seguro de nada,
ni siquiera de no estarle dando empleo al mismito Emiliano Za-

pata, quien durante un tiempo fue caballerango de Ignacio de la Torre.

MORELOS, EL ESTADO MÁS DENSAMENTE POBLADO DEL PAÍS

A la Jaramillo llegaron muchos guerrerenses, el Güero y sus hermanos, el Chivas Rigal, el Sin Fronteras, Camilo y el Cacarizo, campesinos pobres en busca de las buenas tierras porque Morelos, a pesar de ser un estado muy pequeñito (4 941 kilómetros cuadrados; sólo supera al Distrito Federal y a Tlaxcala), sus tierras están consideradas entre las mejores de la República. Si la gente de Morelos es pobre, la de Guerrero es pobrísima, el hambre se le ve en los ojos, se los agacha. Es tan bajo su nivel de vida que mucha de la gente que llegó a la colonia sintió que había dado un paso adelante, porque en su tierra ganaba menos de lo que se saca en Morelos por una jornada de trabajo: 115 pesos, salario mínimo. Por ese aluvión de gente, Morelos es el estado más densamente poblado de la República, y esto ha producido una excesiva fragmentación de la tierra, es decir no hay grandes áreas de tierra en las que puede cultivarse con maquinaria porque están interrumpidas por montes y accidentes de la naturaleza, y en los valles y en las cañadas resulta difícil mecanizar las labores porque su tamaño es demasiado reducido. La ciudad de Cuernavaca se ha comido las tierras labrantías para hacer de ellas fraccionamientos de lujo, campos de golf, clubes particulares, tiros al pichón, albercas privadas, extensos y maravillosos jardines en los cuales se establecen las zonas residenciales habitadas en su mayoría sólo dos días a la semana. Eduardo Bolio Villanueva afirma en un estudio que la superficie de labor pasó de 142 742 hectáreas en 1965 a 123 231 en 1970, una reducción de 19 509 hectáreas.

La gente de Guerrero, la de Morelos, se ha creado en un ambiente mucho más rudo, menos sometido al esquema del amor a la vida que en otros estados. Así como los zapatistas morían sin asentarse en la tierra por la que habían peleado, así los jaramillistas, genarovasquistas, cabañistas, medranistas, siguen gritando "¡Tierra y libertad!" No tienen ni la una ni la otra. Y ésta es una razón muy poderosa para tomar las armas. En Guerrero, por ejemplo, los soldados tratan a los campesinos como "al enemigo", les tienden emboscadas, están allí para combatirlos, llevarlos al retén, desaparecerlos. Con el pretexto de la persecución de lo que ellos llaman "la goma", la amapola, la marigua-

223

na, atraviesan valles y collados, fusil al hombro, y los campesinos le temen más a sus batidas que a los fenómenos de la naturaleza. De los 471 desaparecidos políticos, 255 provienen de Guerrero, principalmente de la Sierra de Atoyac, acusados de haber colaborado con Lucio Cabañas, jefe de la guerrilla rural, muerto por el ejército en 1975. Por eso Eva Patiño advierte con sus ojos profundamente desolados: "Lucio Cabañas sólo nos pasó a fregar".

En la Jaramillo la gente más dejada de la mano de Dios, la más brava, la más valemadrista, provenía de Guerrero, que siempre ha sido un estado conflictivo, hambriento y explotado. Conoció su mayor crisis política en 1975, cuando Lucio Cabañas secuestró a Rubén Figueroa, a quien había citado en la sierra. A partir de ese momento se suscitó una aterradora persecución de campesinos. Pero Eva Patiño sabe eso, lo sabe mejor que nadie porque lo ha padecido; lo que no tiene es una visión de conjunto, lo que no sospecha es que en otros estados se puede vivir mejor. En Guerrero, la miseria, el hambre, la corrupción, la falta de incentivos y la explotación son palpables y han sido denunciadas en innumerables ocasiones. Guerrero tiene 377 kilómetros de litoral sobre el Océano Pacífico y una extensión de 63 794 kilómetros cuadrados. En la Sierra Madre del Sur hay yacimientos de plata, oro, plomo, antimonio, mercurio, cinc, cobre, fierro y piedras calizas, pero el estado sólo contribuye en un 2% a la producción minera del país. Faltan granos, falta maquinaria, faltan servicios públicos, y sobre todo falta agua.

Lo que más hay son hombres armados, pistoleros a sueldo, aunque al gobernador Rubén Figueroa se le haya ocurrido rebatirlo con frases como ésta: "Para pistoleros mis huevos" y, en una ocasión en que unos campesinos fueron a pedirle agua, hizo el ademán de abrirse la bragueta y resolverles: "Ahorita me orino". Procaz en sus ademanes, Rubén Figueroa es también sucio en las soluciones que ofrece a los demás. A unas madres y esposas de desaparecidos les dijo: "Sus hombres ya se largaron con otras, no se hagan pendejas, pues ¿qué no se han visto cómo están de panzonas y de feas?" Este macho tan reveladoramente preocupado por sus genitales es acaparador de varias líneas camioneras: la Flecha Roja y todos los transportes de carga del Sur. Inmensamente rico, es el prototipo del mexicano déspota, prepotente, astuto, pintoresco y hablador: el mexicano de otros tiempos, el que hace reír con sus puntadas, algunas buenas, el que ya no debiera subir al poder (digo, para guardar

1. Los estados del sur, Guerrero y Morelos, son zapatistas y son los que producen la mayor cantidad de guerrilleros, luchadores a imitación de Emiliano Zapata. 2. Rubén Jaramillo, quien combatió a los terratenientes de Morelos, fue asesinado por orden de López Mateos por soldados con ametralladoras Thompson el 23 de mayo de 1962. 3. Genaro Vásquez Rojas, profesor normalista, depués de agotar todos los cauces legales se refugió en la sierra. 4. Lucio Cabañas también era maestro y fundó el Partido de los Pobres.

Florencio Medrano (a) el Güero, empezó a repartir las tierras de Villa de las Flores con la condición de que fincaran en tres días.

"Asosiasión Civil, Colonia Rubén Jaramillo, estado de Morelos".

Muy pronto los hombres se organizaron en la "fatiga" colectiva que se llevaba a cabo los domingos.

Al principio todos trabajaron con gran estusiasmo y muy pronto tuvimos una colonia mejor.

En los "domingos rojos", todos los paracaidistas de la Rubén Jaramillo colaboraron en la construcción de obras de beneficio común, como el drenaje y las fosas.

El Güero Medrano por fin pudo comprar un molino de nixtamal para la Jaramillo.

El INPI en 1974 construyó los lavaderos prometidos a la Jaramillo por la compañera María Esther.

Los maestros querían hacer en la colonia un nuevo tipo de
escuela, ligada a la vida de los habitantes.

En los arrozales de Morelos, despunta verde y tierno uno de
los cultivos más antiguos del estado.

Todos en México pedimos justicia política, poder escoger a
nuestros delegados, a nuestro presidente.

A ligar la lucha mexicana con la de toda
América Latina.

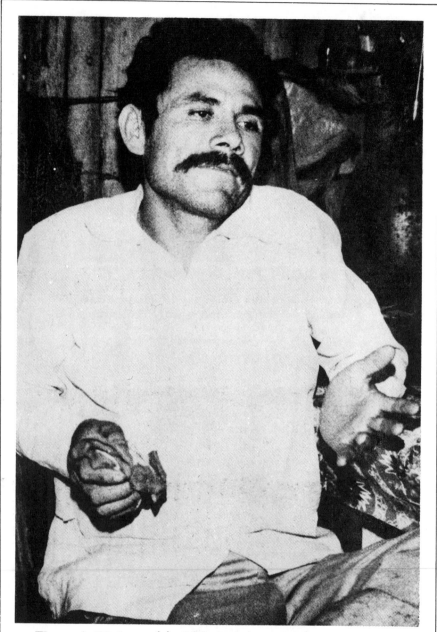

Florencio Medrano (a) el Güero, ¡cómo no lo vamos a querer si el fue quien nos dio la tierra!

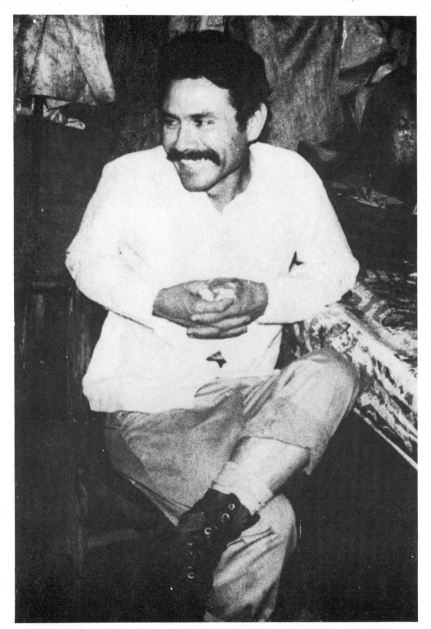

Era una persona sumamente tratable, persuasivo al hablar
como él solo.

La Güera, Leonor Medrano, hermana del líder el Güero Medrano, ahora en la Sierra de Oaxaca o probablemente muerto a manos de los soldados.

Col. Ruben jaramillo a 24 de Mayo 1975   Juan Barrera

**El Güero Medrano siempre
quiso a las mujeres, le
gustaba oírlas platicar,
saber de sus deseos
y de sus aspiraciones.**

En la madrugada del 28 de septiembre de 1973 entró el ejército a la Jaramillo, y desde entonces se acuarteló en la colonia.

Mientras el gobierno no los atienda los campesinos desesperados seguirán con las armas refugiados en la sierra.

las tecnocráticas formas). En su estado podría desarrollarse la ganadería; el ganado está flaco y malogrado, por descuido y por la escasez de pasturas. A pesar de que el 33% de su territorio está cubierto de bosques, Guerrero no ha sobresalido en la producción de madera. Pero lo más grave no es su retraso sino su situación política. En él parece concentrarse toda la miseria moral de nuestro país; las clases populares desconocen los más simples derechos humanos y constitucionales. Los que adquieren conciencia de ellos y muestran su rebeldía están sujetos a la acción continua de la policía, del ejército y de los grupos paramilitares que proceden con una impunidad que debería ponernos sobre aviso.

Sólo para citar un caso está el del profesor Jacob Nájera, desaparecido en 1974 a los 32 años. Dos corrientes sindicales se oponían en el magisterio y Jacob pertenecía al MRM (Movimiento Revolucionario del Magisterio), sindicato independiente. A raíz de una denuncia del SNTE, Jacob recibió un oficio de la Secretaría de Educación Pública acusándolo de agitador. Pidió a la misma SEP que investigara su caso, diciendo, eso sí, que estaba inconforme con su sueldo y los pagos siempre retrasados. A los tres meses fue secuestrado y su esposa Celia Piedra de Nájera y sus cuatro hijos (el último de dos meses cuando desapareció) no han vuelto a saber de él. A Celia le respondió Rubén Figueroa que su marido estaba muerto, que él mismo, si ella lo deseaba, la llevaría al Campo Militar Número Uno para que le enseñaran el cadáver. Así como Jacob Nájera, en el poblado de Río Chiquito en 1974 fueron detenidos treintaicinco hombres y dos mujeres; del poblado de Camarón desaparecieron doce hombres, de San Andrés de la Cruz, nueve, de Caña de Agua desde el comisario ejidal Francisco Hernández hasta León Bello Ramos. Después, entre Atoyac de Álvarez, Chilpancingo, Acapulco, Los Piloncillos, Paraíso, Cacalutla y San Luis Acatlán, se reúnen veintiséis detenidos y cincuentaiséis desaparecidos. Una guapa mujer de Atoyac, Angelina Reyes de Loza, contó que su esposo Florentino López Patiño, de 33 años, técnico del Instituto Mexicano del Café y padre de un niño de diez años, desapareció el 14 de julio de 1977 porque un comandante de la Judicial de Acapulco, Wilfrido Castro Contreras, lo acusaba en el estado de Guerrero de ser gente de Lucio Cabañas y en Putla, Oaxaca, de contrabandista de mariguana, hasta que llegó el día en que lo desaparecieron y Angelina, su hijo de la mano, lo busca desde entonces.

Así, por sospechas o calumnias, desaparecen en una espantosa mezcolanza presuntos guerrilleros y traficantes de drogas. Poco a poco las mujeres se enteran de que su esposo, hijo o hermano está en el Campo Militar Número Uno, porque un preso logra salir o, como en el caso de Margarita Cabañas, porque el mismo preso les escribe. Margarita Cabañas tiene cinco cartas de su marido, enviadas desde el Campo Militar Número Uno. Se las enseñó a Echeverría cuando visitó Chilpancingo y Ojeda Paullada, entonces procurador, después de echarles un vistazo la consoló: "Bueno, pero su esposo escribe aquí que está contento ¿no?"

EL PROMETER NO EMPOBRECE, EL DAR ES LO QUE ANIQUILA

En Morelos, la gente del Güero Medrano no está desaparecida, está muerta o purgando una condena de cuarenta años, acusada de plagio, homicidio, robo, asalto a mano armada y asociación delictuosa. Entre los detenidos se encuentran dos mujeres, una, la del Güero Medrano, quien fue secretaria en la Jaramillo, la otra, la de Aquileo el Full. Sus "acciones" empezaron en julio de 1973, poco tiempo después del mayor triunfo político del Güero, cuando Rivera Crespo visitó la colonia con todo su gabinete y los representantes personales de Echeverría enviados desde el Distrito Federal. Su carrera de dirigente llegó entonces a su punto más alto. El 26 de mayo de 1973, se presentó a la Jaramillo el gobernador acompañado por el ingeniero Mares, director del INDECO, representante oficial del Presidente de la República, el director del INPI en representación de María Esther Zuno de Echeverría, y otros funcionarios que entraron en calidad de respetuosos (así lo estipularon: respetuosos) observadores. El Güero llamó a asamblea general:

—Han venido a visitarnos unas personas. Es bueno que todo el pueblo se dé cuenta de lo que van a decir porque van a prometer mucho. Es hora que comprueben de una vez por todas que lo que el gobierno ofrece, no lo cumple.

El primero en tomar el micrófono fue Rivera Crespo.

—Su dirigente afirma que lo que ofrecen los funcionarios del gobierno es simple demagogia. Venimos a demostrar lo contrario. Tenemos órdenes estrictas del señor Presidente de la República para darles lo que piden: aquí a la puerta de la colonia, a la entrada de Los Pinos, como ustedes la llaman, tienen arena, cal, cemento, varilla, bancas para la escuela, tubos de drenaje y material de construcción. El ingeniero Mares, representante personal del señor Presidente, quiere anunciarles los beneficios que desde el Distrito Federal envía nuestro primer mandatario.

El ingeniero Mares ofreció agua, luz, todos los servicios.

El director de Servicios Coordinados del estado de Morelos no podía quedarse atrás y cedió a la petición de pases para el Hospital Civil a los enfermos que provinieran de la Jaramillo.

Todos los funcionarios del estado, el de agricultura, el de ganadería y el de educación pública, ofrecieron algo y el ingeniero Mares reiteró el profundo interés de Echeverría y de su compañera María Esther Zuno, directora del INPI, por la suerte de los desposeídos, principalmente de los que ahora en su desesperación habían tomado la tierra. La compañera María Esther repartiría desayunos escolares a los compañeros niños, se construirían lavaderos que el INPI pondría en servicio a la mayor brevedad y nadie vendría a sacarlos de las tierras ahora invadidas que desde ese momento podían considerar suyas.

"Sigan ustedes en la colonia, nadie va a desalojarlos, la tierra es suya", finalizó.

Toda la asamblea de la Jaramillo aplaudió, hombres, mujeres se abrazaban como en una fiesta, varios subieron en tropel al presídium y, tomando por sorpresa a los guaruras, levantaron a Mares en hombros. Los gritos de alborozo hacían que los hombres aventaran al techo sus sombreros de palma, los aplausos iban en aumento y estaban por iniciar una porra cuando el Güero saltó frente al micrófono y empezó a gritar con rabia: "No den las gracias, no den las gracias", hasta que silenció los aplausos y ante la perplejidad de los colonos y el temor de los funcionarios consternados por semejante reacción siguió gritando tenso, los brazos en alto: "No den las graciaaaaaas, no deeeeeeeen las graciaaaaaaas, no deeeeeeeeen" y lo repetía como si esto fuera lo único que pudiera salir de su boca. En medio del silencio, el Güero les dijo a los colonos en voz casi baja, terriblemente cansada y por lo tanto dulce en contraste con los gritos de cólera que lo hicieron parecer un energúmeno, que aquello que les enviaban de la capital no era un regalo sino el producto de años, que todo eso, el agua, la luz, los postes, los desayunos escolares ya estaban pagados de antemano, que eran la sangre de sus abuelos, el polvo de los huesos, el mástil de sonajas de la mazorca, el grano lanzado en los surcos; que sólo entraban en posesión de lo que debió ser suyo hace mil años, que al que tenían que dar el crédito era a su corazón porque la tierra era su casa. Al finalizar, el Güero recuperó la furia del grito inicial: "La tierra es suya, por legítimo derecho, no son huérfanos, son mexicanos, aquí los sembraron y aquí tienen que crecer, sembrarse en sus hijos, la tierra es suya, y la mazorca, y la flor azul que se enlaza con la flor roja, suya es la luz, suya el agua, suya, suya porque los han expulsado, no vivan agradecidos, nada tienen que agradecerle a nadie, nada, nada, nadaaaaaaaaa salvo a sí mismos y a su trabajo".

Los visitantes nunca habían visto el entusiasmo despertado por un dirigente popular y nada podía destantearlos tanto. Tras del micrófono, los hombros encorvados, la cabeza ladeada, por el rostro sensible y el cuerpo esmirriado del Güero pasaban ráfagas que aún lo estremecían y lo afeaban. Su boca enchuecada por la tensión estaba cubierta de saliva. Por más que la limpiaba con la manga de su camisa, la boca no regresaba a su estado normal, seguía colgada, húmeda, roja, impúdica. Parecía extraño que una figura tan endeble fuera un conductor de masas. Micaela corrió a su lado: "¡Qué barbaridad, Güero, que barbaridad, Güerito!" repetía, sin saber si era por el discurso o por el estado en que éste lo había dejado. Elena, la secretaria, lloraba sin intentar siquiera enjugar las lágrimas que corrían a lo largo de su cara como sus brazos caían a lo largo de su cuerpo. "Jesús, María y José, que el Güero vuelva en sí." Lo veían como a la santa tierra que él les había entregado y, con sólo mirarlo ahora, intuían que moriría. Si el Güero desaparecía les quitarían de nuevo las tierras, y a la tierra se viene a vivir, carajo, no a morir, y volverían a la muerte de antes, a la vecindad, a la pocilga ajena. "¡Qué barbaridad, Güerito!", Micaela no se atrevió a abrazarlo hasta que él mismo dio un paso y ella lo recibió sobre su regazo ancho de mujer deseada.

—Mañana vamos a hacer mole —le dijo como a un niño—, mañana será día de fiesta.

PURAS MATAHUILOTAS

Todavía estaba la fiesta en grande, cuando el Güero, en medio de los gritos: "¡Muera el mal gobierno! ¡Viva México! ¡Viva el Güero!", las aguas frescas, el molito, los sopes y el olor a cebolla, citó a una comisión encargada de vender las armas.

—Tú vas a encabezarla, Aquileo. Vamos a desarmar a la guardia. Así lo acordamos con el gobernador y ahora hay que cumplirlo.

Antes de salir de la Jaramillo, Rivera Crespo habló con varios miembros del Comité de Lucha:

—Tenemos noticia de que acostumbran andar armados y que así salen a las compras para el abastecimiento de su colonia. Tienen que deponer las armas. No es posible vivir en la anarquía. Si ustedes no se deshacen de sus armas tendremos que dar un paso más adelante.

—Pero si no tenemos ningún arma, si acaso una matahuilotas, una pistolita por ahí para alguna cosa que se... pero eso no quiere decir que uno tenga un arma ventajosa.

—Puras chimías —repitió Buenaventura.

—Nosotros no tenemos fusiles de alto poder —se hizo el tonto Ezequiel.

—Apenas ven que uno se para bonito, luego luego lo quieren chingar.

—Sí, como vieron que el Güero se había parado bonito, ahora lo van a quebrar —profetizó el Canario.

—¿Qué, no les dimos la tierra? —se irritó el gobernador.

—¿Dieron? ¿Dieron? —el vocinglerío arreció—. A ver, ¿cómo está eso de que nos dieron? El gobierno nunca regala un pedazo, al contrario, los ricos y los del gobierno donde quiera agarran terreno, y mucho, no doscientos mugres metros.

Esta gente no tenía remedio. La voz del gobernador se hizo amenazante.

—Bajo advertencia no hay engaño, o se desarman o...

El Güero se había comprometido y para la venta escogieron el estado de México. Saldrían cuatro hombres a las órdenes de Aquileo. En el momento de subir al coche, Camilo le dijo al Güero abrazándolo:

—Tú nunca nos vas a dejar volando Güero porque estás igual de jodido que nosotros los jodidos. Ya ves, el gobierno que antes nos despreciaba ahora vino hasta aquí a regalar agua, mampostería, varillas, lo que se nos ofrezca. Yo fui quién sabe cuántas veces al Palacio de Gobierno con una comisión y jamás nos pelaron. Tú nos has vengado, Güero.

—Yo de lo que no estoy seguro es de desarmar a la guardia —intervino Genaro sombrío, me parece arriesgado.

—Le di mi palabra al gobernador, chaparro.

—¿Y desde cuándo te preocupa tanto el gobernador —se enojó Genaro—. Al gobernador ya le dimos en la madre.

—Tú que eres un fregado como nosotros has puesto en jaque a todo el estado de Morelos —se enorgulleció de nuevo Camilo.

Se despidieron contentos y cuando arrancó el Ford sus caras

229

eran sonrientes. Todas las escopetas cupieron en la cajuela, no eran muchas las colts y las pusieron en el piso del automóvil en la parte trasera, Camilo se recargó sobre la metralleta. Muy cerca de Almoloya de Alquiciras los detuvo la policía judicial. En un segundo los cercó también el ejército. Registraron el coche y por más que alegaron que iban al estado de México y que esta venta se hacía por órdenes del gobernador ("¿Ah sí? Y ¿dónde está el oficio? ¿Dónde los permisos?) se los llevaron a la Penitenciaría del estado.

En la Jaramillo vieron con asombro cómo aparecían en los periódicos los rostros descompuestos de sus compañeros, acusados de tener nexos con Lucio Cabañas y portar armas oficiales. Además de la tortura física, Aquileo, Camilo, Genaro y sus dos compañeros fueron obligados a comparecer en una entrevista de prensa y los periodistas dieron después la gran noticia: la captura de los miembros más destacados de la brigada de Ajusticiamiento del Partido de los Pobres; cinco lugartenientes, cinco, de Lucio Cabañas, hombres de alta peligrosidad, buscados en toda la República, que por fin habían caído en la celada de la Judicial estatal, de elementos de la Policía Militar y de algunos agentes de la DIPD (Dirección de Investigación para la Prevención de la Delincuencia del D. F.) que vinieron especialmente desde la capital.

De los treinta miembros del Comité de Lucha, el único que no se sorprendió fue el maestro Pedro Tomás García, quien murmuró: "Ahora sí, éste es el inicio de la guerra".

—Pero si hablamos con el gobernador y él nos dio su palabra.

—¿Su palabra? ¿Qué palabra? ¿Cómo es posible que un luchador experimentado como tú sea tan crédulo? Siempre lo hacen así, no es una táctica nueva. Traicionan por la espalda; así lo hacen siempre. ¿O no lo sabes? Lo que hay que hacer de inmediato es defender a estos cuates, conseguir abogados.

—Todos han confesado —aventuró el Canario.

—No seas buey, con la tortura uno confiesa hasta de qué van a morir los hijos.

Pedro Tomás García consiguió abogados y uno de ellos, Miguel Buendía, aconsejó:

—Lo que hay que hacer es obtener una declaración de Rivera Crespo acerca de por qué portaban armas.

El gobernador se hizo ojo de hormiga; jamás volvió a recibirlos, aunque al principio los abogados fueron a verlo dos o tres veces a la semana. Aquileo, Genaro, Camilo y los otros dos permanecieron siete meses en la cárcel y finalmente salieron libres, pero ya para entonces se unieron al Güero y a sus cuadros en la clandestinidad.

CUANDO LAS COSAS CAMBIAN

A partir del encarcelamiento de Aquileo el Full, las cosas cambiaron en la colonia. De tres a cinco empistolados acompañaban siempre al Güero, hacían guardia frente a su casa, franqueaban el paso. Lo seguían y le servían lo mismo para un barrido que para un fregado. La gente ya no decía: "Allí va el Güero" sino "allí va la escolta". Eran sus hombres y el líder les ordenaba hasta presidir asambleas en las que fracasaban. Por eso, los colonos dejaron de asistir, el Güero nunca iba. Cuando preguntaban por él, el Cacarizo respondía haciéndose el misterioso: "Anda en Cuernavaca atendiendo unos asuntos". Hasta el maestro, por lo general tan accesible, se veía preocupado.

—Maestro Pedro ¿qué usted no me podría resolver lo de la tubería?

—No eso no, sólo el Güero.

—Pero el Güero no está...

—Pues ves cómo le haces, Pánfilo, pero esa decisión no puedo tomarla solo.

—¿No podría citar a los del Comité de Lucha en la noche?

—Eso sí a ver a qué conclusión se llega.

Nada parecía ser como antes. Los funcionarios del gobierno que en aquella tarde de gloria se comprometieron a la reparación de las bombas, el envío de materiales de construcción, la reforestación de la colonia, jamás volvieron a dar señal de vida. Esa tarde declararon que mientras no hubiera agua potable mandarían seis pipas diariamente; primero enviaron cinco, después cuatro, luego dos, y en los días que siguieron, nada. Los niños tenían que bajar a Acatlipa a la toma de agua, cuando no hasta Temixco y allá venían con sus cubetas colgadas de un palo atravesado sobre los hombros, el cuello doblado, el sol en la cabeza. Muchas veces se les caía y entonces la tierra la chupaba en un santiamén. Había terminado la temporada de lluvias.

Lo que el Güero nunca dejó fue a las mujeres. Las buscaba. Micaela corría de casa en casa. "En la tarde, junta en mi casa, apúrate Felícitas, acaba todo tu quehacer porque el Güero nos va a caer a las seis", Julia, Berta, Carmen, Margarita se apuraban, pero cómo se apuraban, con qué gusto iban al mandado, ponían los frijoles, doblaban la ropa. A las seis de la tarde, puntualmente, en rueda, se le aparecían al Güero veinte sonrisas claras. Y sentía entonces que le crecía por dentro un festivo anhelo.

—Vamos a platicar.

El Güero había escogido quererlas, decidido quererlas, y ellas que siempre habían padecido todo, la vida, el amor, la maternidad, sin decir "agua va", se asombraban. "A nosotras, las cosas nos pasan" se atrevió a decirle un día Berta, "nos caen".

—¿Del cielo?

—Del cielo o del infierno, pero nos caen.

El Güero las examinaba. Nunca antes se habían sentido así miradas. Su hombre llegaba en la noche:

—¿Ya te caliento? —preguntaban.

Sin verlas, decía que sí o que no, y comía lentamente, los ojos sobre el plato, enroscando la tortilla y viendo luego en el vacío. Hacía mucho que ellas no existían. El hombre no platicaba nada, ausente.

—¿Te caliento más?

—Ya no.

Al principio el único en hablar fue el Güero. Lo hacía en voz baja, un poco ronca, a veces ni se le oía. Les traía pedazos de un mundo conocido; el del hambre. Les describía otro: el de sus viajes: Laredo, la frontera, Eagle Pass. Tomaba el mundo entre sus manos y se lo iba enseñando. "Miren, véanlo por aquí, ahora, por acá", era una forma de cariño que ellas no conocían: platicar. Sus hombres no lo hacían; sólo le gritaban a la mala suerte, fornicaban y se dormían. Poco a poco fueron perdiendo la vergüenza, Micaela las animó, y empezaron a contarle algo de sus cosas. Unas hablaban con timidez, primero apenas si podía entendérseles entre lo incoherente de sus propósitos y su voz inaudible, pero otras fueron adquiriendo fuerza y seguridad en sí mismas y desconcertaban al Güero por su pasión. Eran oradoras natas que nadie había escuchado jamás. "Ahora tú vas a hablar, Lola, el día del Grito, tú vas a tomar la palabra." "¿Yo, Güero? pero ¿cómo crees?" "Sí Lola, yo quiero que todos te oigan." "Pero ¿cómo crees, Güero? Guillermo me mata." "Sí, sí, tú diles eso que acabas de decirme. que las jornadas de las mujeres no son de ocho horas sino de dieciséis, de dieciocho y que no les sobra tiempo para vivir." "Güero, por Dios santo, eso lo digo aquí que estamos en confianza, pero en asamblea no podría, primero muerta." El apoyo más grande del Güero seguía siendo Micaela, su presencia rotunda, sus brazos casi siempre en jarras, su cabello macizo limpiamente trenzado, la franqueza de sus palabras, y el Amarillo al alcance siempre de sus gritos, de su emoción.

—Y ¿tú qué opinas, Margarita? —preguntaba el Güero intrigado.

—¿Cómo que yo qué opino? —respondía Margarita con su clara sonrisa.

—Sí. ¿Qué piensas de esto?

—Nada, no sé, no se me ocurre nada, nunca nadie me había pedido mi opinión.

A su vez, les intrigaba que alguien pudiera interesarse en ellas en esa forma. Súbitamente adquirían un lenguaje, una conciencia. Micaela encontró una vez a Eloísa retorciéndose las manos, los ojos llenos de lágrimas, el quehacer tirado en la oscuridad de su casa, y cuando le preguntó qué le sucedía Eloísa respondió: "Es que yo quiero alguna vez poder decirle al Güero mis cosas". La manera de ser del Güero definía la suya, algo nuevo les estaba pasando, algo inesperado, lo que habían sido antes les parecía chiquito, hasta sus voces ahora sonaban distintas y a ellas mismas les sorprendían. Poco a poco se abrían y el Güero descubría una intimidad hecha de abusos y vejaciones "nomás por ser mujer y tener agujerito". Primero bajaban la cabeza y no hablaban de las violaciones. Farfullaban: "Me golpearon", "me agarraron a culatazos", "me subieron a la camioneta", "ellos, como tienen pistola, se sienten muy valientes", pero después se enteró de que Cira, Eloísa y Eduviges habían sido torturadas por los soldados en Guerrero, cuando éstos buscaban a los cultivadores de "la goma".

—Me obligaron a desnudarme —contó Eloísa— a pesar de que les dije que los denunciaría en Chilpancingo, y me hicieron acostarme boca arriba y luego boca abajo, a gatas, apoyada en los codos y en las rodillas para que en esa postura confesara quiénes sembraban la amapola, ya que de no hacerlo me colgarían de los pies. Después de vejarme y reírse de mi desnudez, me ordenaron que me fuera a bañar y a poner crema porque en la noche dormiría con uno de ellos. Me atreví a decirles que levantaría un acta y se rieron: "Siendo tan amapoleros como son, levanten muchas actas, al fin que ni caso les van a hacer".

Al Güero le azoraba y también le encorajinaba su absoluto estado de vulnerabilidad. Para todo decían: "Pues... a ver". No esperaban nada o casi. De vez en cuando Marta decía: "A ver si me puedo comprar una falda más mejorcita", pero con desgano como si su propósito dependiera del azar. Eran frágiles pero también fuertes porque si no, no hubieran aguantado el sometimiento, la indiferencia, y sobre todo el hambre.

—Nomás con que coma yo, ya con eso me conformo.

—Güerito, contigo como que las cosas parecen tener techo.

Además de un techo, la Jaramillo les dio protección porque estas mujeres jamás fueron agredidas.

—Yo regreso en la noche de la vespertina, Güero, ni modo que me quede sin estudio y me da mucho miedo venirme.

—No te preocupes, Ubaldina, yo voy a ponerle remedio, de esto me encargo yo.

"Basta —gritó un día en una asamblea— de abusar de las mujeres. No toleraré uno solo. El colono responsable quedará inmediamente expulsado. ¡Ninguna mujer debe sentirse mal en la Jaramillo, podrán caminar en la noche, con la certeza de que nada les va a pasar!"

Teodora Santos es explícita:

—Yo siempre había salido con miedo a la calle. En la Jaramillo, al ver que todo el mundo me dejaba en paz, empecé a circular con mucha tranquilidad. Lo mismo mis chamacos y mi Maricela, la quinceañera.

—¿Por qué no va a haber mujeres solas? ¿Qué, no hay hombres solos? ¿Quién los molesta, a ver? ¿Ustedes creen que todas las mujeres solas andan buscando cargamento? ¡Déjenlas en paz! Desde hoy queda instituido un ejemplar sistema de castigos...

Muchas mujeres solas encontraron la posibilidad de tener una casa para ellas y sus criaturas, y todavía hoy, permanecen en la colonia. Jamás han sido molestadas.

"¡En cuanto al alcoholismo —amenazó el Güero— el que entre aquí borracho será detenido en la puerta y encerrado hasta que se le baje!"

También esto obedecía a su conversación con las mujeres:

—Güero, nuestros hombres dejan la raya en las cantinas de Temixco, allí mismo donde las prostitutas le hacen la parada a los camioneros. Así, nunca vamos a levantar cabeza.

Para el Güero la lucha contra el alcoholismo se volvió una idea fija. Ángel Medrano, su padre, se emborrachó siempre e hizo sufrir a su familia. En la infancia del Güero, tal como rezos y letanías, las mujeres se lamentaban monótonas y tristes en una cantinela interminable: "Está tomando", "Vino tomado", "Es que tomó mucho", como queriendo disculparlo. Para sobrevivir a una vida tan terrible no podían más que emborracharse cada como y cuando. "Sólo así se me amaina la desesperanza", "Se me quita el hambre", "Sí, se me pasaron las copas ¿y qué? Descansé". La desgracia casi siempre viene unida a la borrachera y entonces la vida no parece ser sino una inmensa catástrofe. Lo que el Güero decía, lo cumplía (por eso lo respetaba la gente) y atacó el alcoholismo en serio. No sólo prohibió la venta de bebidas embriagantes en la colonia, sino que dio órdenes estrictas para que en la entrada de la Jaramillo encerraran a los que llegaban ebrios.

"Debe haber un rigor, un gran rigor, sólo así podremos estructurar a la colonia. Quiero dar una buena imagen del movimiento revolucionario que nos impulsa."

Hasta los que se emborrachaban estuvieron de acuerdo: "Pues sí, lo que sea de cada quien, tiene razón". También habían estampado su huella digital o firmado de conformidad los estatutos que impuso el Güero Medrano al hacer entrega del lote: no venderlo ni alquilarlo porque era para los hijos; patrimonio familiar, no tener lote o bienes materiales en otra parte, no comerciar con él, cumplir con la ronda y la fatiga, las cuotas y obligaciones que el Comité de Lucha juzgara conveniente para la buena marcha de la colonia, no vender ni ingerir bebidas alcohólicas, participar activamente en las asambleas, ejercer libertad de expresión, de crítica constructiva, sin caer en ataques personales. Al recibir la hojita muchos habían exclamado: "¡Qué bonito el reglamento y los puntos a seguir!" Pero la carne es débil: "¿Qué vale una firmita al lado de un alipús?", preguntaba Ezequiel echándose la del estribo, a la cual siempre seguía la otra. "¿Qué mejor que un chínguere que se le resbala a uno adentro, calientito, y no la tiznada huella digital?" Y pa' dentro y que vengan las otras que pa' luego es tarde. El Güero no sólo prohibió la venta de alcohol en la Jaramillo sino que el borracho que lograba colarse tenía que permanecer muy quietecito, no fueran a denunciarlo los vecinos con el comandante Primo Medrano, jefe de las fuerzas de seguridad de la Jaramillo. Una vez los comisionados de la campaña antialcohólica agarraron al padre del Güero y por más que alegó bien zumbo, que él era el papá del jefe, nada, para adentro, cerraron tras de él la puerta de la caseta de Los Pinos; como la insistencia de don Ángel les hizo dudar, fueron a preguntarle al Güero si era cierto. El Güero se rascó la cabeza y se mesó los cabellos:

—Pues sí, es mi padre, pero ni modo, allá ténganlo hasta que se le baje. ¡A todos parejo!

A las mujeres sobre todo le emocionaban los cinco puntos del reglamento porque se sentían dirigidas en la vida y al mismo tiempo protegidas; por primera vez alguien se hacía cargo de ellas.

El mismo Güero les dijo:

—Ya estuvo bueno de andar por a'i desbalagadas...

La campaña antialcohólica fue la que más enemigos le produjo al Güero, porque quiso extender el ejemplo de la Jaramillo y se lanzó a una manifestación en contra de los cantineros de Temixco y de Acatlipa. "¡Exigimos el cierre!", decían las mantas. "Basta ya de prostituirnos", gritaban las letras rojas de las pancartas. "Además de pobres, somos carne de cañón", "Abajo los cantineros", "Fuera el vicio". Llevaron equipo de sonido y Eloísa tomó la palabra. También Lola. Y Micaela. "Allí anda el Güero con su bola de viejas", sonrió el Cacarizo. "Es que a ellas les llega más", dijo el Canario. "A las señoras les hace falta lo que los hombres gastan en la cantina", sentenció Nicasio. "Miren nomás qué combativas las viejas, miren nomás qué brava salió la Eloísa tan achicopalada que anda siempre". Cientos y cientos de voces, sobre todo las de las mujeres, reiteraban la demanda: "Queremos el cierre de los antros de vicio". El presidente municipal de Temixco nunca apareció en la Presidencia; en la Ayudantía tampoco había un alma. Fue creciendo la multitud hasta llenar todo el espacio frente a la Presidencia Municipal. Algunos coches que iban por la carretera se detuvieron a ver qué pasaba. Los cantineros bajaron las cortinas metálicas y los abarroteros que exhiben sus botellas de licor como diamantes se encerraron a piedra y lodo. Sin embargo, no corrían peligro, el Güero había ordenado:

—Nada de violencia. No quiero pedradas en contra de los aparadores, no nos conviene.

A los tres días, Micaela entró a la oficina del Comité de Lucha bien asustada.

—Parece que Lauro Ordóñez y Efraín Solana andan buscando un gatillero para matar al Güero. Los cantineros le han puesto precio a su cabeza.

LA REACCIÓN DE LOS PODEROSOS: FACTOR DECISIVO

Uno de los factores decisivos en cualquier lucha revolucionaria es la reacción de los ricos. A partir de la manifestación en contra de los comerciantes, empezaron a rondar al Güero los pistoleros de los dueños de las numerosas cantinas a lo largo de la carretera de Cuernavaca a Taxco, quienes habían jurado darle muerte. El presidente municipal de Temixco se unió a los cantineros e incluso organizó otra marcha de apoyo en contra de los desmanes de la Jaramillo. En los alrededores, los ricos y los terratenientes empezaron a temer las paradas obrero-campesinas organizadas por el Güero. Antes, todos estaban dispersos, no había relación entre los obreros y los campesinos, pero con el Güero, en cada huelga se presentaba un contingente, y cuando el patrón preguntaba: "Y ésos ¿quiénes son?", inevitablemente le respondían: "Son de la Jaramillo, han venido a dar su apoyo". "Oiga, pues la Jaramillo es una verdadera amenaza." Y se seguía: "Por eso estamos como estamos". "A los mexicanos no les gusta cumplir, pero bien que andan de revoltosos." "Pordioseros y con garrotes." "¿Qué, toda esa gente no tiene quehacer?" "Los obreros flojos, los campesinos flojos, ¿a dónde vamos a dar?" "Ustedes no entienden", "impiden el progreso del país", "lástima de país tan noble", "no aprecian nada", "el nuestro es un país de incivilizados". Por eso, si antes las movilizaciones más grandes, las de la Intersindical, por ejemplo, no llegaban a cinco mil, con el impulso de la Jaramillo se multiplicaron pero no sólo en cuanto a fuerzas sino en cuanto a capacidad de rebeldía. "Nos han abierto los ojos; ya no andamos a ciegas, venimos a exigir lo nuestro", repetía Buenaventura. "¿Lo suyo? ¿Lo suyo? ¿Cuál suyo? ¿Cuándo lo han trabajado, si son una punta de huevones? ¡Muertos de hambre, flojos y para colmo alebrestados! ¡Nomás eso nos faltaba, pobre de nuestro país!" La Jaramillo no sólo demostraba que un grupo humano puede oponerse al gobierno sino también convertirse en fuerza política. Demostraba que si se es fuerte y se está unido, se puede seguir viviendo aun en la oposición, pues, a pesar de que era muy visible su antagonismo, el gobierno no parecía darse por enterado. Como que los había soltado.

De pronto la Jaramillo se había convertido en un estado dentro de otro. A él no entraba la policía. Afuera también la policía parecía atada de manos. Cuatro agentes detuvieron al chofer de la camioneta que hacía las veces de ambulancia y trescientos colonos se apersonaron en la Procuraduría, la tomaron por sorpresa y, pasando por encima de quince policías con armas de alto poder, obligaron a las autoridades a soltarlo de inmediato. ¡Si no lo sueltan, allí se arma la grande! Que trescientas gentes vinieran a la Procuraduría y la tomaran para exigir la libertad de un compañero era un hecho inusitado para el cual nadie estaba preparado. Nunca le había pasado al gobierno que una horda de paracaidistas viniera a obligar por la fuerza a las autoridades a dejar libre a un colono. Cuando el Comité de Lucha y otros comisionados regresaron con el chofer de la ambulancia, los habitantes que esperaban en la puerta de Los Pinos y en las calles sintieron invencible a la Jaramillo. Y no sólo fue la libertad del chofer, sino otros triunfos que se comentaban, como aquella vez que la tira pretendió detener a un guardia con escopeta y no lo habían ni agarrado cuando ya tenían cinco armas en la sien, jejé, el susto que se pegaron, jejé. Jamás había sucedido tampoco que un hospital concediera pases simplemente por ser habitante de determinada colonia o de que a un enfermo pretendieran sacarle sangre en forma de pago y un grupo enardecido entrara a fuerzas al laboratorio. Tampoco se había visto en una manifestación que los colonos y los estudiantes se sublevaran contra obreros sacones dispuestos a aliarse al PRI y les gritaran que sólo le estaba haciendo el juego al patrón. "¡No hay que conciliar, hay que tomar el poder, pendejos reformistas!" Y no sólo eso, sino que desde sus tierras divulgaran su lucha, entusiasmaran a otros y el gobierno no pudiera hacer nada.

Si la mayoría de los colonos no tenían idea de la doble función de la Jaramillo, la toma de tierras y la guerrilla, todos se dieron cuenta que las autoridades la temían y que, por su misma radicalización, había conseguido en tres meses lo que otras colonias proletarias no alcanzaban después de tres años. Se había creado, a un lado de Cuernavaca, un foco guerrillero, un aglutinamiento peligroso para el gobierno. Habían cometido un error: se habían echado encima a los ricos. Por eso Rivera Crespo y su gabinete confiaron en que los cantineros y los comerciantes, al ver amenazados sus ingresos, acabarían con lo que estaba significando el Güero en la región. Por de pronto, si a la policía no le era permitida la entrada a la colonia porque diez mil hombres se le echaban encima, podía seguirle la pista a los que salían de ella, sobre todo al Güero Medrano, cuyas entradas y salidas tenían fichadas. "¡Muerto el perro, se acabó la rabia!"

A LA JARAMILLO NO VIENE A EXPLOTARNOS NADIE

También se enojaron los vendedores de Acatlipa que subían con sus camionetas cargadas de tortillas o de pan y querían aumentarle por el viaje. El Güero se les presentó con sus cuadros armados:

—Pues no señores, aquí no voy a dejar que se alteren los precios.

Muchos se retachaban enojados con sus transportes repletos de mercancía, pero los que más se disgustaron fueron los aboneros, a quienes no se les permitió la entrada.

238

Micaela intervino:

—Sale mejor la ropa que traen los aboneros, Güero, y más barata. Así, a plazos no se siente tanto.

—Justamente por eso...

Micaela fue de las más activas en la puesta de las dos tortilladoras y el molino de nixtamal. El Güero Medrano les pidió a los compañeros de Xoxocotla que sirvieran de aval para sacar las máquinas. A cambio, la colonia se comprometió a hacer guardias con los de Xoxocotla porque querían quitarles unas tierras y construir en ellas el Centro de Estudios Tecnológicos Agropecuarios (CETA). Diariamente salían sesenta colonos a Xoxocotla a la guardia y otros volantearon en Cuernavaca. Micaela guisó para todos; allí mismo sobre la tierra hizo dos grandes lumbres y puso a cocer frijoles; en el otro calentó un buen altero de tortillas. Y hubo quien sacara unas latas de sardinas. Junto a ella andaba contento el Amarillo. El animal había embarnecido, sus patas no eran los dos montoncitos aterciopelados que ella sentía suaves y frágiles en sus brazos, sino instrumentos fuertes que oscilaban entre garras y pezuñas de hueso duro que ahora se le encajaban. Corría vigorosamente por todas partes, la Jaramillo le había sentado, sus cinco meses de vida reflejaban los mejores días de la colonia, un puro ir hacia arriba pujante y sano. Sólo sus orejas conservaban la ternura quebradiza de los primeros días, ellas sí, cuando el Amarillo no las erguía parecían pétalos de flores. "Amarillo, ven acá", le gritaba Micaela, "Amarillo", lo llamaban los colonos, pero lo trataban como a cualquier otro, al Seco, a la Paloma, al Pichón, al Retintín, al Duque, a la flaca Golondrina, a los demás perros de la colonia, no como Micaela que alegaba que el Amarillo suplía a sus hijos ya grandes, a su esposo ido, a su madre muerta, al Güero cuando no lo veía. Siempre que Micaela lo atisbaba, en cualquier parte, a cualquier hora, incluso si acababa de dejarlo, gritaba: "Güerito", y lo abrazaba efusivamente con una alegría contagiosa y las demás mujeres, sus cuerpos deformados por partos sucesivos, sonreían los ojos brillantes, palmeaban como niñas sus manos magulladas. El abrazo de Micaela era ya un rito en la colonia.

VENTE UN RATITO CONMIGO PARA QUE ME PLATIQUES

—¿No te vienes un ratito conmigo a platicar?

El Güero parecía quererla siempre a su lado y ella lo seguía dócil, la cabeza baja. Cuando no la veía gritaba: "¡Elena!" con voz fuerte y ella contestaba un "¿Sí?" avergonzado. Él se volvía entonces a lo suyo, más tranquilo. Necesitaba saber que estaba allí. Su dependencia se inició cuando agarraron a Aquileo, bueno, ya desde antes, Elena era secretaria en la oficina. Ni siquiera era muy buena, escribía a máquina con dos dedos, pero no se levantaba de su sitio hasta no terminar. Empeñosa la Elena, y seria, a tal grado que los otros miembros del Comité de Lucha le preguntaban: "¿Qué, anda enojada?" No le gustaba llevarse con nadie, al Güero era al único que le respondía en ese tono siempre interrogante y al principio sólo porque se trataba del jefe. Elena pasó a máquina todas las solicitudes de lote, sacó en limpio todas las hojas de reglamentos entregadas a los colonos y engrapó todas las fotos tamaño miñón para después llevárselas a firmar al presidente del Comité Ejecutivo Nacional de la ANOCE, alias el Güero, al secretario general campesino, al secretario general estudiantil.

Al Güero le gustaba verla guardar con mucho cuidado sus copias, sus hojas de papel carbón, la engrapadora que encerraba bajo llave. A los dos días de que agarraron a Aquileo y a sus tres compañeros la encontró leyendo con el ceño fruncido El Insurgente: "Capturan a cuatro extremistas". Y La Voz y el Correo del Sur: "Presos los asesinos", "Cayó la gente de Lucio Cabañas". Los dobló en cuatro, archivó en un fólder, puso el título y guardó en un cajón. "¿No será una oreja?", se preguntó el Güero. Después, metió una hoja con tres copias a la máquina y siguió estableciendo trabajosa y tercamente la lista de funciones de cada miembro del Comité de Lucha. Ella fue la de la idea de apostar en los sitios más visibles los nombres del secretario de conflictos, el de Asistencia Social, de Finanzas, de Actas (también fue ella la que pensó que debería llevarse una relación de cada asamblea de la Jaramillo), de Transportes, de Organización, de Salud Pública, para que los colonos, sobre todo los recién llegados, supieran a quién dirigirse, cómo encauzar sus problemas. También fue ella quien selló, con el bonito sello violeta de la colonia proletaria Rubén Jaramillo, todas las firmas del Güero —"para darle mayor validez", dijo— y la que compró un buen papel de noventa kilos para que los documentos pudieran durar largo tiempo en manos del propietario, aunque ella al hacer la entrega aconsejaba siempre enmicarlos. La llamaban "la secretaria" a secas, el "Elenita", "¿Por qué tan triste, Elenita?", muy pronto se les cayó de la boca, era una mujer muy seca a quien no le gustaba el vacile, con ella nada de relajo. Y no es que fuera fea, más bien pasaba inadvertida, delgadita, usaba el pelo corto, pero nunca sonreía o casi nunca, no se le veían los dientes. Quizás fue eso lo que intrigó al Güero, su responsabilidad; a las diez de la noche todavía andaba tecleando: "Yo cierro ¿no?, al fin que traigo llave". Y eran las doce, la una y todavía había luz en la oficina. "Se quedó la secretaria", decían los del Comité con la certeza de que todo estaría en orden. Esa mujer empezó a gustarle al Güero porque vivía como con mucho silencio. La llamaba a la oficina. "Vente un ratito para que me platiques", pero él era el que hablaba buscando siempre su aprobación, escogiendo temas graves como la ausencia de Aquileo, la enfermedad, la muerte, de cómo había visto a un hombre morir echando espuma por la boca porque los mexicanos ocupamos el primer lugar en rabia en el mundo y nadie hace nada, y la rabia sólo es de los pobres, de los desheredados, de los países pobres. Un atardecer decidió llevarla a su reunión con las mujeres. Todas la miraron cuando entró. Después ya no. Elena se quedó muy quietecita oyendo. Estaban cosiendo una efigie de Rubén Jaramillo en el lugar del escudo nacional, en la bandera con la que el Güero daría el Grito. Esa tarde el Güero se lució: "Voy a contarles por qué quiero tanto a los perros. De niños vivimos en Arcelia, Guerrero —les explicó—, y todo nuestro capital era un caballo, el Colorín, y un burro, Chuparrosa, que llevábamos al cerro para cargar leña que después vendíamos a quince pesos.

—¿La carga?— preguntó Micaela siempre en busca de precisiones.

—Sí, la carga. Yo vendía agua en el mercado en mi tecomate y ganaba quince o veinte centavos, mi papá mercaba zacate para las bestias. Sólo hacíamos una comida al día y Pedro el más chico se desmayaba con frecuencia. Éramos ocho hermanos, bueno fuimos diez, pero a mi mamá se le murieron naciditos dos, quedamos cuatro hombres y cuatro mujeres, yo nací el 27 de octubre de 1946 en Limón Grande, Guerrero. Para comer, juntábamos vainas de cascalote y bolas de cacahuananche hasta que un terrateniente que era también compadre porque se apellidaba Medrano nos prestó dos de sus tierras para sembrárselas.

—Pon a todos tus guachis a trabajar porque si no no van a poder.

Nos iba fiando y apuntaba en una libreta desde los chiles, la sal y el petróleo hasta los cuartillos de maíz. El día de la cosecha hacía cuentas y siempre le salíamos debiendo.

—Te fié más de lo que trabajaste, por lo tanto este maíz es mío.

Se quedaba con todo el grano. Le dijo Primo:

—Después se enoja usted porque Lencho le quita las memelas al Oso.

Será por eso que me siguen los perros, concluía el Güero, porque les comí su comida y en eso me reconocen. Perros ellos y perro yo.

—¿Y Primo? —intervino otra vez Micaela.

—Primo también comió la memela del Oso, el perro guardián de la hacienda. Yo se la llevaba a mis hermanos, el Oso dejaba que yo se la quitara.

Las mujeres sorbían sus palabras y sus mocos, esta anécdota alimentaba mejor su indignación, su sentimentalismo y su coraje contra los ricos, que su propia miseria. Afuera se escuchaban los pasos de los que hacían la ronda, Eloísa calentaba café, se lo pasaba al Güero. Muy pronto se acostumbraron a la presencia callada de la secretaria, "ha de estar tomando notas como lo hace en las asambleas", después de todo, no les quitaba nada, ocupaba un espacio ínfimo. A la plática del Güero le llamaban "la lección". "Yo aprendo mucho", se regocijaba Micaela. Sentían que otros habían luchado antes, que en las infancias de Rubén Jaramillo, de Lucio Cabañas, de Genaro Vásquez Rojas, contadas por el Güero, se repetía siempre el mismo incidente: el del despojo. El despojo abonaba su rencor, Emiliano, Lucio, Rubén, Genaro, el Güero, nacían en la tierra, la cultivaban, se aquerenciaban pero no les tocaban los valles pródigos y fértiles, ésos eran para los hacendados, sino las lomas pelonas, el pellejo de vaca, los llanos en los que se arremolina el viento. Para el Güero los mezquites, los guajes, el páramo inmenso y desolado. En la infancia de Zapata, del otro lado del río Anenecuilco estaba el verdor; en la del Güero, en vez de la mata de arroz que despunta se abría la zanja en la que logró esconderse mientras los soldados se llevaban a su tío, el rebelde Martín Medrano. El rostro contra la tierra había llorado de rabia. "¡Todos para afuera, con las manos arriba o disparamos!", ese grito el Güero se lo aprendió de memoria así como se sabía los empujones, los culatazos, las patadas en los riñones, las metralletas. Así estaban las cosas en el Limón Grande y el Limón Chico, una región de Guerrero, encajonada por montañas, sin comunicación con el exterior.

—Yo al Güero podría oírlo hablar días enteros —afirmaba Lola.

Después de las reuniones, la luz permanecía encendida hasta muy avanzada la noche en la oficina. Elena, al despedirse del Güero, se sentaba a escribir lo que éste había dicho. Tecleaba con sus dos deditos.

"El caso de Florencio Medrano Mederos (a) el Güero o Lencho para los más cercanos, es distinto al de Cabañas o de Vásquez Rojas, porque si los dos fueron maestros e iniciaron un movimiento armado a imitación del castrista en la sierra, Florencio Medrano Mederos 'El Güero' no aprendió a leer y a escribir sino muy tarde y su vocación de guerrillero se remonta a su niñez cuando dentro de una zanja y con su primera Magnum escondida bajo su cuerpo oyó cómo los soldados se llevaban a su tío Martín Medrano, el jefe del levantamiento en armas por cuya acción el ejército acabó con casi todos los Medranos en el Palmar Grande.

"La única alternativa de Vásquez Rojas y de Cabañas fue la sierra en la que se refugiaron después de agotar todos los recursos legales, el Güero Medrano, en cambio, aunque odiado por las autoridades, permanece en la Jaramillo. Es fácil verlo en su loma distribuyendo las tierras, ayudando a la gente a bajar sus cajas mal amarradas y, al atardecer, hablar en una asamblea. En torno a él se da el fenómeno de un reconocimiento en vida al menos de parte de los estudiantes que los "domingos rojos" vienen a verlo a la colonia. Con los otros caudillos, Vásquez Rojas y Cabañas, no había posibilidad de comunicación (sólo a través de los "contactos"), pero un autobús México-Cuernavaca y otro Cuernavaca-Villa de las Flores deposita directamente al viajero en la Jaramillo. De allí basta con preguntar: '¿Dónde está el Güero Medrano?'"

Una noche el Güero la siguió, sacó la hoja de la máquina de escribir:

—Eres espía.
—No. Estoy escribiendo tu vida.
—¿Mi vida? ¿Por qué?
—Porque te quiero.

EL VIAJE A CHINA

Al Güero le gustaba estar en la oficina, el tiempo quieto y dulce en que lo envolvía Elena, el sonido torpe de la máquina de escribir, la expresión grave de sus ojos, parecida un poco a la del maestro Pedro. También al maestro le simpatizaba Elena. "Es una muchacha consciente", decía, o "Elena sabe trabajar", o "lo trabajadora nadie se lo quita". "Ojalá y me ayudara en la escuela, hay tanto trabajo rezagado." Funcionaba ya la parcela escolar. Los niños habían sembrado maíz y frijol en compañía de sus padres, que después los llevaron a la siembra del campo de sorgo; el mismo Güero vino a enseñarles a hacer el mantillo y a sembrar el arroz como en China.

—No tiren las cáscaras a la basura, sirven para hacer el mantillo que compone la tierra, la arenosa, arcillosa o pedregosa. Ven, ésta es pedregosa —y el Güero tomaba la tierra entre sus manos para enseñársela a los niños. El mantillo se hace con elotes, hojas de maíz, cáscaras o bagazo de frutas, tallas y hojas de cualquier planta, paja, pasto cortado. Aquí en la Jaramillo cada quien en su pedacito tiene que poner su hortaliza y allá arriba por la nopalera vamos a sembrar verdura, van ustedes a ver qué bonita se da con el mantillo.

—Yo nunca he comido verdura —murmuraba Miguelito.

—Pues ahora vamos a comer... Pero estoy seguro que verdolagas y nopalitos sí has comido y ésas son verduras. Y ahora vamos a sembrar el arroz. Yo estuve en China hace cuatro años, durante seis meses, lo suficiente para darme cuenta qué bonito se les da el arroz...

Lo suficiente también para recibir un curso de dirigente. Lo que más le gustaba al Güero rememorar eran esos larguísimos viajes en tren, lentos como la cuaresma, entre arrozales que ondeaban sobre la tierra durante tantos y tantos kilómetros que la cabeza empezaba a bambolearse siguiendo las ondulaciones del arroz en el agua. Los dos grandes ríos, el Yang Tsé y el Amarillo, sí Amarillo como el perro de Micaela, los seguían a un lado de la vía porque, como allí todo es plano, el agua va haciendo curvas, buscando su camino como si bailara dos pasitos para acá, dos pasitos para allá, irrigándolo todo bien al ir de un lado al otro. Además de los ríos, el Güero repetía con admiración que China nunca había sido dominada por pueblo alguno, nunca, los ingleses apenas si arañaron Shangai pero jamás lo poseyeron, por lo tanto nunca había sido un país colonizado y ¿ustedes saben lo que es eso, un país al que nunca nadie ha podido ponerle la mano encima? Había estado en Shangai, Nankín, Pekín, Mausán, Yenán, las montañas de Chan Kian; asistió una vez a un banquete en el Palacio del Pueblo ofrecido por Chou En-lai a las delegaciones extranjeras y pudo darle la mano al primer ministro del Consejo de Estado. Desde el 9 de julio de 1969 hasta el día último de diciembre en que regresó había sido otro hombre, porque China era otro mundo. Le había costado mucho trabajo devolverse a la realidad de Cuernavaca. "Allá comen igual; se acuestan con lo mismo en el estómago, trabajan al unísono, los campos son fértiles porque los cultivan entre todos y pueden ser muchos chinos, muchísimos, todos los que ellos quieran, porque hay de comer para todos; allá no conocen las hambrunas ni los muertos de hambre como nosotros."

Con la separación de China y la Unión Soviética se formó un partido maoísta en Cuernavaca y entre 1964 y 1966 el Güero trató al ingeniero Javier Fuentes. Regresaba de China y entusiasmó al Güero: "La embajada china costeará tu viaje". A partir de ese momento el Güero aceptó participar en el PRP (Partido Revolucionario del Proletariado) y reunir a otros dirigentes campesinos; el Güero aportaría al PRP de Javier Fuentes el contingente campesino que siempre lo había seguido, pero antes iría a China, como parte de una delegación de nueve mexicanos. El Güero siempre le agradeció a Fuentes su viaje, pero también le disputó la dirección del PRP porque pensó que si la mayoría era campesina, su líder indiscutible debía ser él.

NO ME HAGAS FEO EL MUNDO, GÜERO

—A ver ¿qué escribes, Elena?

—Preferiría no enseñártelo, al menos hasta que esté más adelantado.

—Pero ¿cómo le haces? —preguntó el Güero con una enorme curiosidad.

—Apunto lo que dices y le pregunto a la gente, a don Ángel, a tu hermano Primo, a tu hermana la Güera Leonor, a tu otra hermana, Tomasa, al Cacarizo, al Chivas, a todos los que te conocieron desde antes. ¡Ah!, y al maestro Pedro también porque me gusta su análisis de las circunstancias. Luego en la noche selecciono el material y lo paso en limpio, pero pues no adelanto mucho.

—¿Y lo de la colonia?

—También apunto lo que veo, me fijo muy bien. Me gusta fijarme, siempre he vivido poniendo atención.

—¿Así es de que estás perdiendo en mí todo este tiempo? —dijo el Güero orondo.

—No es en ti porque no hablo sólo de ti, es el fenómeno revolucionario el que me interesa; para mí es tiempo ganado por lo mucho que aprendo.

¡Qué responsable era! El Güero miraba la expresión seria en

245

sus ojos; si ella preguntaba, él también la fue interrogando, al principio se rehuía: "¡Ay no, eso no importa, ya pasó! O simplemente respondía con un "Fíjate que no me acuerdo", pero poco a poco surgió una infancia deslavada y triste que no se distinguía de otras a no ser porque mostraba a una Elena en proyecto, los días iguales de una niña aplicada, la escuela en que la maestra daba la clase con desgano, dulce y sin embargo ausente porque la esperaban otros grupos de tercero en otras escuelas y tenía que salir corriendo, llegar tarde allá también y repetir la misma clase con su voz flojerosa y cansada, reiterando los mismos gestos. Abrir el cartapacio, calarse los lentes, barrer el polvo del gis de su falda que estiraba sobre sus piernas. A veces se confudía y pasaba lista de otro tercero de primaria en otra escuela y cuando llevaba treinta y tres Gutiérrez Matilde, Fonseca Gabriel, Pérez Cano Marta, los niños gritaban: "No maestra, ésa es de la Benito Juárez"; entonces sacaba otra lista de su cartapacio y la iba diciendo lentamente, poniendo una palomita o una cruz al lado de cada nombre. Después de guardarlo todo, lentes, lista, papeles, estipulaba con la misma voz exánime: "Lean de la página 27 a la 32". Sus padres ¿cómo eran? Como todos los padres. ¿Sus hermanos? Como todos los hermanos. Había tenido una amiga en la escuela, Ángeles, pero se casó de diecisiete y se perdieron de vista. Seguramente ya tenía hijos. Como todas las parejas. Ésa era su vida. No había más. Nada más que contarle. ¿Qué más podría contarle? Hasta hace un mes estaba en la academia de la calle Juárez, de carreras cortas para mujeres, y una noche, al salir de clase, había visto el papelito sobre el corcho en el que se clavaban los recados: "Se solicita secretaria en Villa de las Flores" y en la dirección le explicó la señora directora: "Lo puse porque me lo pidió una Micaela que fue mi lavandera pero no se lo recomiendo a nadie. Además a ti, Elena, todavía te falta un año. Está bien que la carrera sea corta, pero no tanto". La única en no retacharse de la Jaramillo fue Elena porque todas se enojaban ante las casuchas: "Para esto me quedo en mi casa; salir de guatemala para entrar en guatepeor, nomás no. Si yo creí que era un edificio". Elena no. "Al cabo yo también soy de clase baja." Se quedó. Desde el primer día puso en orden su escritorio, acomodó sus cosas con gusto, cumplida la muchachita como decía Primo, y con mucha voluntad de aprender. Aunque escribiera despacio.

Al Güero que jamás había tenido escuela y aprendió a leer a trompa talega, ya grande y casi solo, le asombraba que la escuela de Elena pudiera ser gris, monótona, desabrida. Él se la había imaginado como una columna de luz que baja del cielo a cubrirlo a uno y a abrirle el entendimiento, o como ese rayo que entra por el vidrio azul de catedral. Y resultaba que no, que no había nadie para decir: "Mira qué hermoso es el universo". Le sorprendía también que una vida protegida como la de Elena —porque eso sí, aunque eran pobres en su casa siempre hubo comida— no produjera más que melancolía. ¡Qué adolescencia la suya tan diligente y tan desteñida! Al lado de sus aventuras, Elena parecía haber vivido emparedada. "¡Claro que eres mujer!", justificaba y procedía a relatarle, presumiéndoselos un poco, sus viajes al norte, a Tijuana, a Sonora, a Chihuahua, a Laredo, a Los Mochis, sin un centavo en la bolsa. En Ciudad Camargo, para colmo de males, le entró fuerte la calentura y los rieleros que viven a la orilla de la vía le permitieron dormir en la puerta de su casa. Elena no se movía, parecía haber perdido la respiración y él le echaba encima del pecho la avalancha de sus recuerdos, los diversos oficios ejercidos, cómo sabía batir la mezcla porque le enseñó Casimiro el albañil, cómo fue soplador de vidrio en la fábrica de Hilario García en la colonia Vasco de Quiroga hasta que le empezaron a llorar los ojos de la infección, cómo había conseguido en la esquina de Balderas frente a la Ciudadela un terreno grande de casi una cuadra para la exposición y venta permanente de las artesanías y los que ahora vendían en ese sitio privilegiado ni siquiera sospechaban a quién se lo debían.

El Güero hacía énfasis en las anécdotas que más pudieran conmoverla, espiando su parpadeo, el movimiento casi imperceptible de sus labios. "Me fui al D. F. y todo mi equipaje era la ropa que traía puesta y una tilma que en aquel tiempo valía ocho pesos. Si por lo menos consiguiera un trabajo pasadero —pensaba—, podría comprarme una parada de ropa. 'Tengo deseos de ver mi cuerpo metido en un pantalón nuevo y una camisa sin remiendos ni hoyos.' Pero sólo conseguí trabajo de cargador en La Merced y los otros me gritaban: 'Hazte a un lado muchacho', 'Ahí va el golpe', 'Para esto no sirves, tú estás muy chamaco', 'Quítale lo chamaco, lo enclenque'. Me quitaban las cargas y por lo tanto la propina. Por fin logré reunir lo suficiente para comprarme un boleto de cuatro cincuenta a Cuernavaca y al bajarme del autobús vi una torta sobre un montón de arena y mientras esperaba el momento en que nadie me viera, un perro me la ganó."

—¡Dios de mi alma, qué vida la tuya!

A Elena le afligía pensar que mientras ella llevaba esa vidita apacible de su casa a la escuela, de la escuela a su casa, la del Güero fuera tan azarosa, tan expuesta a las cárceles, los aventones en tráiler y en cargueros, las heridas, la trampa mortal que para los pobres significa el hambre. "¿Sabes que también fui soldado?" Me fui a registrar a Camixtla, Guerrero y me metieron al tercer batallón de infantería. Yo lo que quería era sacar mi cartilla, porque sin cartilla, ¿cuándo consigues un trabajo medio regular? Allí se la compré al sargento encargado del reclutamiento y luego deserté unos días antes de que el comandante de batallón, coronel Jorge Cruz García y el mayor de infantería Juan Muciño Barrientos, comunicaran al tercer batallón que marcharían a la ciudad de Puebla a acabar con el movimiento de los lecheros."

La vida del Güero Medrano adquiría una rapidez desorbitada, de película pasada a toda velocidad por un cácaro descuidado, y a Elena le costaba trabajo seguirlo mientras él caminaba muriéndose de hambre en las calles del Distrito Federal, se dormía en una banca de jardín en Portales y la policía venía a sacudirlo: "Búscate otro sitio, mocoso", o en el piso de una cocina donde le permitían tirarse sobre una bolsa de cemento. Elena lo escuchaba muy quieta, los ojos muy abiertos y concluía en voz baja: "¿Así es de que mientras yo hacía mis notas de remisión, tú vivías todo esto?"

Orgulloso ante el efecto de sus palabras, el Güero contaba cómo había invadido sus primeras tierras, hablaba de Enedino Montiel, su maestro en eso de las invasiones porque no le pedía permiso a nadie para repartir las tierras de los ricos y expropió así las de un gringo llamado Stoner. "Hombres que luchan y ven por los pobres ya empieza a haber donde quiera" sentenciaba el Güero acordándose de Enedino Montiel, "ése no le pedía permiso a nadie, era bien enérgico". "Y ¿tú sigues su ejemplo?", inquiría Elena. "Así hay que ser con los poderosos, porque si no lo arruinan a uno. Si no quieres que se te monten hay que presentarse enojado desde el primer momento." El Güero había sido delegado en Puebla, en Tampico, acompañó a Danzós Palomino, a César del Ángel a la Costa Negra, trabajó de machetero en la Distribuidora de Alcoholes de Morelos; fue peón en el corte de la rosa, peón en la construcción, albañil en el Pilancón con el bueno de Casimiro y otra vez en el corte de la flor del cual lo corrieron por organizar a sus compañeros. También empujó un carrito de hotdogs por Cuernavaca. "Me gustaba la campanita", reía. Pero lo que más gusto le dio fue su viaje en avioneta al Palmar Chico con Rafael Equigua: "¡Qué cosita bonita es volar!" y cuando el subteniente en Palmar Grande le dijo: "Ve escogiendo la rama que más te guste para que te den tu colgadita, al fin que ya estás pagado" y el Güero le respondió: "La rama escójala usted porque a mí no me gusta ninguna", se lo llevaron preso. Los campesinos lo siguieron de la cárcel de Mayaltepec a la de San Pedro Limón, de San Antonio Rosario a Tejupilco. "Es más bonita la aventura que la plática, Elena, mucho más bonita la acción. En la CCI lo único que hacen es hablar y hablan bien largo, bien tendido, Danzós Palomino cree que dialoga pero en realidad el suyo es un monólogo interminable."

"También fui agente viajero, Elena, porque como la policía siempre me andaba localizando tenía que vivir a salto de mata y en uno de mis viajes a Ciudad Juárez usé mi pasaporte vencido para cruzar a Eagle Pass y pisar territorio norteamericano, en el cual nunca pude poner un pie como bracero. Pasandito la frontera, al conductor del camión de pasajeros se le ocurrió bajar a tomar café y me cayó Migración, pistola en mano, me esposaron y me llevaron a la cárcel. El interrogatorio duró 72 horas, me acusaban de ser contrabandista internacional por el sello de entrada a París en mi viejo pasaporte. Por fin me soltaron y me fui caminando bien golpeado; un niño me subió en su carretilla tirada por caballos, me llamó *wetback* y me regaló un peso. A veces en las situaciones desesperadas se encuentra uno gente buena. Los niños son buenos, los niños y los animales. De aventón llegué al D. F., tenía un cuartucho en la colonia 201 y mes tras mes, al regresar me encontraba a mi familia lanzada por retraso de pago, los muebles patas para arriba o casi despedazados en la banqueta. En aquel tiempo mi patrón era Hilario Rivas, el mismo que me echó después a la policía judicial". A Elena se le agrandaban más los ojos: "¿Tú en París?" "Sí, sí, pasé de regreso de China". "Pero ¿a París?" "Sí, ¿por qué te extraña tanto?"

En la noche, Elena se sentó frente a su máquina, tratando de sintetizar lo que le había dicho el Güero y las deducciones del maestro Pedro a quien siempre consultaba:

"El Güero es un aventurero, sí, lo ha sido toda su vida y lo sigue siendo. Su vida no es sino una larga sucesión de aventuras. Pero ¿qué otra cosa pueden ser los guerrilleros sino aventureros? Eso es lo que son. Se necesita ser muy loco y muy valiente, muy aventurero para no apegarse a nada, no desear nada para sí, y por ese mismo desprendimiento hacer que otros sigan, crean, se convenzan por el ejemplo. El ejemplo de la audacia, claro. Toda la vida anterior del Güero, su encarcelamiento en Los Ángeles, su

249

trabajo en la CCI, en la Asociación Guerrerense con Genaro, lo encaminan hacia su liderazgo en la Jaramillo."

—¿Así es de que a ti te interesan mucho los intelectuales, Elena?

—¿Por qué me dices eso?

—Porque todo el día corres a la escuela a escucharlos.

—No seas malo, Güerito, no me hagas el mundo feo cuando estoy empezando a verlo bonito. Pedro Tomás García y los demás maestros parecen saberlo todo y yo aprendo, aprendo.

—Pues yo no tengo nada que agradecerles a los intelectuales. Es más, toda mi vida han querido imponerme sus ideas, pero no me dejo.

A LOS CIEN METROS YA SE ESTÁN CAYENDO EN LA NOCHE

—¡Pero no puedes saber más que ellos, que han estudiado!

—De lo mío, sí sé... Te voy a contar lo que son los intelectuales, Elena, para que te des cuenta de que a la mera hora son puro cuento. El ingeniero Fuentes se esfuerza mucho, es una gente muy entera, lo admiro por íntegro, le tengo mucho apego, habla muy bien, pero no sabe siquiera reconocer los árboles en la noche.

—¿Y eso?

—Yo fui muy claro. Les dije a los intelectuales: "Si ustedes hablan de la guerrilla rural, lo primero que tienen que hacer es aprender a vivir en el campo" y les propuse un entrenamiento moderadito, me los llevé a lo fácil, no los metí muy adentro y ¡cómo padecían! Yo me condolía de ellos porque se les inflamaban los pies, les picaban los animales, les daba chorrillo, dejaban de comer, se acostaban en los hormigueros a tal grado que al ingeniero Fuentes hubo que bajarlo de la sierra todo picado de animales y amoratado por las caídas. Sin embargo no se dieron por vencidos, porque así son ellos, agarran una idea y están dale y dale hasta que aburren, no se les ocurre otra y en la siguiente reunión del PRP hubo quien propuso que otro contingente de citadinos saliera a las sierras bajo mis órdenes y francamente dije no, porque ya para entonces estaba harto de curar enfermos y bajarlos en literas a Cuernavaca. Yo se los dije muy claro: "Ustedes quieren hacer la guerrilla rural, entrénense, y si no pueden, déjenmelo a mí y a mis hombres". Un campesino en la noche sabe reconocer, no pues éste es un pájaro, ésta una piedra, éste un árbol, éste un animal aunque no se vea nada en lo oscuro. Pero

250

esos del PRP andaban a ciegas y yo me ponía a pensar: "Bueno, pues estos cuates, a los cien metros ya se están cayendo en la noche". Este entrenamiento con los intelectuales me dio mucho en qué pensar, mucho: "Pues ¿cómo? ¿Ellos proponen irse a la guerrilla y quieren dirigirla y a cada rato se caen? Pues ¿cómo? Eso no es posible. Estamos lucidos".

Si durante un tiempo la compañía de Javier Fuentes entusiasmó al Güero, las sesiones del PRP le recordaron a la CCI, las directivas de Danzós Palomino y las de los demás dirigentes a quienes siempre les tuvo rencor porque sentía que sólo querían usarlo sin pedirle jamás su opinión. Sin conocer a la gente, sin escuchar a los interesados, daban lineamientos a seguir. En la Asociación Cívica Guerrerense, al lado de Genaro Vásquez y César del Ángel, participó en varias operaciones, adquirió experiencia y cuando sintió que no tenían nada que enseñarle se separó. Podía olfatear qué lucha se ganaría, cuál no tenía posibilidad. Parecía un hombre humilde y sencillo, pero le importaba mucho dirigir la lucha. A su modo. A lo largo de toda su vida dentro del PC, la CCI, en el PRP, había obedecido las órdenes de los teóricos y sentía que las directivas no concordaban con su realidad, que nada sabían del campo ni de los campesinos.

—Cuando un dirigente sigue una línea errónea porque se la impone una organización más amplia pierde bases. Yo puedo funcionar dentro de un determinado sector: el campesino, en mi región: Guerrero, Morelos. Tengo toda la razón en no dejarme dirigir e imponer una línea. El que trae a los campesinos soy yo. No es que esté en contra de una línea nacional, pero en Guerrero nací, sé lo que quiere mi gente y cómo lo quiere. Si obedezco al Distrito Federal además de no permitirme autonomía voy a llevar a mi gente, "mi" gente, óiganlo bien, al fracaso.

El Güero recordaba con rencor cómo Fuentes y los intelectuales habían querido enviarlo a Yucatán —siguiendo el esquema de la guerra prolongada china— a hacer proselitismo y cómo se negó y lo amenazaron de expulsión.

—Pues dejo de militar pero no voy a ir a Yucatán. Allá ni son mexicanos.

—¿Cómo que no son mexicanos?

—Bueno, y aunque lo sean, no los conozco. No soy tan maje como para ir a meterme a un lugar donde no hay condiciones. Quiero permanecer en mi estado, llevar a cabo la lucha en mi terreno.

Entonces le habían advertido de modo estrictamente confidencial: "Es que va a estallar la insurrección en grande". Lo que estalló fue una bomba en el Distrito Federal que supuestamente se le cayó a un experto encargado de los explosivos, dueño de un negocio de radios y miembro clave del PRP. A partir de esa explosión empezó la cacería de todos los militantes del PRP y la prensa publicó que la Federal de Seguridad había descubierto un centro de subversión. Fuentes fue a dar a la cárcel con los demás teóricos y su ausencia resultó definitiva en la vida del Güero porque cuando vio descabezado al PRP tomó la presidencia y formó la ANOCE (Asociación Nacional Obrero Campesina Estudiantil) en Acatlipa, que habría de invadir las tierras de la Jaramillo.

LOS ESTATUTOS

—Ya que ustedes no pelean, por lo menos háganns los estatutos.

El Güero quería que la ANOCE tuviera sus estatutos. Conservaría algunos del PRP de años anteriores, pero fundamentaría otros. La ANOCE tenía que hacer un buen papel junto a otras organizaciones de izquierda; había que presentar una plataforma política, reglamentos, objetivos a seguir, un ideal como lo llaman. El Güero, en el aula principal de la escuela, se lo planteó como tarea a los maestros.

—A ver, a ver, siquiera sírvanos en eso de los estatutos. Tú, Pedro, me tienes que hacer bueno.

—Necesitamos hacer una investigación histórica.

—No hay tiempo para eso.

—Entonces vamos a seguir la línea zapatista.

—No, no, ésa no me interesa, está más vivo lo de los jaramillistas aunque Jaramillo no supo pelear como a mí me gusta. Se levantaba en armas y luego las dejaba y se volvía a levantar y otra vez a soltarlas, por eso López Mateos lo agarró desprevenido, no tuvo Rubén ni con qué responderle. Yo quiero responder con todo, con mis armas y con mis estatutos.

Si alguien quería demostrarle que los estatutos no podían hacerse a marchas forzadas, inquiría con irritación:

—¿Tú eres intelectual? Porque a mí los intelectuales siempre quisieron manipularme.

—Una plataforma política tiene que venir desde abajo, Güero, cualquiera de las organizaciones populares, la del Partido de los Pobres de Lucio, la Asociación Cívico Guerrerense de Genaro, se ha hecho así.

—No. Ustedes siéntense a redactar lo que les digo. Conozco bien la Asociación Cívica de Genaro y puedo asegurarles que todo se hizo sobre la marcha. Presumen de ser el partido de los pobres, del pueblo, ésa es una bonita pretensión pero no es real. Lo que yo necesito es una plataforma para competir con los demás; quiero principios contundentes para imponérselos y que no me tapen mi monte. Ustedes conviertan en tesis lo que les estoy diciendo.

AL GÜERO EL GOBIERNO LE ESTABA PISANDO LOS TALONES

"El Güero —asienta el maestro Pedro Tomás García— era un magnífico dirigente, con un poder de convencimiento absoluto, persuasivo y sensible al hablar como no he vuelto a encontrar otro, pero no sabía manejar ideas en abstracto. En los últimos tiempos estudiaba mucho, leía, se quería aprender los libros por voluntarismo y en realidad ya no tenía tiempo para entenderlos. El gobierno le estaba pisando los talones. Era ya un jefe, no podía ponerse a estudiar desde el abc en lo que se refiere a lógica, historia, economía, quería entender las cosas ya, ahora mismo, y el ingeniero Fuentes no supo allanarle el camino. Si algo tiene el intelectual es el método, el rigor mental para seguir un hilo de pensamiento, analizar los acontecimientos de modo objetivo para dárselos a entender a otro. Al Güero no le enseñaron lo que tiene de válido, como método científico, el método marxista, nunca le dieron idea alguna de la historia o del proceso histórico y por lo tanto sus conocimientos no podían ir muy a fondo, y él consciente o inconscientemente sentía rencor por aquello que no alcanzaba a comprender y pensaba que le estaban escamoteando un objetivo que finalmente él no veía y cuya existencia no sospechaba siquiera."

Cuando llegaba a la ANOCE una comisión de maestros y estudiantes y exponían tácticas a seguir, dirigiéndose a él, todo salía bien, pero si por alguna razón hablaba de algo que creían que él no iba a entender y buscaban ¡qué bárbaros! el apoyo de Pedro Tomás García colando dentro de la conversación un "¿verdad maestro?", como diciendo "usted que sabe", el Güero se ofendía y del coraje empezaba a maldecir: "¡Catrines, hijos de su tal por cual, rotos, hijos de su mal dormir!" En una ocasión, cuando el maestro Pedro Tomás García le dijo: "No, pues es que yo soy maestro", el Güero creyó que le estaba presumiendo, se ofendió mucho y lo puso en su lugar. Le habló amenazante de las purgas chinas. Cada vez que pensaba que lo despreciaban esgrimía esas famosas purgas chinas, de cómo habían eliminado a tales o cuales chinitos ojetes disidentes, al Chu éste y al Chu aquél y al Chu no sé cuántos, añadiendo dos o tres leperadas.

INTERCAMBIO CON LOS HERMANOS CHICANOS

—¿Y los estatutos, qué?, ¿todavía no están?

—Es que hemos querido darle una concepción de conjunto a la lucha en México, Güero. Hay que rescatar la tradición zapatista uniéndola con el jaramillismo y todos los movimientos independientes de la región...

—Pero ¡qué lentitud! les dije que tenía prisa.

—Sí, también hiciste hincapié en que la función de los que no estábamos en la lucha armada era hacer los estatutos.

—Pero si ya tenían un bolón de papeles —se siguió de largo el Güero, ignorando al maestro Pedro—, yo les di toda la bola de papeles.

—Sí, los estatutos del PRP, y hemos renovado, actualizado los de la antigua organización; utilizamos los que ya eran parte de la plataforma del PRP y consultamos varios documentos...

—Pues ya no sigan consultando y échenselos de una vez que voy a tener una reunión en Chilpancingo —interrumpió el Güero.

—Casi hemos terminado, ya nada más falta que Elena los pase a máquina.

—¿Y qué tiene que ver Elena en esto? —respingó el Güero desconfiado.

—Es la secretaria ¿o no?

Apenas tenía un momento libre, Elena cruzaba el camino polvoso que separaba la oficina de la escuela. Regresaba con los ojos brillantes, contenta: "Les están enseñando matemáticas por conjuntos, el maestro Pedro hasta compró plátanos y tunas y es bien bonito aprender así la aritmética. A mí tanto que me aburrió siempre", o exclamaba emocionada. "Yo quisiera ir a ayudar, les van a dar clases en la noche a los adultos, bueno a todos los que deseen aprender. Dice el maestro Pedro que va a haber un intercambio con los hermanos chicanos que están muy interesados en el proyecto, ellos van a mandar un grupo y otros van a ir allá a que les enseñen el inglés. ¡Ah cómo me gustaría aprender inglés! De veras que el maestro Pedro está construyendo una nueva sociedad. Quisiera ir a clases tan sólo por escucharlo, habla tan bonito".

El Güero recordaba con resentimiento la respuesta del maestro cuando le propuso entrar a la guerrilla: "Está bien, esa parte de la revolución es necesaria y si tú la quieres hacer así, adelante, pero nosotros los maestros vamos a seguir la lucha como la entendemos". "Entonces ¿no vas a entrarle?" "No, yo soy un educador, no un guerrillero. También educando se propicia el cambio social." Primero, el Güero no había bajado al maestro de pinche maricón, se lo repetía a sí mismo, pero después al rumiar su respuesta sintió rencor. Él, Pedro Tomás García, sí podía educar, enseñar a los demás, en cambio él, el Güero, sólo podía levantarse en armas. Seguía siendo el niño que llora de rabia dentro de la zanja, su Magnum escondida bajo el cuerpo. "Pinche maricón, pinche mariconcito." Y ahora resultaba que Elena lo buscaba a todas horas, lo consultaba por un sí y un no, se levantaba de su máquina como resorte y cruzaba la calle como iluminada y, cuando el Güero inquiría a dónde había ido, respondía un poco enervada: "Fui a preguntarle al maestro cómo se escribe acechanza". "Pues ¿que no tienes diccionario?" "Sí, pero me tardo más." Al Güero se le apretaban las tripas del coraje.

Para acabarla de amolar, el Distrito Federal cada día cerraba más el cerco y los ultimátums de Gobernación se hacían más frecuentes.

"O TE ALÍNEAS O TE LIQUIDAMOS"

También era experto en invasiones Humberto Serrano, compadre del Güero. Juntos tomaron algunas decisiones. Serrano asesoró a muchos paracaidistas en el Distrito Federal y varias veces vino a la Jaramillo a pedirle al Güero su opinión. Había sido padrino del hijo del Güero y le dio una gran fiesta en la colonia. (Tres años más tarde, provocaría la caída de Julio Scherer García y de su gente al dirigir la invasión de los terrenos de la Taxqueña, propiedad de *Excélsior*.) Cuando se hizo importante, Humberto Serrano mandó en su representación a su esposa, que traía recados conminatorios de Moya Palencia. La señora ("una mujer muy pretenciosa, muy gritoncita" la describe el maestro) habló con Pedro Tomás García y los demás profesores para que ellos "que tenían cabeza" influyeran en el ánimo del Comité de Lucha; decía que las condiciones que ofrecía Gobernación eran buenas, que el régimen de Echeverría se preocupaba por el pueblo y que había voluntad de resolver los problemas de los colonos. ¿Voluntad? Desde la visita del ingeniero Mares, muchas de las promesas habían volado como palomas, no se cumplió ni con la reparación de las bombas, la reforestación de la colonia, la repartición del agua. Aquella tarde de gloria, los representantes del gobierno afirmaron que mientras no hubiera agua potable enviarían seis pipas diariamente, de las cuales primero llegaron cinco, después cuatro, luego dos y en los días que siguieron ninguna. Moya Palencia mandaba decir a los líderes de la colonia que debían actuar legalmente, canalizar sus inquietudes políticas dentro de alguna organización política afiliada al PRI, o si no empezaría la represión. Era un ultimátum: "O trabajas con nosotros o te liquidamos". En ese tiempo Humberto Serrano todavía tenía más o menos buena reputación. Al poco tiempo lo hicieron diputado, entonces quedó confirmado que se había pasado al otro lado.

Ante la negativa del Güero a las solicitudes de la esposa de Serrano, el gobierno lo fue copando: detenía y encarcelaba a la gente de la Jaramillo, la presión era continua. Evitaría hasta el último momento, eso sí, un enfrentamiento armado con ese loco porque no quería provocar una matanza, pero ahora sí, la lucha era a muerte. Todavía el licenciado Carlos Fernández del Real hizo una gestión, a instancias de Micaela, para sacar al Güero del país, y Ojeda Paullada se comprometió a cuidar su integridad física, pero el Güero no aceptó. Le quedaba un último recurso. Un día lo había dicho señalando los techos de las casuchas de la colonia: "No crean que *eso* vaya a ser mi único destino. Ni que fuéramos qué."

SE INICIA LA GUERRILLA DESDE LA JARAMILLO

Si las acciones armadas del grupo de Genaro Vásquez Rojas datan de 1968, las del Güero Medrano se inician a fines de 1973 en que llevó a cabo varias operaciones en espera del asalto a la cárcel para liberar a Fuentes y a su gente. Vásquez Rojas, condenado a treinta años de cárcel, había sido detenido en la ciudad de México en noviembre de 1966. El 22 de abril de 1968, según la revista *Punto Crítico,* fue liberado por un comando armado que encabezaba Roque Salgado, quien murió en la acción. Vásquez Rojas, al mando de una docena de hombres, pudo internarse entonces en las montañas y organizar la Asociación Cívica Guerrerense. El Güero Medrano jamás llevó a cabo el rescate de Fuentes porque lo agarró el ejército. Pero entre tanto fundó la Jaramillo, que aún subsiste y les dio tierras a diez mil personas, repartiéndoles mil quinientos lotes de doscientos metros a cada uno.

Las acciones hicieron que el Güero se ausentara de la Jaramillo y aunque esto sólo lo sabían los cuadros, los demás lo resintieron. Al acudir a las reuniones se tiraban el chasco: "El Güero no está". "Quiero verlo", "Pues no se puede, fue a un mandado", "Cómo que no se puede", "Lo están escondiendo", "¿Por qué me lo niegan?", "No se encuentra en la Jaramillo, de veras". La gente se hacía cruces. El ánimo fue decayendo, los que asistían a las reuniones lo hacían forzados y cuando les tocaba aplanar calles o levantar bardas iban de mala gana, a empujones. Si al principio todos cooperaron con tal de que no les quitaran su lote, ahora les parecía mal todo lo que habían aceptado. Se juntaban en grupos para manifestar su inconformidad.

—¿Qué es eso de que los lotes sean patrimonio familiar?

—Yo quiero mi escritura.

—Están escrituradas las tierras, sí, pero ¿a que no sabes a qué nombre? Al del gobernador.

—El patrimonio familiar no puede venderse, rentarse ni traspasarse, a eso nos comprometimos cuando nos apuntaron en la oficina. ¿Qué no leíste el papel?

—A mí si no me escrituran mi lote, de pendejo les hago su cochina faena.

—Yo tampoco voy a ir a la fatiga ni a la vigilancia.

—Que se pudran.

El primero en renegar fue el lumpen que había entrado cuando el Güero mandó abrir grandes las puertas, dizque para crearse un prestigio, dizque para que los estudiantes divulgaran su lucha, iluso, el Güero, iluso, pobre. Muchos mañosos tenían lotes en otras colonias como la Azteca, la Antonio Barona, la Satélite, la Lomas del Carril y al ver que no podían negociar con su terreno de la Jaramillo protestaban:

—Si este lote no lo puedo vender ni rentar, al carajo.

Al Güero las voces le llegaban en sordina. Más bien oía lo que quería oír, la Jaramillo había quedado lejos. En la noche cuando regresaba, escuchaba los sonidos del pueblo, veía los agujeros negros de algunas casas que sólo eran eso, agujeros negros, los cartones mal ensamblados que cobijaban cajas mal amarradas, y se seguía de largo. Antes hubiera dicho: "Mateo, siquiera ponle allí un náilon que se te van a meter los animales", o "cambia el cartón" o algo, pero ya no le importaba. Las calles estaban sucias, las banquetas demasiado estrechas, sólo se podía caminar por ellas en fila india, y el Güero ya no reaccionaba. Antes hubiera pensado: "Voy a proponer en asamblea que ensanchemos la banqueta", o "Mañana busco al Chente de Salubridad y a Gelasio de Organización y Propaganda para que lancen una campaña de limpieza". Ahora su prisa era otra.

En un principio, cuando denunciaban en el Comité y Elena apuntaba diligente: "Pues fíjese que Anacleto Peralta tiene terreno en la Antonio Barona", el Güero enojado aseguraba: "Vamos a hacer una investigación, como las que acostumbraba Enedino Montiel". Pero había tanto trabajo que lo fue dejando. El maestro se lamentaba: "La colonia se está llenando de vivales; te estás rodeando de la pura escoria". Las calles se veían mucho más llenas de gente que se la pasaba recargada en los postes, chanceando, viendo a ver qué. "¡Qué tíos! ¿Para qué queremos a esta punta de huevones?" Como no tenían que levantar su casa puesto que la habían construido en otra colonia, estaban allí nomás de balde. O en la grilla. Se metían a la oficina a esperar al Güero y todos los días lo acompañaban en la colonia a las distintas faenas, andaban con él allí pegaditos, nomás hablando, grille y grille, y cuando el Güero se ausentaba, se quedaban allí parados. "Estamos esperando a que regrese el Güero." No les daba vergüenza, al contrario muchos de ellos se ofrecieron como representantes de la colonia. Así, uno de los cincuenta y siete delegados de manzana resultó policía, dueño además de un rancho y de tierras en Ahuatepec. El mismo Güero fue a presentárselo a los colonos de la manzana 35, acompañado de su escolta:

—Aquí tienen a su delegado, Narciso Solares.

Además del bolón de gente, al Güero lo seguían sus empistolados. Dos guaruras permanecían frente a la puerta de su vivienda. "Mira la casa del Güero —decían—, allí está la guardia." Desde el encarcelamiento de Aquileo el Güero había cambiado. Necesitaba como mucha gente, como mucho ruido a su alrededor. Decía el licenciado Miguel Buendía que pronto lo sacaría libre, sí, pero ¿cuándo? Al Güero le hacía falta para iniciar la acción en grande. Sólo Primo seguía siendo el mismo hombre, afable y bondadoso.

NOS DABA REQUETE HARTO GUSTO VER A LOS CUATES ARMADOS

"En la colonia veíamos a muchos cuates armados —dice el albañil Pánfilo Narváez— y eso nos daba requete harto gusto porque siempre ha sido al revés, la policía vigilándonos y nosotros bocabajeados, las manos vacías. Pocos sabíamos que los del Comité de Lucha estaban operando desde la colonia. De todos modos nos satisfacía la idea de la revancha; los pobres ganándoles a los uniformados."

Aunque abiertamente la ANOCE sóio era una asociación de obreros, campesinos y estudiantes, los treinta miembros del Comité de Lucha recibían entrenamiento guerrillero, estudiaban maoísmo, la concepción de la guerra prolongada. El Canario, el Cacarizo, el Chivas Rigal y tres o cuatro más se sabían algunos pasajes de memoria y funcionaban con ordenamientos simples pero efectivos. Dentro de la organización había gente de Morelos y de Guerrero, diestra en el manejo de las armas, entrenadas en la sierra por el mismo Güero, algunos incluso habían estado en la Brigada de Ajusticiamiento del Partido de los Pobres, y además de aguantadores conocían la región.

SI NO MUEREN EN UNA ACCIÓN DE TODOS MODOS VAN A MORIRSE DE HAMBRE

Elena miraba al maestro con un orgullo que hubiera querido compartir con el mundo entero. "A mí nunca me ha mirado así", pensó el Güero. Por si esto fuera poco, sabía que en un momento dado Elena metería al maestro entre los dos. "Es que tú tienes mucha prisa —le decía Elena adelantándose a su pensamiento—, siempre estás forcejeando contigo mismo. El maestro me mete en un ritmo que lo hace todo comprensible. Me siento bien. Me gusta ver su cara y cómo se le mueve, cada día se me aparece nueva, inesperada, no sé como la combina que veo sus cejas en relación a sus manos, su boca en función de sus ojos, ligada a su mirada en el momento en que pronuncia tal o cual palabra y esas mismas cejas se expanden cuando sonríe." Elena se animaba. Muchos hombres, sobre todo los que se escuchan a sí mismos, no lo ven a uno cuando hablan, miran de frente, se echan largas peroratas dirigidas a un punto en el vacío sin necesitar a nadie. Por eso platicaba más con Pedro de sus cosas, porque retomaba el hilo de la conversación anterior con una réplica exacta de su última frase como si se le hubiera quedado pegada al cuerpo, prendida en alguna parte del cerebro o quién sabe dónde. En cambio al Güero lo sentía como un peso que quería aplastarla, exigiéndole siempre, exigiéndole su vida. Más que nada su relación la dictaban los celos. ¿A dónde fuiste? ¿Con quién estuviste?, y esto la inhibía, no quería que él se apropiara de todo, de sus anhelos ligados por lo demás a los del maestro de escuela.

—Creo que el maestro de la vida lo sabe todo —murmuraba.

—¿Y yo? —rugía el Güero.

259

—Tú más, Güero, tú más, pero el maestro es más viejo y yo me les quedo viendo a los viejos para ver qué tanto han vivido o qué tan poco, cuántas horas reposan dentro de ellos y se les han amontonado. Me gusta mucho la quietud en los ojos de los viejos —luego bajaba aún más la voz—. A veces me duelen los ojos, me duelen las sienes, me duele el cuerpo de estar tan alerta.

Lo que no decía Elena es que a ella el Güero, desde un tiempo para acá, le parecía una especie de caricatura. Se exaltaba tanto que todo en él era una distorsión. En cambio el maestro estaba bien dentro de su piel, dentro de su tiempo. No se alteraba. A Elena le daban miedo las armas.

—He visto a gente llenando cargadores. ¿A qué están jugando?

—¿Cómo vamos a estar jugando? Si acaso es juego, en éste nos jugamos el pellejo.

—Pero no es constructivo, Güero.

—Estás citando a Pedro.

—Es que no lleva sino a la muerte.

—¿Y qué? Todos nos vamos a morir un día.

Todavía resonaba en sus oídos la respuesta del Güero cuando se había preocupado por la suerte de cinco compañeros enviados a una acción.

—Pues sí, es arriesgado, pueden perder la vida. ¿Y qué? Si no mueren allí, de todos modos van a morirse de hambre.

—Pero ¿cómo se puede arriesgar a la gente?

Él arriesgaba a la gente y aceptaba la muerte de otros y la suya con mucha facilidad. Los exponía a todos: "Si no se mueren de eso, se van a morir de hambre".

CUANDO LA VIDA NO VALE NADA, NO HAY MIEDO A LA MUERTE

Elena escribió en su cuaderno escolar (ya era el segundo, porque el otro lo llenó muy pronto con una letra nerviosa, apretada). "El Güero ha visto muchas muertes; así ha sido toda su vida de activista y de promotor campesino, de invasor de tierras. Ver muertes. Para él, dos o tres muertes no importan. Para el Güero, como para los de Morelos, los de Guerrero la vida no vale nada o casi nada. Hay que luchar por ella, sí. Pero hasta allí. De todos modos, la muerte viene muy pronto porque se la buscan. A mí me da miedo que la gente se muera, y eso para el Güero no tiene ningún valor. A mí me enseñaron que a la gente se le protege, y él los suelta a todos. A ver de a cómo les toca. Cada vez que le digo: 'Pero Güero, ¡aquí se pueden morir estas gentes!', responde: 'Bueno ¿y qué?' Entonces ¿para qué la lucha por la tierra, por la vida, si va a terminar mandándolos al matadero? Fui a preguntarle al maestro y me dijo que la gente de Morelos y de Guerrero es muy pobre; como nada tiene que perder, tampoco siente miedo a la muerte. En otros estados la gente es más conformista, fiel al esquema de la familia, la propiedad, y le resulta difícil aceptar su pérdida. En Guerrero no, en Morelos tampoco; el hambre les ha deformado la vida o lo que creen ser la vida. No la aman. Es en Guerrero donde nace la costumbre de mandar matar al enemigo y el privilegio no está reservado sólo a los ricos. Basta conocer a los pistoleros. Una mañana el maestro esperaba hacer uso del único teléfono de la Jaramillo y oyó a una mujer de Guerrero, bajita, morena, de dientes de oro y pelo crespo decir que 'había que llamar a Rodríguez para que acabara con todo porque ella ya estaba hasta el gorro'. Con autoridad repetía en la bocina que de una vez por todas iban a quitarse de encima al fulano ése. El Güero tampoco se tienta el corazón. No le preocupa que unos y otros mueran en una acción. Lo considera como una baja en sus cuadros. Y dice: 'Dénlos de baja en las listas'. Lo único que le molesta es el encarcelamiento de Aquileo Mederos Vásquez porque le hace falta. Lo demás le vale.

"O a lo mejor, la gente no cree en la muerte. Son muchos los campesinos que aseguran haber visto a Zapata atravesar el monte en su caballo blanco. 'Zapata vive pero sólo lo vemos los del sur porque sabemos reconocerlo, si nada más el otro día se lo encontró Estefanía como a tres metros y medio, de aquí al huamúchil que se ve esquinado, ese que da frutitas blancas'. Insisto sobre un tema que me destantea. ¿Por qué creer vivo a alguien que está muerto? ¿Por qué no se enfrenta la gente a la realidad? ¿Por qué todo se transforma en ilusión o corrido? El maestro me dice que muchos esperan la Revolución y que para ello necesitan creer que Zapata está vivo. La gente sigue esperando, sí, pero el coraje es cada vez mayor."

Otro día:

"Al principio como no sabía mover las piedras ni cargarlas me destrolongué la espalda y anduve un mes adolorida. Pero después le encontré el modo, supe hacer palanca y yo misma levanté el muro de mi tecorral. Lo mismo pasó con el agua. Sola la acarreo. No hay nadie quien me ayude ni me gustaría pagarle a alguien para que hiciera los trabajos que me desagradan o no puedo hacer. Desde que me mudé a la Jaramillo (porque todo el sueldo se me iba en camiones) yo misma he aprendido a acarrear agua, hacer mezcla, juntar ladrillos, fumigar el techo de palma, tapar las goteras con lámina y chapopote. Todavía les tengo miedo a los alacranes, pero creo que es a lo único. Lo que más me gusta es enjarrar los muros con lodito hecho de tierra y hierba porque en la noche huele a tierra, a agua y a hierba fresca. Procuro que el agua siempre esté limpia y al lodo le meto puñados de hierba para que agarre. Todo lo hago yo y me gusta muchísimo; claro, tengo que levantarme temprano para que me alcance el tiempo y no fallar en la oficina. Quizá lo que más me gusta es sembrar porque me encanta ver nacer pero sembré tarde el frijol y este año se me quemó. El año que entra lo sembraré a la hora; en la mañana tomo elotitos tiernos, frescos, de los que yo misma sembré y me da rete harto gusto ver mi milpa tan maciza."

LO PRIMERO QUE HACE UN CAMPESINO DE MORELOS CUANDO SE LE HABLA DE LUCHA POLÍTICA ES PREGUNTAR: ¿DÓNDE ESTÁN LAS ARMAS?

Cuando el maestro Pedro llegó de Pachuca para fundar su escuela nueva en la Jaramillo, ya había viajado por la República y siempre le impactó la violencia de Morelos, la de Guerrero.

Lo primero que hace un campesino de Morelos cuando alguien de fuera habla de lucha política, ya sea del PC, del PMT o del PRT, es preguntar:

—¿Dónde están las armas?

Cuando el maestro Pedro contestó que no las tenía el campesino se alzó de hombros.

—Entonces, lo que andas diciendo no sirve.

El maestro planteó en la Jaramillo la urgencia no sólo de la escuela para los niños sino de las reuniones de padres de familia en la tarde, la participación de los adultos, la junta de mejoras, la asociación de vecinos. De allí saldría la guardería, el costurero, la adquisición de dos maquinitas de coser Singer, la vida comunitaria.

—Otra vez nos van a pedir, murmuró una atribulada madre de familia.

Pero para su sorpresa, Pedro Tomás García se indignó:

—Ya basta de maestritos trajeados que sólo trabajan por el sueldo. Basta también de exigirles a los niños que vengan de uniforme, que los padres les compren útiles, que cumplan con cuotas y colaboren en gastos escolares cuando se están muriendo de hambre. Aquí les vamos a dar papel y lápiz. ¡Basta de ropita buena, no es a la ropa a la que vamos a educar, es al niño! Nosotros ni siquiera les pedimos que vengan limpios, que vengan como puedan. Queremos ligar la escuela a sus necesidades, hablarles del jacal en el que viven, la tierra en la que van a sembrar, la fosa séptica que hay que cavar en común. No queremos enseñarles cosas que jamás podrán aplicar a su vida real.

Aún así desconfiaban. Epifanio volvió a lo de siempre.

—No, no, la única forma de enfrentarse al gobierno es con las armas.

—Tenemos que preparar a la gente, educarla para luego darle formación política.

—No, eso no, para eso no tenemos tiempo.

Si el maestro les hablaba de concientización, gritaban:

—Eso ya lo sabemos.

O de plano, interrumpían:

—A ver tú ¿cómo vamos a quitar al gobierno? ¿Cómo? Nosotros lo que queremos es ganarle. Tú dinos cómo, maestro.

Los campesinos saben que les va mal, no quieren que les asesten la llamada concientización, buscan un plan concreto, una acción armada. Y eso no sólo en la Jaramillo, en todas las colonias, en todas las zonas pobres del sur. Así, desde su primer viaje, el maestro se enfrentó a una realidad que no sospechaba. En la noche se repetía con alarma las palabras de los campesinos, la forma en que le reclamaban. ¿Crees que somos tontos, o qué? Dinos cómó vamos a luchar si es que lo sabes. Traes armas ¿o qué? Si las traes dánoslas y después nos dices cómo.

SIENTEN QUE POR FIN VAN A DESEMPEÑAR EL PAPEL HEROICO QUE LES ASIGNAN LAS CANCIONES RANCHERAS

Del cuaderno de Elena:

"Piensan que van a desempeñar el papel heroico que les asignan las canciones rancheras y convertirse en un legendario personaje de corrido y ¡eso no es cualquier cosa! Si el Güero no permite el alcohol en la Jaramillo, afuera sus cuadros son unos galanazos, se pasean por Acatlipa, Temixco, Amatepec imitando a los charros, acinturando a las mujeres, guitarra en mano. Todos se sienten una mezcla de Lucio Cabañas y de Chucho el Roto, de algo muy bonito, como las canciones rancheras que hablan de Lucio Blanco o Valente Quintero o Margarito Flores o algún héroe popular que andaba borracho en la cantina y le fueron a avisar a los federales que vinieran a apresarlo y como era muy valiente no se dejó y a Rosita nomás tres tiros le dio. Llegar a conformar el personaje de las canciones, de las películas, muy macho, mujeriego, jugador y parrandero, es su ideal y de alguna manera el Güero le tira a lo mismo; tiene una mujer aquí, otra allá y luego todavía le da tiempo de andar por acá viendo a ver qué."

NO HAY QUE IRSE A LA GUERRILLA SÓLO PARA SER LOS PRIMEROS

Cuando vio que la gente del Güero empezaba a andar ostentosamente armada: "Están chalados ahora sí", el maestro habló con el Güero a pesar de que últimamente todos sus intercambios desembocaban en la cólera.

—No es bueno que roben los coches y los metan a la colonia, no es bueno que anden enseñando las armas, si de veras quieren hacer la revolución háganla bien.

Siempre hubo madrinas, orejas, soplones, infiltrados, vaya. Cualquiera que llegaba haciéndose el valiente era bienvenido, sin preguntar su origen, ni siquiera sus intenciones, no había el menor cuidado en escoger a la gente. Algunos sólo buscaban pertenecer a una banda: la mayoría eran hombres solos. Solos y desesperados. Porque la soledad desespera. El hecho de que la policía no pudiera pisar la Jaramillo hizo que dentro de la colonia se refugiaran los que habían cometido delitos en Cuernavaca y en otros pueblos, y la misma impunidad los envalentonaba. Por otra parte, el Güero recibía a un agente de gobernación y cuando éste llegaba sacaba a todos para afuera, incluyendo al maestro: "No quiero a nadie presente". Allí el Güero era el jefe, nadie discutía sus órdenes, tenía el mando y la palabra, tenía "la línea", la detentaba y al que no le parecía, para afuera. Una sola frase suya bastaba para nulificar. Con que sólo dijera: "El compañero se está desviando", lo dejaban volando, sin bases de apoyo. Para todo sacaba el Güero su amenazadora: "Acuérdate de Liu Shao-chi que fue purgado...". Eso sí, se podía criticar en asamblea, pero que el Güero lo tomara en cuenta, era otra canción. Además, tenía un celo tremendo de su autoridad, quería estar enterado de todo. Vigilaba que se hicieran las faenas, la compra, en fin era el presidente del Comité de Lucha de una colonia invadida y presionada desde fuera, que tenía muchas cosas que cuidar. La misma pasión que puso en la primera etapa de la Jaramillo, la puso en la lucha armada. Pero no se le podía contrariar: "O aceptan o se largan". Pedro Tomás García no anduvo pregonando la insurrección ni la salida de la Jaramillo, pero muchos colonos cerraron su casa y se fueron retirando: "Aquí se va a venir una represión brutal y van a barrer con todos". El maestro lo había discutido con el Güero:

—No hay que irse a la guerrilla sólo para ser los primeros. Andar en la sierra y ser perseguido nomás por el puro mito, sin tener bases, es suicida. Estás llevando a la gente a su muerte.

—¿Y tú de qué te preocupas si te vas a quedar en la colonia? Pasa la represión y sigues trabajando en tu escuela, agrandándola, al cabo dices que ése es tu entrenamiento revolucionario. La gente que me sigue lo hace porque está convencida, no porque yo la esté obligando.

—Aun si las condiciones de miseria y de opresión son terribles, aun así no garantizan una revolución. En la Jaramillo yo no veo las condiciones, simplemente no las hay, Güero.

A pesar de ser uno de los más acelerados, Felipe Sánchez Lima de *Punto Crítico* le dijo al Güero: "Pues yo no me voy". A la mera hora se dio cuenta de que no sólo no había posibilidad de triunfar sino que ni siquiera las había de sobrevivir.

LA MUERTE DEL HERMANO DEL GÜERO

El Güero ordenó que saliera el contingente a las órdenes del Primer Comandante de las Fuerzas Armadas de la Colonia, su hermano Primo; dieciocho gentes amontonadas en tres coches, entre ellas el Secretario General Campesino y el Secretario General Estudiantil cargados de mochilas y la cajuela repleta de armas. Al día siguiente, los que pudieron escapar regresaron de a uno por uno, golpeados y empavorecidos y contaron que en el camino (ya habían pasado por Nanche Dulce, Lagunillas y Laguna Seca, en donde sus coches se atascaron en brechas enlodadas) decidieron desayunar en Tepecuacuilco, Guerrero, y en la fonda les dijeron que no alcanzaba para todos y que mejor fueran al mercado. "Miren nomás cuánta gente." Como eran muchos se distribuyeron en distintos puestos pero por lo visto los seguían porque a los pocos minutos de haberse sentado los rodearon ocho policías municipales: "¿Ustedes son los que vienen de Laguna Seca?" Quisieron cacharlos y cuando les ordenaban a los del primer puesto que levantaran las manos, los otros guerrilleros encañonaron a los municipales y allí mismo se armó el zafarrancho. No quedó otra que salir huyendo. Los alcanzaron, les balacearon las llantas, hirieron a un estudiante en una pierna mientras otros se desperdigaban por el monte y policías motorizados y un destacamento del ejército de la XXV Zona Militar perforaron de un rafagazo de ametralladora las llantas del único coche que logró encender el motor. Detuvieron a siete, entre ellos a dos mujeres, una embarazada. Cuando Primo iba a sacar su ametralladora de la cajuela le dieron en la espalda y cayó allí mismo, muerto.

Los que alcanzaron a huir, le dieron la noticia al Güero. Entonces mandó echar los tres cohetes y salió al barandal de la oficina con su M1 en la mano y la bandera de México con la efigie de Rubén Jaramillo en la otra y les dijo que había muerto en acción el Comandante Supremo Primo Medrano Mederos, compañero de lucha que velaba por la seguridad de todos en la Jaramillo.

—Compañeros, hagamos que nuestras voces se oigan más allá de las fronteras, no es el momento de llorar sino de vengar a los caídos. Hermano, tú no has muerto, vivirás para siempre en nuestros corazones. Hermano, quien grita vive contigo. Hermano, quien protesta vive contigo. Hermano, vamos a vengarte.

"Primerititamente aquí nos hemos esforzado por formar un pueblo nuevo, de casi quince mil personas, pero no nos dejaron; quieren que seamos siempre basura, bestias de carga. Nosotros los pobres sólo entendemos lo que vemos y vivimos, no lo que vienen a contarnos, entendemos lo que nos pasa diariamente y lo que nos pasa en la Rubén Jaramillo es horrible.

"Sabemos que somos la mayoría de los mexicanos, pero sobre todo estamos consciente de que somos lo mejor de la humanidad porque somos la clase trabajadora. Por eso triunfaremos, compañeros. Esto que comenzamos aquí, otros vendrán a terminarlo mejor de lo que hasta ahora ha sido. Algunos no lo veremos, pero será ¡seguro que será! Ahora nosotros no luchamos por un lote de doscientos metros, sino por uno más grande que se llama México."

Y volvió a repetir con el fusil y la bandera en alto:

—¡Ya no luchamos por un lote de doscientos metros, luchamos por uno más grande que se llama México!

A los colonos no les dio tiempo de llorar a Primo porque se precipitaron los acontecimientos. Dice la gente de la Jaramillo que el viejo de las muletas, oreja de gobernación, le dio aviso a la policía de que ahora sí, podían agarrar al Güero sin que se les fuera porque estaba esperando el cuerpo de su hermano para rendirle homenaje y sepultarlo en el Cementerio de la Jaramillo, pero días antes el ejército vino a acuartelarse a Acatlipa, y al verlo, todos pensaron que sólo era cuestión de tiempo.

LAS GOLONDRINAS

Las corazonadas del Güero en cuanto a su persona fueron casi siempre infalibles y en cualquier momento tuvo la capacidad de escabullirse sin hacerse notar. Tenía años de conocer a quienes lo perseguían; siempre fue hábil, así es de que supo, por uno de esos pálpitos, que había llegado la hora. Claro, tenía sus bases de apoyo, como lo recomienda Mao, su estrategia trazada y un grupo campesino lo aguardaba en la sierra para con él tomar otro poblado y luego otro e ir conquistando terreno dentro de la táctica de la guerra prolongada. El Güero les advirtió a sus cuadros: "Estos compañeros tienen meses esperándonos y van a cansarse o a lanzarse solos, en todo caso nos van a dar la espalda. No puedo ahora rajarme".

A los dos días de la muerte de su hermano Primo, ya muy avanzada la noche, el Güero entró al jacal de Pedro y al verla se detuvo en seco:

—Debí imaginarme que te encontraría aquí.

No hacían sino mirarse a través de la mesa cuadrada, una de cuyas patas se apoyaba en un ladrillo.

—Debí haberlo imaginado.

Pedro dejó de mirar a la muchacha para verlo a él, armado, sin sombrero, delgado, las botas bien amarradas. Curiosamente, a pesar de su M1 se veía muy vulnerable.

—Y tú, ¿qué haces aquí a estas horas?

La mujer no contestó.

De pronto el Güero adquirió un aspecto humilde, derrotado. Repitió:

—Ahora sí ya me voy. Vine a despedirme.

Pedro guardó silencio.

—Pensé que estarías dormido y tendría que sacudirte.

Muerto Primo, ¿ya qué más daba? El Güero evitaba mirarla a ella. ¿Qué podía importarle ya? Su voz sonó opaca:

—Ahora es cuando se inicia la lucha, te encargo a la Jaramillo, cuídenla, no la abandonen.

—Yo me voy contigo —se levantó Elena.

Años más tarde, el maestro recordaría que esa noche había sido una de las más largas, las más difíciles de su vida.

267

En la madrugada del 28 de septiembre, unas cuantas horas antes de que entrara el ejército en la Jaramillo, desapareció el Güero. Él y su gente salieron por la Lázaro Cárdenas y, al pasar junto a la escuela, policías agazapados los vieron saltarse una barda y les dispararon, pero nadie oyó porque traían silenciadores. Cleofas que estaba trepando sintió de repente un golpe en el dedo y vio que tenía destrozada la mano, la bala le había tumbado el dedo. Muchos cayeron desgarrándose la ropa, el Güero también sangraba aunque insistió en hacerle un torniquete al Gordo. Se lavaron con agua de arroyo. Contaron después que habían encontrado refugio en otra colonia proletaria, en una loma coronada por un cristo, cerca de la supercarretera, y desde allí presenciaron la entrada del ejército cuando la gente dormía aún, nada se movía salvo esos camiones que avanzaban como paquidermos entre las casas. Se veía tan chiquita la Jaramillo desde allá arriba, apenas un puñado de casas. Y tan sucia, deleznable. Las calles muertas, polvosas, las casas agazapadas como si también quisieran huirle a los soldados, a punto de salir corriendo a apeñuscarse como cabras en el monte. Según lo declaró después el Güero, eran tropas de la XXXIV Zona Militar y agentes de la Dirección de Seguridad Pública del Estado. Entraron tres mil soldados, quinientos policías y trescientos agentes de la Judicial. La ronda de vigilancia escapó y algunos como Pánfilo Narváez no regresaron a la Jaramillo sino meses después. Desde lo alto lo vieron todo, algunos lloraban hasta que el Güero ordenó:

—Ahora sí, hay que separarse y largarnos cada quien por su cuenta. El objetivo es la sierra.

—¿Y el bastimento?

—Tú, Rábano, tienes que ir a buscar al contacto en Cuernavaca. Sólo así conseguiremos algo de alimento. Las armas están donde ustedes ya saben.

A Elena, el Güero no se volvió a mirarla una sola vez. En cambio ella parecía su sombra. Hasta se había puesto un chal en la cabeza como para esconderse. Nunca hablaron, sólo en un momento dijo ella con la voz interrogante de los primeros tiempos:

—Dejé mi cuaderno en la Jaramillo.

—¡Qué bueno —contestó él con el gesto torcido —ya no podrás escribir!

Las autoridades estatales dieron la orden de invasión porque la Jaramillo se había convertido en un arsenal de Lucio Cabañas y los colonos protegían a los guerrilleros. Los periódicos publicaron que en esa primera mañana decomisaron una gran cantidad de armas, aprehendieron a varios que portaban metralletas y armas de alto poder. Los detenidos fueron acusados del asesinato en Lagunillas del agricultor Manuel Soto y de su esposa.

Micaela recibió al ejército los brazos en jarras, el Amarillo ladraba como loco. Francisco Ortiz Pinchetti, en el mejor artículo sobre la Jaramillo, consigna las palabras del viejo Eleuterio:

—Las mujeres sí se les querían poner a los federales. Pero puros palos y piedras tenían las condenadas viejas. Y así ¿cuándo? Eso sí, los insultaron hasta que se cansaron.

LAS ACCIONES

Días después de la entrada del ejército se presentó el Güero en la casa de Eduardo Martínez Correa, acompañado de un desconocido. Le dijo que había salido huyendo de la Jaramillo e iba a vivir en la clandestinidad. Venía herido. Eduardo Martínez Correa abrió la puerta, lo invitó a que se sentara y fue a buscar medicamentos.

—Ahora van a pasar la noche aquí.

—¿En su propia casa?

—Sí, no queda otra.

Al día siguiente lo escondió en su huerta y el Güero le comentó que mandaría traer a su amante Elena (a) Celia. Entonces Eduardo Martínez Correa le dio sartenes y trinches para que prepararan su comida, una almohada y una cobija. Diariamente acudía a la huerta a saludarlos, pero nunca oyó la voz de la mujer. No hablaba, no levantaba la vista y, cuando él entraba, salía del cuarto. Una mujer muy apocada. El Güero tampoco parecía prestarle la menor atención. A los cuatro o cinco días abandonaron la finca. Martínez Correa, hombre de 68 años, pudo darse cuenta que el Güero antes de partir se había preocupado por limpiar su finca, barrerla, dejar todo en orden.

Siempre lo había admirado, compartía su ideología, hacía doce años que lo conocía y le gustaba escucharlo. Un gran orador. Cuando invadió Villa de las Flores lo fue a ver, pero sólo pudo saludarlo de lejos. A fines de septiembre de 1973, se enteró de que el ejército había tomado la Jaramillo para detenerlo y que los soldados con su bayoneta calada lo buscaban hasta debajo de las matas, levantándolas a cada paso, y una noche, sin más, al abrir la puerta, lo que son las cosas, las vueltas que da la vida, allí estaba saludándolo golpeado y malherido.

En febrero de 1974 apareció de nuevo con dos desconocidos. Le dijo que abusando de la amistad que le había ofrecido se había permitido citar en su huerta a un grupo de cuarenta personas, miembros de diversas organizaciones revolucionarias, a una asamblea a la que asistirían también un hermano de Lucio Cabañas que según las fotografías tenía un notable parecido con él. Empezaron a llegar en grupos de tres o cuatro, gente que Eduardo desconocía salvo Aquileo Mederos Vásquez (a) el Full, que para estas fechas había salido de la cárcel, y Elena (a) Celia, esta última empequeñecida o sería por lo delgado y el pelo cortado como hombre. Sólo pareció existir cuando se puso a tomar notas en una libreta, pero por lo demás nadie le hizo caso. En esa reunión se estableció una lista de quiénes eran los ricos de la región. Salieron los nombres de Omar Nasser, diez millones de pesos, según los cálculos de los presentes, José Aréchiga con un capital de tres millones, Ignacio Espín, ganadero, diez millones, Pedro Baruz, cuya fortuna nadie supo calcular, y Elfego Coronel Ocampo, propietario de varias casas, tlapalería, farmacia, tienda de abarrotes, expendio de materiales para construcción, una huerta, una casa en Puente de Ixtla, el motel "El Coronel", unos baños, en total quince millones de pesos.

Eduardo Martínez Correa oyó que uno le preguntaba a otro:

—Y ahora, ésa que apunta ¿quién es?

—La secretaria.

Para vigilar al futuro secuestrado, Ciro Pantoja (a) el Sabelotodo se fue a vivir a Puente de Ixtla. Alquiló un cuarto a Martínez Correa. Dos estudiantes de Guerrero que usaban los seudónimos de Fidel y Ernesto lo visitaban y platicaban con él durante horas. Resulta que, además de ser el más rico, Elfego Coronel Ocampo salía todos los días de su casa a su rancho en automóvil a recoger el dinero de la ordeña de sus vacas y era fácil interceptarlo en la carretera. Por Elfego, los secuestradores pidieron tres millones de pesos, pero sólo obtuvieron novecientos mil. El día anterior a la fecha anunciada para el rescate, Elfego Coronel Ocampo fue encontrado muerto a cien metros de la carretera que va de Amacuzac a Taxco.

REUNIÓN EN LA CIUDAD DE PUEBLA CON EL GÜERO MEDRANO, EL 10 DE ENERO DE 1975. NACE EL PPUA (PARTIDO PROLETARIO UNIDO DE AMÉRICA)

Aquileo Mederos le habló a Simón Elizondo (a) el Nevero: "Ándale Nevero, te invito, gente como tú es la que nos hace falta" y éste halagado tomó el autobús para ir a una reunión en Puebla en la que estaría el Güero. Lo encontró enflaquecido y brusco y a Elena, ahora Celia, la secretaria de la colonia, activísima porque la habían encargado de las finanzas y de repartir pequeñas sumas entre los asistentes: "Allí están sus fierros" decía ella al Cacarizo, al Chivas Rigal, al Canario, a uno nuevo Eufemio Hernández (a) el Tintán, y a tres estudiantes de un CCH que jamás volvió a ver. El Güero analizó la trayectoria de cada uno y se detuvo especialmente en la de un viejo de pelo blanco, Eduardo Martínez Correa, que acababa de prestarle grandes servicios. Habló de un organismo que unificaría a los obreros, campesinos y estudiantes y a todos los simpatizadores del proyecto, incluyendo a algunos chicanos. El PPU (Partido Proletario Unido) ahora lo sería de América porque iba a abarcar a todo el continente: PPUA. El sector campesino era el de mayor importancia dentro de la lucha de clases, el Güero habló de la necesidad de vivir en forma clandestina y de que cada miembro formara a su vez comités en sus respectivos sectores para allegarse a un mayor número de gente. "Es indispensable que seamos más." El Güero terminó su arenga diciendo: "Los ricos utilizan la violencia para explotar al pueblo, los pobres la utilizarán para liberarlo, destruir las fronteras y reunir a los pueblos libres de América." Al finalizar se pasó a votación para los cargos a los distintos miembros y a sugerencia del Güero y en razón de su avanzada edad, eligieron a Eduardo Martínez Correa para fungir como presidente de debates. Finalmente fue propuesto por el propio Güero en agradecimiento a sus servicios como miembro de la Comisión de Honor y Justicia del Partido Proletario Unido de América, cargo que no pudo desempeñar jamás porque al poco tiempo lo detuvieron en su casa en compañía de su esposa y sus dos hijas, a quienes los agentes jalaban de los pechos y pegaban en el sexo con una tabla. Su casa fue saqueada, se llevaron radio, máquina de escribir, enseres de labranza; su biblioteca deshecha así como sus colecciones de monedas antiguas, filatelia y arqueología. A él lo torturaron hasta inutilizarlo, pues el mismo comandante le dijo: "El cuerpo tiene su límite de resistencia. Aquí hablan o los hacemos hablar" y a Eduardo Martínez Correa, además de toques eléctricos en todo el cuerpo, lo golpearon con las manos extendidas en los ojos y en los oídos hasta dejarlo sordo.

En la Jaramillo, el Nevero le habló a Ireneo Domínguez (a) el Tortillero, que ya estaba harto de que los soldados penetraran abruptamente a su casa cada vez que veían que más de tres hablaban entre sí. Todos los días, a todas horas, hasta a media noche se oía el correr de los soldados por la calle; los acusaban de ser guerrilleros, esconder armas, repartir propaganda subversiva, tener un volante, servir de enlace, o simplemente de ser "gente del Güero", actuar con el derrocado Comité de Lucha, ser comunista, todo, todo, era delito. Los acusados de pensar como comunistas eran cercados, apuntados con fusiles por los soldados para que no se les olvidara que el comunismo es malo. Esta actitud sólo hizo que algunos colonos se radicalizaran y dispusieran a la resistencia. El Rábano y el Chepepón encontraron el terreno propicio para la politización de los colonos: reclutaron para el PPUA al albañil Octaviano Pérez Castillo, a Jesús Benítez, el Tecolín, a Eufrasio y a Salustio, al Veracrú y a Emilio Gil. Pero ninguno tan entusiasta como el Nevero. Esperaba la reunión de cada ocho días con ansia y desde que el mismito Aquileo lo invitó personalmente a formar parte del PPUA se sintió feliz, aunque nunca logró aprenderse el significado de las siglas. En su primer asalto a una tortillería lo invadió el miedo a pesar de su Colt 45 proporcionada por Aquileo, pero ya en el segundo, Aquileo le mandó a través del Rábano además de cuatrocientos fierros una Star calibre Super para secuestrar al dueño de la Peñafiel en Tehuacán, quien además era propietario de varias camionetas, una pista de aterrizaje, granjas, una línea de camiones. Por tratarse de una acción de millones intervendrían nuevos compañeros, expertazos del D. F. Pasaron toda la noche en el Parque Central de Tehuacán en espera de las instrucciones y a las siete de la mañana vino el Chivas Rigal a avisar que el secuestro no se consumaría.

—¿Por qué? —preguntó el Nevero en medio del silencio generalizado.

—En la guerrilla no se discuten las decisiones del jefe.

—Me cae...

—Simplemente no hay condiciones.

Al Nevero le faltaba disciplinarse, pero era un buen elemento y sentía un inmenso agradecimiento por Aquileo y el Rábano, a Aquileo porque le entregó su primera Colt calibre 45 y al Rábano porque le enseñó a disparar contra botellas en el río Tetlama. Su Colt era lo mejor que le habían dado en su vida, lo más cercano a la felicidad. Las acciones lo emocionaban, lo sacaban de sí mismo; la vida en la Jaramillo después de una acción le parecía gris, se la pasó durmiendo en espera de que lo volvieran a llamar, y cuando el Chepepón vino a buscarlo al cabo de veinticinco días se alegró. Había sido buen padre, pero en la Jaramillo ya ni sus hijas le interesaban y eso que estaban pequeñas y antes jugaba con ellas, las sacaba a la calle. Así participó en el asalto a un camión de pasajeros, a un camión repartidor de cerveza Superior, a una tienda en Cuentepec y a un cacique que según decían tenía dos barriles llenos de dinero y resultó que no eran barriles sino dos paliacates bien liados: veinte centenarios de oro y monedas de plata, las mismas que expropiaron para los fondos del PPUA. Pero la verdadera acción vino cuando el Güero lo mandó llamar para singularizarlo. El Comando Miguel Enríquez del EPLUA (Ejército Popular de Liberación Unido de América) había secuestrado a Sara Martínez de Davis y el Güero quería encargarle el quinto comunicado.

—Ya mandamos cuatro comunicados y el gringo Davis no ha contestado. Tú vas a llevar el quinto.

Siguiendo las instrucciones dejó en un bote de basura frente al Palacio de Cortés una carta para Thomas Davis. El EPLUA exigía diez millones de pesos, la donación de tierras en la colonia Santa María y despensas a los habitantes de las colonias Satélite, Flores Magón, Las Delicias y Rubén Jaramillo.

Al día siguiente regresó al refugio del Güero en Iztapalapa, llamado la Casa de los Conejos, para llevarle al Güero los periódicos locales que reproducían el texto íntegro del quinto comunicado. Lo llenaba de emoción ir al Distrito Federal, que le dieran para sus pasajes y le encargaran una misión clave dentro del secuestro. El Güero le ordenó depositar un nuevo comunicado dentro de un bote de basura frente al súper La Madrileña en el centro de Cuernavaca. Desde El Calvario llamó al *Diario Matutino de Morelos*, 2-14-99, para que fueran a recogerlo y lo publicaran. En su refugio de la Casa de los Conejos, el Güero estaba muy satisfecho. "Las cosas van bien, a las once de la noche tienes que recoger un sobre blanco en el baño de hombres del cine Las Américas del Distrito Federal." Nadie apareció. El Güero lo volvió a enviar a Cuernavaca porque estableció una nueva cita y allí sí, el Nevero recibió cuatro paquetes envueltos en papel blanco que guardó en sus bolsas. Apenas le cabían. Esperó muchas horas la salida del camión de la línea México-Zacatepec y al llegar a la Casa de los Conejos, por más que tocó nadie vino a abrirle y ya se había acostumbrado a ver la cara de Tania asomándose tras de la hoja de madera. Estaba por irse cuando se estacionó Aquileo con su Volkswagen y lo condujo a otro refugio en la avenida Tulyehualco. Allí esperaban los tres chicanos y Elena (a) Celia, Tania, el Chivas Rigal, el Sin Fronteras y diversos familiares del Güero, a quien le entregó los paquetes. Frente a todos, el Güero los abrió y empezó a contarlos. Cuando llegó a la suma de cuarenta mil dólares explicó que la mitad era para que los chicanos organizaran el PPUA en el norte del país y la otra quedaría en su poder para los gastos de la zona centro.

—Por si los billetes están marcados vamos a cambiarlos en los Estados Unidos a través de nuestros hermanos chicanos.

El Güero le ordenó al Nevero:

—Véte a dormir allá al lado. Aquí tienes cuarenta pesos para tus pasajes.

En el garage había una camioneta Ranger y un Ford Galaxie con placas de los Estados Unidos. El Nevero se tiró a dormir y a las dos horas lo despertó Tania para decirle que volviera a Cuernavaca y que lo mandarían llamar más tarde. La señora Davis fue liberada sin más daño que la inyección de un sedante en un brazo a la hora del secuestro; al menos, eso anunció el Güero. Tres días después los judiciales agarraron al Nevero a la salida de Los Pinos.

—Te vamos a tirar al Pozo de Meléndez, al fin que ninguna autoridad sabe que te tenemos.

La peor tortura fue la moral, aunque le metieron la picana en la boca sosteniéndosela con un trapo al grado de producirle asfixia. Le informaron que se habían traído de la colonia a su mujer, su madre y sus hijas y que en ese mismo instante las estaban interrogando "como sabemos hacerlo".

—¿Así es de que tú lo que quieres es derrocar a Echeverría? Pues una de tus niñas, la de siete, se desmayó y la de cinco, ya pasó a mejor vida.

Desde 1975, el Nevero se encuentra en la Penitenciaría de Morelos condenado a cuarenta años. En efecto, una de sus hijas murió.

"NADA COMO LA MUERTE EN GUERRA
NADA COMO LA MUERTE FLORIDA"

Después del secuestro de Sara Martínez de Davis, el Güero se internó en la sierra. "Si bajo será porque he triunfado." En octubre de 1978, Francisco Salinas Ríos lo entrevistó en la Sierra Madre del Sur para *Revista de Revistas* y declaró: "Si acaban conmigo moriré tranquilo porque no acabarán con el movimiento que abarca a los pueblos indígenas y ejidos de Guerrero, Oaxaca, Veracruz, Chiapas, Campeche, Michoacán y Durango". Por las fotos se veía bien, sonreía. En Tuxtepec, Oaxaca, el capitán Adolfo Ferrer Lutzow había difundido: "El Güero Medrano es un cabrón maleante al que no vamos a convertir en héroe, el hijo de la chingada. Anda a salto de mata y no va a aguantar. Lo vamos a perseguir y vamos a meter gente para saber dónde está". Adolfo Ferrer Lutzow opinó: "Florencio Medrano Mederos no es un guerrillero, no tiene ribetes de tal y el medio oaxaqueño no está para organizar guerrillas. Pudo asaltar, secuestrar y asesinar pero no hacer la guerrilla, porque es un bandolero sin ideales". Aseguró que el Güero Medrano "está tras la Asociación Indígena de Autodefensa Campesina, que junto con la Coalición Obrero Campesina Estudiantil del Istmo (COCEI), organizó las invasiones de tierras", y subrayó:

—Él quería que nosotros llegáramos a golpear y si hubiera muerto un campesino, entonces el pinche Güero hubiera surgido como un héroe, como un generalísimo, pero los indígenas se retiraron voluntariamente y no hubo ningún enfrentamiento.

—Y ¿hasta cuándo va a durar la campaña contra Medrano? —preguntó el reportero.

—Hasta que se le encuentre porque es muy fácil que esta gente ande de un lugar a otro, de un estado a otro. Probablemente se recurra a la cooperación de otras entidades.

"El medio no es propicio para la guerrilla", sostuvo una vez más el director de Seguridad Pública de Oaxaca.

A la Rubén Jaramillo, quince días después de la publicación del reportaje, un periodista trajo la noticia de que lo habían matado.

LA GENTE NO CREE EN SU MUERTE

El periodista pidió ver a la Güera, Leonor Medrano, y a su hermana Tomasa, la Chapeada como le dicen, y Epifanio le enseñó el camino a su casa. Llevaba objetos personales del guerrillero, una camiseta ensangrentada y unos guaraches envueltos en un periódico, pero ellas no los reconocieron: "Mi hermano nunca usó playera ni guaraches —dijo Tomasa, la Chapeada—, andaba siempre con sus botas". Escucharon al periodista que les contó cómo el contingente del Güero había tomado un pequeño poblado en la mera sierra de Oaxaca, en medio de los árboles, y el ejército los rodeó. Lograron escapar porque la gente les enseñó por dónde, pero al Güero le dieron en el brazo derecho. La bala le atravesó el brazo y le entró en el abdomen. No se dio cuenta y siguió corriendo con sus hombres, sosteniéndose el brazo con la mano izquierda hasta que empezó a sentir que se le iba el aire. Entonces improvisaron una camilla y lo llevaron entre dos.

—A ver, párense y mírenme porque creo que ya me chingaron todito.

Pegó un ay de dolor que casi se desmaya, porque la bala no sólo le había deshecho el brazo sino el abdomen. Uno quiso lavarlo pero no se dejó: "No hay tiempo". Al contrario, les dio instrucciones para la hora de su muerte; que lo escondieran entre los árboles y lo cubrieran bien con el follaje para que no lo encontraran los federales y siguieran adelante, pero todo rápido ¿eh? porque ya les venían pisando los talones. Toda la noche caminaron con él en la camilla y empezó a caer una lluvia delgadita que lo alivió, a cada rato se pasaba la lengua por los labios buscando las gotas de agua, pero después ya ni eso, perdió toda su sangre y como a las nueve de la mañana murió. Entonces juntaron ramas como él lo había ordenado, primero el follaje, las hojas más suaves cerca de su cuerpo y después las ramazones. En menos de veinticuatro horas el ejército encontró el cadáver. Parece que alguien de la familia fue a reconocerlo. Pero esto jamás lo ha contado la Güera Leonor Medrano, ni Tomasa la Chapeada, sólo son rumores, nadie sabe si era o no era. Quién quite y a lo mejor todavía viva porque dicen luego que los luchadores no mueren, pero pues váyase a saber. De andar vivo seguirá dándole guerra al gobierno. En la Jaramillo ya no hay nadie a quién preguntarle porque la gente de él está presa y la que no, se fue de huida.

De Cutzamala de Pinzón vino la noticia de que la partida militar había agarrado a dos mujeres: Celia y Tania, que enseñaban en una escuela a niños y a adultos, pero que en realidad eran guerrilleras. Una hablaba mucho y a la otra le pusieron "la Mudita" porque sólo abrió la boca para comentar que los zapatos de uno de los judiciales eran ganchudos. De Cutzamala de Pinzón las llevaron a Ciudad Altamirano, pero dijeron que esas viejas le tocaban a Cuernavaca y allí las metieron al Polvorín. Tania declaró que era una digna revolucionaria porque había escuchado el dictado de su conciencia. Cuando, al tomarle su declaración, el jefe de la Judicial le hizo notar que se había colocado al margen de la ley, Tania le respondió en un arrebato:

—Colocarse al margen de la ley es la única ubicación honesta cuando la ley no es pareja, cuando la ley está para defender los intereses de una minoría en perjuicio de la gran mayoría, cuando la ley está en contra del progreso y del desarrollo del país, cuando incluso quienes la han creado se colocan al margen de ella cada vez que les conviene.

Si Tania se lanzó, a la otra nunca se le oyó la voz. Tenía la vista fija en el suelo, sólo levantó los ojos cuando el jefe de los judiciales mencionó al Güero, pero esto fue también la ocasión para un nuevo flujo de palabras de Tania quien preguntaba por él y por los muchos Güeros Medranos que habrían de surgir en el futuro. "La otra pobre mujer era un costal de huesos —aseguró un guardia—, y por lo visto le dolía el estómago pues se mantuvo siempre doblada en dos."

EL EJÉRCITO SALE DE LA JARAMILLO

En 1980, casi sin que se dieran cuenta los colonos, salvo algunas mujeres que tenían a sus juanes, el ejército salió de la Jaramillo. Ya ni desfilaron el 16 de septiembre. En cambio, por la calle polvosa y llena de baches, avanzó una reina con una gran capa de armiño y terciopelo rojo, y frente a ella sus bastoneras de corpiño cruzado con botones dorados, gorra policiaca, botas blancas y falda plisada. Las muchachas movían sus bastones acomodados bajo el brazo doblado, a la derecha y a la izquierda, al son de los tambores y de las trompetas, enseñando sus rodillas picudas. Siguieron caminando bajo el sol, en medio de la miseria de las casuchas. A la reina se le aflojaron los chinos por el sudor. Vistos desde el cielo seguramente parecían una joya sangrienta en medio del desierto. "Estos trajes les han de haber costado mucho y jamás volverán a ponérselos", dijo la remplazante del maestro Pedro Tomás García. Tras la reina venía su séquito, niños vestidos de blanco que desfilaban con los zapatos de su papá, chanclitas de hule o descalzos, otros con buenos zapatos. "Aquí, qué les duran los zapatos con estos hoyancos y estas piedras", comentó de nuevo la maestra. Los niños trataban de guardar el paso, tropezaban con los baches, el lodo endurecido de la época de lluvias, los hoyancos, la piedra suelta y los montones de tierra excavada que se apilaban en el lugar del drenaje, zanjas estrechas y profundas cercadas por esa improvisada loma. "Está bonita la musiquita", dijo en voz alta una mujer. Los niños seguían desfilando los ojos fijos, como en una película de Fellini, ajenos al efecto que podían producir; el oro de las trompetas hiriendo la retina en la luz del sol, la estrafalaria opulencia del terciopelo arrastrándose en el polvo. Tanta magnificencia, la solemnidad en las caritas que tragaban polvo, hicieron que no atendiera a lo que cantaban, al menos las palabras, pero de pronto entre el armiño y el cuero blanco, los botones refulgentes y el rítmico movimiento de las bastoneras, capté el nombre de Florencio Medrano. Le estaban cantando al Güero; ahora sí oí claramente:

Y aquí en Morelos,
Florencio Medrano
intrépido vencerá.

Pregunté para estar segura: "¿A quién le cantan?". "A uno creo que fundó la colonia", respondió la maestra. "Ah ¿y cómo saben de él?" "Les platican sus papás, creo. Yo de eso casi no sé porque no platican, al menos conmigo. Creo que los han reprimido mucho. El último maestro tuvo que salir corriendo porque lo andaban buscando por comunista. Ahora ya se les quitó esa enfermedad." "¿Enfermedad?" "Sí, la del comunismo."

De lejos, sobre su loma, la Jaramillo parece una costra como bien lo dijo el cantinero Urbano. Bajo las costras, hay una herida, una enfermedad que a la larga cicatriza o revienta. Todos guardan silencio cuando alguien de afuera pregunta por el Güero o por Lucio Cabañas. Se ponen a rascar el suelo con una varita de huizache, haciéndose los desentendidos. Sin embargo, cuando termina la junta de colonos y se van a su casa no falta una mujer que diga: "¿Usted es la que anda preguntando por el Güero? Véngase conmigo, yo lo conocí y si quiere, le cuento".

Impresión:
Fuentes Impresores S. A.
Centeno 109
09810 México, D. F.
5-V-1993
Edición de 3000 ejemplares